法国大革命与
法兰西第一帝国

［英］威廉·奥康纳·莫里斯 著　高苗 译

The French revolution

&

First Empire：
an historical sketch

中国出版集团公司
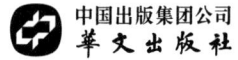
华文出版社

图书在版编目（CIP）数据

法国大革命与法兰西第一帝国 /(英)威廉·奥康纳·莫里斯著；高苗译. -- 北京：华文出版社，2018.11（2020.4重印）

（华文全球史）

ISBN 978-7-5075-5002-3

Ⅰ.①法… Ⅱ.①威… ②高… Ⅲ.①法国—历史 Ⅳ.①K565

中国版本图书馆CIP数据核字(2018)第252107号

法国大革命与法兰西第一帝国

作　　者：	[英] 威廉·奥康纳·莫里斯
译　　者：	高　苗
选题策划：	华文天下
插图供应：	029—85504182
责任编辑：	董云梅
出版发行：	华文出版社
社　　址：	北京市西城区广外大街305号8区2号楼
邮政编码：	100055
网　　址：	http：//www.hwcbs.com.cn
电　　话：	总编室010—58336239
	发行部010—58336212
经　　销：	新华书店
印　　刷：	三河市国英印务有限公司
开　　本：	710×1000　1/16
印　　张：	23.5
字　　数：	332千字
版　　次：	2019年3月第1版
印　　次：	2020年4月第2次印刷
标准书号：	ISBN 978-7-5075-5002-3
定　　价：	96.00元

版权所有　侵权必究

出版前言

随着中国开放的大门越开越大,关注世界各国尤其是西方国家文明的源流、发展和未来已经成为当下世界史研究的一个热点。为了成系统地推出一套强调"史源性"且在现有世界史出版物中具有拾遗补阙价值的作品,我们经过认真论证,推出了"华文全球史"系列,首次出版约为一百个品种。

"华文全球史"系列从书目选择到译者的确定,从书稿中图片的采用到人名地名的规范,都有比较严格的遴选规定、编审要求和成稿检查,目的就是要奉献给读者一套具有学术性、权威性和高质量的世界史系列图书。

书目的选择。本系列图书重视世界史学科建设,视角宽阔,层级明晰,数量均衡,有所突出。计划出版的华文全球史中,既有通史,也有专题史,还有回忆录,基本上是世界历史著作中的上乘之作,填补了国内同类作品出版的空白。

人名地名规范。本系列图书中人名地名,翻译规范,重视专业性。同时,在人名翻译方面,我们坚持"姓名皆全"的原则,加大考据力度,从而实现了有姓必有名,有名必有姓,方便了读者的使用。另外,在注释方面,书中既有原书注,完整地保留了原著中的注释;也有译者注,体现了译者的研究性成果。

书中的插图。本系列图书的一个重要特点是书中都有功能性插图,这些插图全方位、多层次、宽视角反映当时重大历史事件,或与事件的场景密切相关,涉及政治、军事、经济、社会、外交、人物、地理、民俗、生活等方面的绘画作品与摄影作品。功能性插图与文字结合,赋予文字视觉的艺术,增加了文字的内涵。

译者的确定。本系列图书的翻译主要凭借的是一个以大学教师为主的翻译团队，团队中不乏知名教授和相关领域的资深人士。他们治学严谨，译笔优美，为确保质量奉献良多。

"华文全球史"系列作为一套具有较高学术价值的优秀的世界历史丛书，对增加读者的知识，开阔读者的视野，具有积极的意义。同时要看到，一方面很多西方历史学家的观点符合事实，另一方面不少西方历史学家的观点是错误的，对于这些，我们希望读者不要不加分析地全盘接受或全盘否定，而是要批判地吸收外国文化中有益的东西。

华文出版社

2019 年 8 月

序 言

首先要说明的是，在《法国大革命与法兰西第一帝国》一书里，我省略了大量的历史细节，甚至对一些重要事件也只是轻描淡写，因为这些事件可能已经在其他完整的版本中得到详述。本书讲述的是法兰西大革命与法兰西第一帝国时期的重大历史事件。在书中，我既不会对当时的法兰西制度妄加评论，也无法完整展示出这些事件对1789年后的法兰西历史产生的作用和影响，因为一部简史不可能完全还原真实完整的历史。此外，我意识到，尽管我已经尽力去描写，但这本书仅仅是一个人类活动宏大场景中不甚完美的缩影。不过，我相信我已经在本书中阐明了从1789年到1815年战乱时期的法兰西的主要特征。并且我认为本书对各类事件的描述详略得当，所表达的观点恰当合理。不得不承认，虽然本书只是一个历史梗概，但此类出版物现在很受欢迎。近几年，法兰西和英国文坛涌现出了大量探讨法兰西大革命和拿破仑的具有重要价值的文献。我对这些文献也进行了认真的研究。1870年的普法战争中,尽管胜利的旗帜落入他人之手,但它也让我们重新认识了法兰西君主在战争中所取得的成绩。与1793年的法兰西国防相比,1871年的法兰西国防得到了很大的改善。并且虽然巴黎革命政府的暴行后来被镇压,但我们还是透过它看到了恐怖统治的雏形。

1874年2月3日

于都柏林

目 录

第 1 章　大革命爆发前的法兰西 …………………………… 001

第 2 章　三级会议与国民议会 ……………………………… 019

第 3 章　1791 年宪法 ………………………………………… 039

第 4 章　立法议会 …………………………………………… 059

第 5 章　国民公会 …………………………………………… 083

第 6 章　恐怖统治 …………………………………………… 111

第 7 章　热月革命与法兰西对外战争 ……………………… 147

第 8 章　督政府与拿破仑 …………………………………… 165

第 9 章　远征埃及与雾月政变 ……………………………… 189

第 10 章　马伦戈战役、《吕内维尔条约》与《亚眠条约》… 213

第 11 章　执政府与战后重建 ·················· 229

第 12 章　《提尔西特和约》签订前的法兰西帝国 ·············· 243

第 13 章　1813 年前的法兰西帝国 ·················· 277

第 14 章　拿破仑大势已去 ·················· 309

第 15 章　百日政权与滑铁卢战役 ·················· 339

专有名词中英对照 ·················· 359

第1章
大革命爆发前的法兰西

法兰西大革命发生在欧洲最伟大的国家，标志着世界历史进入一个新时代。这次运动推翻了法兰西长期以来的稳定秩序，引发了欧洲大陆的巨变。在军事天才的带领下，大革命席卷了欧洲，但最终受到了可怕的惩罚。大革命无情地抛弃了传统和理性、思想和信仰。在血腥的暴乱中，法兰西迎来了一个新时代。在随之而来的冲突中，法兰西帝国疆域发生了巨大的变化。在这个崭新的重要时刻，战争一触即发。由于发生的年代不够久远，法兰西大革命对历史的影响尚未完全显现，因此，我们无法对法兰西大革命的意义做出足够准确的评价。尽管如此，我们仍然可以简要分析它的影响。当时，法兰西大革命不仅摧毁了社会上很多毫无价值的、衰败的事物，刺激了产业发展，促进了国家的物质进步，增加了社会财富，而且完善了法兰西大陆①大部分地区的政治机构，打击了腐败行为。然而，从人类永久利益的角度来看，这个混乱时代及其

---

① 法兰西大陆是法兰西在欧洲的领域，主要区别于法兰西的海外领地。法兰西大陆和海外领地共同组成了现代法兰西。——译者注

铁血统治基本上毁誉参半。当时，在法兰西成立一个生命力持久的政府似乎是不可能的事。从加斯帕尔·德·科利尼①时代到贝亚尔勋爵皮埃尔·特拉尔时代，再到杜伦尼子爵亨利·德·拉图尔·多韦涅②时代，信仰和忠诚早已失去了从前的力量。正如拿破仑所说，"塔霍河以东、伏尔加河以西的欧洲地区将注定分裂成两半，一半由共和党人统治，另

加斯帕尔·德·科利尼

---

① 加斯帕尔·德·科利尼（Gaspard de Coligny, 1519—1572），科利尼伯爵，海军元帅，法兰西王国权臣，胡格诺派领导人。他是法王查理九世的密友与顾问。——译者注
② 亨利·德·拉图尔·多韦涅（Henri de La Tour d'Auvergne, 1611—1675），曾受封为法兰西陆军元帅。——译者注

第1章 大革命爆发前的法兰西

一半由哥萨克①人统治"。虽然自由理论疯狂席卷了法兰西大陆,但自由与秩序仍在磨合,专制和民主也在明争暗斗。整个法兰西分裂成多个武装阵营。这些武装阵营随时准备互相厮杀。国际人权、弱国诉求和特权遭到了前所未有的轻视。毫无疑问,这些不幸的事件对1789年到1815年的世界历史产生了不同程度的影响。

为了更好地了解法兰西大革命,我们详细分析了发动这次革命的杰出历史人物的性格特征。在欧洲,只有法兰西人在经历漫长的麻木期后突然觉醒,然后急切地走上创新之路。至于其他欧洲国家,它们不会如此鲁莽且不切实际地建立政府、制定法律,其人民也不会像法兰西人一样如此热切地、不顾一切地尝试改革。然而,这次革命给世界历史带来了令人怦然心动的、与众不同的色彩。除了法兰西,其他欧洲国家都不会爆发出如此强烈的激情,不会如此迅速地走向一个可能会引起社会动荡的政治极端,不会心甘情愿地屈服于一个会给法兰西带来污点的暴力

拿破仑预言欧洲将由共和党人和哥萨克人统治。1814年,俄国哥萨克军队进入巴黎

---

① 哥萨克是一个民族自治、文化自治的半武装地区,位于俄国南部和乌克兰东南部,在乌克兰和俄国的历史文化发展中发挥了重要作用。——译者注

政权，不会因一个铁血政府的统治而举国欢庆，也不会如此迫切地放弃一度狂热追求的军事荣耀，更不会在其偶像失去影响力后淡漠地选择放弃。然而，确实有几个国家表现出了我们在1789年的法兰西大革命中所见到的那种肤浅却高尚的热情。从1793年4月事件[①]就可以看出，人们高估了这次运动保护国土不受不可抗力破坏的作用。这次运动中的一系列胜利被载入史册，比如在里沃利、阿尔科莱[②]、耶拿、奥斯特里茨、霍亨林登、弗里德兰[③]的胜利以及其他一百多场胜利。这些胜利所做出的贡献足以与法兰西在1792年到1815年的成就相提并论。值得强调的是，无论法兰西人表现出的本质是好是坏，都与当时的特殊环境密切相关。此外，如果不是因为受到一些外界因素的影响，法兰西大革命原本可以走上一条更光明的道路。从这一细节来看，法兰西的这段历史是真实的，对邻国的影响是巨大而深远的。在一场以人权为口号的十字军东征[④]中，皇权、专制、贵族头衔及特权被一扫而光。整个法兰西大陆在拿破仑的统治下进入了前所未有的鼎盛时期。尽管法兰西人的品质在大革命中得到了充分的体现，但我们确信，对于大革命之前的法兰西社会来说，巨大的变革势在必行[⑤]。随着局势的变化，法兰西的社会体系鱼

---

① 1793年4月事件是指在与以英国为首的欧洲多国组成的反法同盟的战争中，法兰西前线的主要指挥官、吉伦特派将领迪穆里埃叛变投敌。——译者注
② 阿尔科莱位于维罗纳东南方二十五千米处。1796年11月15日至17日，拿破仑在此地大败奥地利军队，赢得了第一次反法同盟战争的胜利。——译者注
③ 弗里德兰位于现在的加里宁格勒，靠近俄国的普拉夫金斯克镇。弗里德兰战役发生于1807年6月14日，是拿破仑与冯·本尼格森伯爵领导的俄国军队之间的主要战斗。拿破仑率领法军取得了决定性的胜利，击溃了大部分俄国军队。混乱不堪的俄军狼狈地撤退到了阿尔勒河。
④ 十字军东征是中世纪时期罗马教会发起的一系列宗教战争。这里特指法兰西革命者借此口号发动革命战争。——译者注
⑤ 当时，法兰西人受到革命热情的感染，对革命的深层原因理解肤浅，从而表现得鲁莽冲动；并且法兰西人的理想摇摆不定，极易受外部环境影响。——译者注

第1章　大革命爆发前的法兰西

溃鸟离，社会制度土崩瓦解，呈现出一片衰败之景象①。腐朽的专制政府既缺乏理性，又毫无政治远见。在旧制度的统治下，人民大众被视为农奴，随意践踏。君主制的法兰西在财政上已经窘迫不堪，巴黎最高法院却仍保留着威严。实际上，在法兰西的大部分地区，人们对统治者失望透顶。在大多数省份，国王的意志无论多么具有压迫性，都具有法律效力。国王既有权征税，也有权无限期地关押臣民，甚至有权干涉司法公正。国王权力的背后是一个高度集中的、腐败且不公的政治体制。在如此随意的统治下，真正的民族自由反而会受限。在暴力横行的法兰西，英国人民长期以来所享有的公共保障和个人权利是不存在的。毋庸置疑，君主专制下的法兰西出现了很多与恐怖统治非常相似的事件。君主制统治的恶行延续了几个世纪，被雅各宾派利用，并且变本加厉。然而，1793年之前的法兰西确实充斥着大屠杀、无情驱逐、强行捐款、随意拘捕、没收财产、国家债务欺诈等人尽皆知的恶性事件。自路易十四统治以来，君主制政权从未真正关心过社会福利和国家利益，但愚昧的民众似乎看不到专制统治的罪恶，反而认为自己得到了真正的好处。让－巴普蒂斯特·柯尔贝尔②的许多成果已经黯然失色：法兰西好几个地区的公路和运河处于废弃状态、宫殿里奢华无度的背后是资源匮乏与被忽

---

① 这里不便详述法兰西在大革命之前的状况以及波旁王朝的运行机制。与这类主题相关的佳作不胜枚举。对革命爆发前法兰西政治状况最好的评论也许是托克维尔先生的《旧制度与大革命》，可参考亨利·瑞伍1873年的译本。我冒昧地认为，书中关于暴行的图片刻画力度太轻了。冯·西贝尔教授的《法兰西大革命史》虽内容片面、语言乏味，但也包含了路易十五和路易十六统治时期法兰西的状况。亨利·马丁先生在他的《法兰西史》第十六章和最后一章对整个革命进行了巧妙的描述。托马斯·卡莱尔先生在其著作中着重描绘了当时的政治形态和社会生活。米舍莱和路易·勃朗在其各自的作品《法兰西大革命史》中，虽然处理得有失公允，但写作技巧相当高超。1787年9月，阿瑟·扬的《法兰西之旅》出版，该书大量记载了法兰西当时的经济状况。《手册集》中描述了1789年议会代表的公告，体现了人民无尽的抱怨。——原注

② 让－巴普蒂斯特·柯尔贝尔（Jean-Baptiste Colbert，1619—1683），路易十四时代的著名大臣。他极大地推动了法兰西商业和制造业的发展，在布雷斯特、特隆和罗什福尔开设了海军工厂，组建了法兰西海军，并在全国修建了多条公路和运河。——译者注

视的公共服务。路易十六宁愿把钱花在后宫,也不肯拨款给政府部门。就连他的继任者也一样,给军队的拨款极少,仅用于对抗英国。

除了君主制政体,法兰西社会当时的另一个特征就是有两个重要的阶层。它们虽然没能给王权提供足够稳固有力的支持,却也曾在法兰西拥有至高无上的地位,并且时至今日仍影响巨大。其中一个阶层就是教会。教会不仅有广阔的封地、巨大的庄园,还有积累了几个世纪的财富和崇高权力。教会的显要人物纷纷跻身贵族阶层,大部分成了波旁家族

让-巴普蒂斯特·柯尔贝尔

的成员，并享有许多特权。这些跻身贵族阶层的高级教士的待遇与普通僧侣和下等教徒天差地别。他们举止傲慢、自命不凡，令人们畏惧、反感。另外一个阶层就是遍布整个法兰西的世俗贵族阶层。在中世纪法兰西衰败过程中，它是最不受欢迎的且毫无价值的阶层之一。这个时期，法兰西仍然保留着十六世纪封建社会的许多令人厌恶的特权。世俗贵族不仅被豁免了大部分赋税，还有权压榨其属地上的人民。他们虽处于封建制度环境下，却与其属地的关联不甚密切。因为除了极少数的世俗贵族之外，他们很少住在自己的属地，而是带着从属地上收来的租金去凡尔赛或巴黎挥霍。大部分世俗贵族是新晋贵族或胆量过人的冒险家。他们不信任任何阶层，虽自吹自擂，却鲜有人能真正名留青史。他们炫耀自己过去或现在的成就，来证明自己的社会地位。我们可以断定，法兰

世俗贵族们在凡尔赛宫挥霍享乐

西人民不喜欢这种专制、黑暗的政体。法兰西的八万奴隶和三分之二的农民阶层或许已经被蝗虫一般的贵族阶层啃噬得惶惶不可终日。然而，导致这一切的根源尚未被发现。也正是这样，法属领地才饱受诟病。在法兰西，无论手段光彩与否，成为尊贵的人并不难，但成为贵族却不易。因为贵族与其他低等阶层之间有着严格的、难以逾越的区别。长此以往，贵族们变得狂妄自大、傲慢无礼，其举止令人瞠目结舌。年轻的贵族推倒中产阶级的小贩，并当面侮辱其妻子。四十多年前，一位有名的领主因以射杀农民为乐而遭到路易十五的轻微训斥，他竟然因此满腹牢骚。类似的事件数不胜数。毫无疑问，法兰西贵族们虽性格迥异，却有一个共同之处，那就是他们都享有特权，这使他们最终走向了同样的结局。

然而，无论君主政体如何威严，无论教会和贵族如何高高在上，他们的权力都是软弱和分裂的。法兰西君主并没有完全得到所有权威力量的支持，因为从某种角度来说，海军在很大程度上受王公大臣控制，几乎独立于王权。军人长期以来心怀不满，因为非但得不到提拔和奖励，还必须遵守残酷且有辱人格的戒律。由于封建残余势力的束缚，君主制政权不能发挥优势，加之几代人买卖官职，君主制政权在国家事务与公共服务管理上表现得松散无力。虽然国王仍然拥有并经常行使其至高无上的特权，但君主制政权的根基已经动摇。本该雷厉风行的行动，却在当时受到了诸多阻碍。君主在人事任命和处理公务上的权力已经基本被剥夺。臭名昭著的教会也日渐衰落。教会统治者们沉迷于吹嘘其响亮的头衔，炫耀其锦衣玉食的生活，已经失去了精神力量。他们虽能继续打压胡格诺派、烧毁异教书籍，却无力阻止新思潮的到来。很快，他们曾引以为豪的权力也将烟消云散。此外，教会统治者和低级僧侣之间由于意见不合，产生了不可跨越的鸿沟。教会统治者们虽然身处高位，却没有一个人敢站出来跟伏尔泰进行辩论；许多主教教区的乡村神父秘密反对上级，憎恨教会体系。世俗贵族阶层的状况也不容乐观，正逐渐变弱

第1章 大革命爆发前的法兰西

并存在内部分歧。在一个像法兰西这样统治秩序长期不变的国家，统治阶层的政治权力终将丧失殆尽。统治阶层看似拥有最高特权，但实际上其拥有的与中央政府有关的实权却非常小。贵族阶层在国民议会中没有绝对的发言权，不参与立法工作。在许多公共服务部门甚至国家行政部门，他们几乎没有任何影响力。高等贵族和低等贵族之间长期明争暗斗——蒙特默伦西家族和拉特梅尔家族鄙视那些新晋的小资产阶级群体，认为他们的成就与自己相比简直不值一提。不仅如此，即使是比较开明的统治者，也会戏谑地将新晋贵族称为"同胞"，并谴责他们傲慢、暴虐、贪婪。

我们可以看到，法兰西那些有权有势的阶层之间冲突频发，各阶层代表人物的名声一落千丈。皇室和贵族之间的矛盾始于路易十四时期，之后，在其继承人统治时期不断升级。由于巴黎最高法院不止一次地反对皇室的主张和要求，路易十五受身边亲近之人的影响，极其反感巴黎最高法院的表现。此外，教会与皇室和贵族之间也发生了许多争执；法兰西各级法院尽管都积极地加入了迫害胡格诺派的行列，也因为个人情感而拒绝改变野蛮的刑事诉讼程序，但偶尔也会抵制那些顽固的、无情

代表蒙特默伦西家族的盾徽

代表拉特梅尔家族的盾徽

的主张。这些公开冲突的影响不难评判。统治者将政体的弱点和弊端完全暴露在受压迫的人民眼前,招来了人民的蔑视。到十八世纪,法兰西上层阶级的名声跌入谷底。统治者的淫乱与恺撒时期异教徒的黑暗别无二致;路易十五自甘堕落、沉迷于低级趣味,即使心如明镜,也愿意受诡计多端的教士和情妇摆布。至于贵族,无论教会贵族还是统治者,即使有一些可圈可点的杰出人物,也抵不过绝大多数人的极尽放荡、奢侈和享乐。枢机主教和主教们毫不掩饰地纵情声色,这已是人尽皆知的丑闻。而较高阶层的相对高雅的日常娱乐也无非是慵懒地享受美食。世俗

路易十五

第 1 章　大革命爆发前的法兰西

贵族势必衰败，其光辉岁月也将一去不回。即使是历史悠久的大家族，也很少出现真正名留青史的人物。甚至，为法兰西的建立立下了汗马功劳的黎赛留家族和孔代家族也堕落了，极尽享乐与谄媚之能事。还有庞大的贵族统治者群体，他们与具有浓郁骑士精神的罗克鲁瓦①骑士和兰登②骑士截然不同。他们无知颓废、傲慢自负，把精力浪费在赌博、耍阴谋、炫耀和养情妇上，极少关注国家事务。这个时代的年轻贵族甚至写不出一封像样的信来，贵妇们整天除了做针线活，什么也不会。相比之下，英国的贵族阶层的行为则令人敬佩。他们遵守公共秩序、接受品德训练，学习如何在履行社会职责时听取大众的意见并以此警醒和鞭策自己。

代表黎赛留家族的盾徽

代表孔代家族的盾徽

---

① 罗克鲁瓦是法兰阿登省的一个地区，因为具有重要的战略地位，是历代兵家必争之地，在战争期间被多次易手。它以 1643 年的罗克鲁瓦战役而闻名，其战斗精神被称为罗克鲁瓦骑士精神。——译者注

② 兰登是比利时的一个地区。这里曾发生过两次非常著名的、影响深远的战役，其中第二次战役发生在法兰西大革命期间。1793 年，科堡的约西亚（1737—1815）率领奥地利军队与迪穆里埃将军指挥的法军展开激战。最后，奥地利人取得了胜利。其战斗精神被称为兰登骑士精神。——译者注

处于残酷压迫之下的法兰西看似庄严肃穆，实则外强中干，看似有光荣的传统，实则没有任何生命力，看似有崇高的权力，实则处处落败受责。据说，有两千五百万法兰西平民认为政府不可信赖。我们有必要看清一个真相——不和谐的因素潜伏在人民之中，否则我们将永远理解不了即将发生的事件。在法兰西的主要城镇中，中产阶级发展壮大，形成了商人阶层。他们从不迷恋奢华安逸，通过多年的光荣劳动收获了成功的果实，在各种场合积累财富，渐臻佳境。一个兼具财富与文明的新贵族阶层形成了，其中不乏律师、医生、制造商和其他贸易商。新贵族阶层尽管深受错误的思想流派影响，尽管从政治学的角度看还完全不够格，但确实囊括了这个国家最进步、最明智、最可靠的东西。这个阶层人数众多且值得尊敬。他们反对现有的统治秩序，因为他们在这个秩序下被视为低等人群。他们厌恶统治贵族，因为他们认为统治贵族的傲慢行为往往是针对自己的。但对于国家的普通人民来说，新贵族与其他贵族一样遥不可及。种种阶层区别使新贵族脱离了养育他们的人民。事实上，就像给其他阶层留下印记一样，封建主义也在这一阶层留下了印记。并且多重标准的政策使这一印记变得无比鲜明。法兰西的各个行业都是以特权制度和垄断方式组织起来的，各行各业在各地建立了众多的公会、行会、行业等级制度，拥有独特的权利和特殊的豁免权。新贵族们被轻蔑地称为"资产阶级"，这反而让他们更看不起其他人。他们当中虽然有非常著名的人物，但对人民毫无同情心，故而贫苦的人民既忌妒他们，又认为他们无情。当时，资产阶级雇主与城镇工人和工匠之间的异化，是法兰西的主要特征之一，也是大革命各个阶段的主要特征。

因此，在法兰西，上流社会和中产阶级之间虽然存在着巨大的区别，但也有一个共同之处，那就是完全脱离人民。与其他国家相比，法兰西的阶级分化更严重，更不得民心。在社会发展的某个阶段，封建主义曾经将各个社会阶层紧密地联系在一起。但现在，也正是因为封建主义，

第 1 章 大革命爆发前的法兰西

社会四分五裂了。接下来我们分析法兰西的人民。法兰西人民主要分成农村居民和城镇居民两大部分。通常，除非地主宽宏大量地免税，否则土地使用者就要承担沉重的赋税，并在财产分配时遭受严重的不公平对待。然而，比起地主们的残酷剥削和奴役，这些不公平待遇微不足道。在法兰西的绝大部分地区，农民有权永久使用土地。但仍有一些省份，特别是在北方，农民想耕种土地就不得不长期租赁大农场。虽然耕地被分割成小块租赁给农民耕种，但这些地区却相对繁荣。农民大多过着舒适的生活，农业取得了明显进步。然而，即使是这些农业发达地区的农民也有无数琐碎的烦恼，比如政府对农业的不正当限制以及时而退步的、不尽人意的公共服务。农业的兴盛使农民对从不露面却有着专横特权的地主产生了厌恶之情。在极个别省份，土地由农奴耕种，地主与农奴之间的关系非常融洽。此外，在法兰西的其他地方，绝大多数土地通常只有很短的租期，农民因难以忍受高额地租和封建压迫，长期挣扎在穷困的边缘。这些地区仿佛不毛之地。有识之士阿瑟·扬①曾写到，除了黑暗时期的爱尔兰之外，法兰西的这些地区是他所见过的最悲惨的地区。在这里，农民的食物通常只有荨麻和豆类。几年后，衣不蔽体、充满怒火的起义军出现了。起义者高喊着"解放即将来临"，坚信痛苦源于万恶的地主，并烧毁其城堡。在这种情况下，最可怜的莫过于在土地上辛苦劳作的农民。有证据表明，在大革命前的法兰西，有些地区的农民收入还不到后来的一半。城镇居民则在无知和贫穷中繁衍生息。大城市里充满了不安分的、极度渴望变革的穷人阶层，他们与富人为敌，认为富

---

① 阿瑟·扬（Arthur Young，1741—1820），英国农业、经济、社会统计学家，维护农业工人权利的活动家。作为一个见多识广的观察者，他对1789年大革命爆发后法兰西政治的看法颇具眼光，并成为英国改革的主要反对者。他虽然被认为是英国主要的农业作家，但最为人所知的是作为一个社会和政治观察家所著的《爱尔兰之行》（1780年）和《法兰西之旅》（1792年）。——译者注

人自私地抛弃了他们。雅各宾派组建的军队正是从这些阶层中招募的，其中不乏监狱里的杀人犯和在断头台下欢呼的暴徒。

应该记住的是，虽然法兰西的社会秩序混乱，各个领域尽显病态，但一种原始的创新精神已经成长起来，强烈地冲击了原本摇摇欲坠的社会结构。特权阶层的思想一直相对自由，他们蔑视和嘲笑几乎所有的制度，甚至包括有的秩序——关于这一点，我们可以在优秀的文学作品中找到一些线索。不可否认，启蒙运动的发起者基本上都是缺乏政治经验的文人，同其他法兰西人一样，他们受到了两位天才人物的深刻影响。机智敢言的伏尔泰极力抨击王权、圣坛和上层特权，而目光相对深远的卢梭则建构了一系列蔑视社会安排、服务人类、重建幸福的理论。因此，如果是在体制健全的国家，智者会与社会秩序站在同一战线，提倡温和的改革，但在法兰西，智者是破坏性的和无政府主义的。虽然智者导致了法兰西大革命这个说法有些言过其实[①]，但他们的确推动了革命进程，与革命不可分割。奇怪的是，法兰西人自己对于即将到来的时代几乎一无所知，任由这种无神论的、虚假的、极具欺骗性的哲学在那些遭受残酷待遇的阶层中备受青睐。大革命到来前，法兰西人民最常做的事情就是嘲笑信仰、谴责过去、攻击身处高位的人、抱怨荒谬的阶级差别、像丢垃圾一样丢弃旧法律和旧习俗、放大社会中美好积极的一面来营造世界安乐的幻景。而有教养的贵族和锦衣玉食的贵妇们则喋喋不休地讨论哲学。教义狠狠打击了法兰西人的自负，历史规律完美地体现了真理和智慧。这一时期，法兰西社会出现了一个奇特的现象，即社会秩序的支持者与政府斗智斗勇，却反而加速了该秩序的灭亡。

在描述大革命前的法兰西社会时，这部简史呈现出了比较浓郁的黑暗色彩。但大革命前的法兰西仍值得尊敬。对成千上万受害者的不幸命运，我们深表同情。然而，我们之前所描述的时期再黑暗，也比不上

---

① 因为革命的原因是多角度、深层次的。——原注

第1章　大革命爆发前的法兰西

路易十六统治时期。国王无疑是善意的。路易十六的作为与罗门尼·德·布里安①和查尔斯·亚历山大·德·卡洛尼②的作为相比，后两者更武断、蛮横、不公正。不过，王室的愚昧以及特权阶层之间的分歧在路易十六统治时期尤为明显。路易十六曾两次被迫解散宫廷牧师，一次是迫于傲慢的贵族党派的压力，一次是因为国王、政要和巴黎最高法院就政府债务和国家破产等问题发生了严重冲突。世袭王子密谋造反时，或者克洛德·路易·圣日耳曼③推行的不正当改革引发了军队的不满情绪时，王位比任何时候都岌岌可危。高级教士和法兰西贵族最不受欢迎的时候就是他们叫嚣着反对雅克·内克尔和杜尔格④的时候，以及他们反对以平等税收来应对国家危机的时候。与路易十五时代相比，尽管腐败不再那么严重，上等阶层不再那么傲慢，但法兰西社会仍旧没有新的阶级诞生。阶级划分在这个阶段更明显、更令人憎恨。经历了无数灾荒后，穷人承受了前所未有的苦难和不公。政府的爱国精神或整体利益主要体现在推行肤浅的改革上，而且大多浅尝辄止。即使是明智的改革，也是一遇到反对就被放弃了。国王和王后也无法摆脱颜面扫地的命运。路易十六因懦弱平庸招来诸多嘲笑，玛丽·安托瓦内特王后则因豪奢无度而丑闻缠身。显而易见，这个时期是草率的投机时期、肤浅的改革时期。总之，法兰西多年来累积的弱点都在这一时期暴露无遗，尽显威力。

---

① 罗门尼·德·布里安（Loménie de Brienne，1727—1794），图卢兹和桑斯大主教。作为路易十六的牧师，他于1787年将巴黎最高法院的成员流放到特鲁瓦，强迫巴黎最高法院签署国王布告。——译者注
② 查尔斯·亚历山大·德·卡洛尼（Charles Alexandre de Calonne，1734—1802），路易十六的牧师。他肆意浪费国家财产，与他在1786年召集的显贵们争执不休。——译者注
③ 克洛德·路易·圣日耳曼（Claude Louis Saint-Germain，1707—1778），作为路易十六的战争大臣，他在法军中引入了严酷而有辱人格的纪律。根据他的建议，军官们比以往任何时候都更加受限于贵族阶层。——译者注
④ 关于雅克·内克尔和杜尔格的政策以及他们的改革计划，请参阅亨利·马丁《法兰西史》第十六卷。总体来说，他们倡导废除法兰西的工业垄断，用平衡分配税收取代现行的不公平分配制度，整顿政府，公开国家财政，取消中央集权，成立代表会议等。不过，杜尔格的想法比雅克·内克尔更成熟、更实际。——原注

雅克·内克尔

杜尔格

以上就是1789年危机之前法兰西的状况。经验丰富的英国政治家早已看到即将来临的变革[1]，但就目前所知，路易十六的大臣们却没有一位能看到这一点，法兰西的思想家们也几乎没有人预料到即将到来的危险。正如我们看到的，许多身居高位的人有意抛弃暴行，并制定了宏伟的改革方案。对成千上万面对死亡或流亡的人来说，三级会议[2]即将发布的公告[3]似乎标志着新黄金时代的开始。几个省份后来爆发的骚乱、几百万愚钝不幸的奴隶的欢欣鼓舞、认为自己的时代已经到来的中产阶级的欢腾，都没能使人们的幻想消散。人们认为，在一个文明的时代里，荒淫无度的人将无处安身。在法兰西不健全的社会制度中，除浅薄的幻想和不断增长的无知之外，也出现了许多高尚的、远大的抱负，两者混合在一起。一道充满了虚幻希望的彩虹闪闪发光，照耀着那正在将古老的法兰西引入无尽深渊的黑暗洪流。

---

[1] 早在1753年，切斯特·菲尔德爵士写道："在历史的长河中，发生重大变革或革命之前的所有征兆，现在的法兰西都出现了，而且每天都在增加。"——原注

[2] 三级会议是中世纪法兰西的等级代表会议。参加者有高级教士（第一等级）、贵族（第二等级）和市民（第三等级）三个等级的代表，故名三级会议。1789年，由于法兰西王室财政困难，三级会议再次召开。这时，经过启蒙运动，由卢梭、伏尔泰、狄德罗等倡导的民主、自由、三权分立等理念已经深入人心，教士和贵族已经开始衰落。第三等级，特别是资产阶级正在壮大。1789年的三级会议中，第三等级的代表提出改革税制，取消前两个等级特权的要求。由于要求迟迟没有得到满足，第三等级自行组成国民议会。7月9日，国民议会改名为制宪议会。路易十六试图调动军队来压制议会，但7月14日巴士底狱被攻占，路易十六被迫屈服，承认革命。由此，法兰西大革命拉开了序幕。——译者注

[3] 即1789年颁布的《人权宣言》，宣布自由、财产、安全和反抗压迫是天赋不可剥夺的人权，肯定了言论、信仰、著作和出版自由，阐明了权力分立、法律面前人人平等、私有财产神圣而不可侵犯等原则。——译者注

第 2 章
三级会议与国民议会

1789年5月5日，三级会议在凡尔赛召开。这次三级会议距离上次三级会议已经一百七十多年——波旁王朝曾在建立之初召开过这种古老的国家会议，商讨国家共同利益事宜。现在，君主制政权岌岌可危，为了国家利益，三级会议再次召开。不同阶层的代表们齐聚一堂，场面蔚为壮观。这一刻，法兰西社会的所有不和谐因素仿佛在这种快乐的气氛中消失了。在一个装饰得庄严华丽的宫殿大厅里，王室郑重地欢迎二百多位会议代表，仿佛在重要场合欢迎王公贵族似的。国王和大臣们坐在最前面；王后和王子们则坐在国王旁边的满是紫色和金色装饰的宝座上；宝座下面，身穿带有羽毛和花边装饰的服饰的贵族按等级排成一队，接下来是衣着朴素的第三等级①、身披精致长袍的僧侣和身着教士服的乡村牧师，以及珠光宝气的贵妇和外国使节。仿佛欢度节日似的，热心的观众聚集在阳台上好奇地注视着这场盛景。就连宫外的那些观众，

---

① 第三等级是非上层的社会成员，可以分为城市和农村两部分。城市第三等级包括工资劳动者，农村第三等级包括自由农。——译者注

也早已心潮澎湃。国王宣布，他已经召集法兰西的智者贤人来担任会议顾问，并声明召开这次会议的目的主要是迎合国家的迫切需要，不会伤害人民的感情。然而，人们遗憾地发现，王后面色阴沉、心怀忧虑。于是，许多人心里产生了戒备，毕竟社会不同等级之间仍有区别，衣着华丽的封建贵族、地主等级与衣着寒酸的第三等级之间差距明显。

1789年5月6日，代表们被召集起来讨论具体事务——5月5日的第一次会面只是走形式。多年来，法兰西财政赤字越来越严重，甚至开始呈现出病态，因此，财政大臣雅克·内克尔希望通过三级会议来充实空虚的国库。但一直以来，三级会议的任务只是为国家的行政事务提供建议。于是，会议一开始就出现了问题，这恰好表明了三级代表之间早已存在的根深蒂固的分歧。根据先例，三个等级无论代表多少，都只有一票。如果贵族和教会联合起来，就能轻而易举地抵消市民的意志。在王室看来，这种做法既能达到目的，还能降低发生冲突的可能性。于是，贵族与教会提前进行了投票，决定将第三等级代表的人数增加一倍。然而，第三等级已经下定决心改变现状，呐喊出自己的声音。他们坚称，

1789年5月5日，三级会议在凡尔赛宫召开

第 2 章 三级会议与国民议会

三个等级应该分别商讨各自的意见,然后按人数投票。也就是说,三级会议的最终决议将遵循大多数人的意愿。贵族拒绝第三等级的提议,因为只有三位代表的贵族等级与拥有六百位代表的第三等级相比,其影响力微不足道。至于三百位教会代表,他们虽然各怀心思,但仍服从主教们的领导并与主教们站在同一战线上。接下来的几个星期里,三个等级各持己见,冷漠敌对,没有解决任何实质性的问题。

三级代表之间的分歧根深蒂固,如果贵族和僧侣联合起来,就很容易抵消第三等级的意志,将其压垮

一想到王室仍急需资金，雅克·内克尔就感到焦躁不安。然而，在各省人民和巴黎人民的支持下，第三等级信念坚定，情绪激昂。最后，他们毅然决定自行开会。1789年6月17日，第三等级会议陆续得到了一些自由派贵族的支持，甚至一些低等教士也投奔而来。第三等级宣布自己是法兰西国民议会①。他们邀请同胞加入议会，并坚称任何事情都不能阻止他们"重建法兰西"。

1789年6月20日，国民议会计划在凡尔赛宫大厅举行会议，可是代表们震惊地发现，宫门被锁了。大管家②告诉国民议会主席让-西万尔·巴伊，凡尔赛宫被王室征用了。最终，在两位勇敢之人的带领下，愤愤不平的国民议会代表们来到了附近的一个旧网球场，并在此发布了庄严的革命誓言："不制定和通过宪法，决不解散！"与此同时，王室已经制定出相关办法，来镇压这次疯狂事件。尽管雅克·内克尔提出了一个谨慎的妥协方案并得到了国王的认同，但极端党派坚持采用激进的方法并最终取得上风。1789年6月23日，国民议会代表们被迫在雨中站了很长时间，才被召进大礼堂。虽然并非出自本意，但国王还是向他们宣读了一份声明："三级会议的各个等级应该像以前那样分别商议和投票，如果有分歧，就由国王本人来决定什么是对人民有利的。"代表们对这个愚蠢的论调嗤之以鼻。当大管家按照古代礼仪宣布国民议会解散时，米拉波伯爵——他的文章和言论在当时的法兰西颇具影响力——告诉大管家："他们是因为人民的意志才聚集在一起的，只有刺刀才能解

---

① 国民议会（1789年6月13日—1789年7月9日），在法兰西大革命期间，从1789年6月13日至1789年7月9日的国民议会是由三级会议中的第三等级代表所组成的革命议会；此后，也称为制宪议会。1791年9月30日，其被立法议会取代。——译者注
② 大管家是指当时凡尔赛宫的大管家。革命前，在封建时代的法兰西及波旁王朝复辟时期，身居此位的人是法兰西王室的重要官员之一，也是"国王卫队"的指挥官，相当于英国的内务府大臣。——译者注

当大管家宣布国民议会解散时,米拉波伯爵告诉大管家,只有刺刀才能解散他们这群因为人民的意志聚集在一起的正义之士

散他们。"几分钟后，国民会议通过了一项口头决定，规定国民议会成员是神圣不可侵犯的，任何侵犯国民议会成员的人都将被判处死罪。

巴黎的民众通过示威的方式公开支持这些大胆的举措，这令王室恐慌不已。早在波旁王朝发生政变时，君主就经常在封建议会上打压反对势力。如今，王室以为只要国王亲临会议，国民议会就会像旧议会那样缄口不言。据说，在得知所发生的事情后，国王只是说："如果他们愿意，就让他们待在那儿吧。"他软弱的性格决定了他不会积极应对事态的发展。此前，相当数量的低等教士已经加入第三等级，很快，那些期待变革的贵族也加入了第三等级。但贵族等级的其他人仍冷漠以对。最终，贵族们认识到拒绝加入国民议会不会有任何结果。于是，在国王的要求下，贵族们也加入了国民议会。至此，国民议会已经被广泛接受。实际上，路易十六这么做主要是为了掩盖王室的真正目的，即震慑住第三等级并取得胜利，因为王室对第三等级既鄙视又害怕。不管国王的动机如何，雅克·内克尔因提议召开三级会议而备受青睐，但遗憾的是，他于1789年7月2日下台了。随后，一个由军人和保守派贵族组成的政府成立了，这个政府并不受欢迎，影响力极小。国民议会警觉地发现，数千人组成的军队正在凡尔赛集结，还有一股强大的武装力量正朝着首都挺进。顿时，谣言在法兰西四处散播——王室曾表示"叛变议会的最佳场所应该是监狱"，玛丽·安托瓦内特王后将自己的孩子送入贵族军队并问道"他们的剑能保证我的安全吗？"还有，在一个名为"狂欢"的组织里，贵妇们用各种奇怪手段迷惑年轻骑兵。

在躁动不安的巴黎，军队集结的消息迅速传播开来，点燃了起义的火苗并很快发展成了熊熊烈火。1789年7月12日，为了维持和平，一份"代表国王"的公告出台了。此时，巴黎的主要大街和广场被陌生的军队——来自德意志和瑞士的国王雇佣军占领了。这种景象引起了民众的恐慌和愤慨。愤怒的演讲家们在巴黎皇家宫殿举行集会，慷慨陈词。

第 2 章　三级会议与国民议会

人们举着雅克·内克尔和奥尔良公爵路易·菲利普·约瑟夫·德·奥尔良的头像进行游行。奥尔良公爵路易·菲利普·约瑟夫·德·奥尔良因激烈反对王室而成了民众的偶像。为了驱散聚集的人群，德意志雇佣军利用几个手无寸铁的人杀害了几名法兰西皇家卫兵。通往杜伊勒里宫的路上满是外国军队和围观民众。这些事件本身并不重要，但点燃了民众

奥尔良公爵路易·菲利普·约瑟夫·德·奥尔良

心中愤怒的火种。严酷的纪律和苛刻的待遇必然会引起不满情绪，这不仅在皇家卫队和其他军队中表现得淋漓尽致，而且在暴徒的迷惑性言论中也表现得非常明显。包括皇家卫兵在内的城市驻军近期被软禁在军营里。当同伴战死的消息传来后，皇家卫兵们再也待不住了，向德意志雇佣军发动了攻击。仅第一次武装起义就打乱了原有的军事权力布局。"国家永垂不朽"的呼声不断地从首都军队驻地的营房中传来。几个小时后，连外国雇佣军也被感染，沮丧地妥协并宣称不会再有流血冲突。如此一来，愤慨的雇佣军军官唯一能做的，就是召集士气低落的兵士然后撤退。陌生的侵入者消失后，巴黎的大街小巷充满了欢喜兴奋之情。毫无价值的可怕政权倒塌了。1789年7月12日晚上，城市躁动不安，成千上万的穷人——成了后来的恐怖统治集团——从简陋的住处一涌而出，消失在人群里。他们洗劫商店，为了得到武器而攻占市政大厅。1789年7月13日早上，旧政权已经无力掌控局面，一个由巴黎六十个区的首领组成的临时委员会接管了首都政权。该委员会试图建立一个组织，从某种程度上指导和监管这次运动。公民组成了自卫队，其成员头戴红蓝相间的帽子。他们或者尽可能地找到武器，或者接受慷慨的武器捐赠。一位区议会负责人德·弗莱塞尔斯先生被任命为委员会主席。尽管委员会成员的目的各不相同，但总体意图是一致的，就是把暴动控制在可控范围内。这就是闻名世界的巴黎革命政府和国民自卫队的起源，它们在大革命中有着深刻的意义。

尽管革命运动被这些手段压制着，但它的力量还是每天都在以惊人的速度壮大着。征兵在巴黎变得很常见，征来的新兵被编入新市政军。街道上长矛林立。暴徒们掠走所有武器，拉回古代大炮，将封建时代的盔甲抛来抛去，手执剑和火枪在军工厂里随意破坏。尽管如此，国民自卫队中仍有很多好人阻止了顽劣民众的放纵行为。虽然一系列事件加速了革命进程，但暴力分子压倒一切的时刻还没有到来。队伍中还包含了

第 2 章 三级会议与国民议会

一部分中高阶层,这让王室愤慨不已,在后来的示威活动中,王室的表现有力地证明了这一点。而起义只是某些暴徒在别有用心的领导人的鼓动下做出的杰作罢了。当天下午,皇家卫队叛投国民自卫队,虽有军官惊恐地提出抗议,但终究是徒劳。在狂热的欢腾中,皇家卫队成为国民自卫队第一兵团,并在随后发生的事件中扮演了重要角色。1789 年 7 月 14 日,一大群自卫队成员进入荣军院,从武器库里拿走大量武器。医院里的收容人员不得不忍气吞声。至此,定期或不定期地集结在一起的人数已达到近八万人。整个过程中,国民自卫队没有遇到任何抵抗。

德·弗莱塞尔斯

这无疑在很大程度上鼓励他们采取更大胆的行动。圣安东尼边境上耸立着著名的巴士底狱，它是古代专制的象征，因神秘恐怖而臭名昭著。国民自卫队决定攻击这个可怕的地方。无数武装民众涌向这个地方。谈判不成，他们便冲过吊桥来到内院，到达八座阴森的塔楼，即可怕的地牢所在地。他们虽暂时被火枪击退，但在皇家卫队带来了大炮之后，城墙上很快就飘起了白旗，监狱指挥官德劳内因受到恐吓而不得不投降。胜利者冲入这座古老的监狱，发现了许多秘密——古老的刑具和监狱记录。虽然他们为自己的壮举感到自豪，但这次胜利并非无瑕，而是充满了残酷和暴力。德劳内及其手下惨遭杀害，头颅被挑在长矛上，高高地举起来，类似的场景后来还有很多。德·弗莱塞尔斯也遭到袭击和枪杀，因为有流言称他欺骗了民众。此外，还发生了几起枪决事件。令人欣慰的是，此时国民自卫队仍保持着相当稳定的秩序。这次巨变与其说证明了王室的懦弱，不如说带来了可怕的混乱。

至此，进行暴力改革、控制制宪议会和威慑巴黎的运动在法兰西结束了。首都最终落在了不为人知的革命人士手里。事实证明，军队只是获得权力的主要工具，并不能信任。王室极端党派既震惊又暴怒。国王的弟弟阿图瓦伯爵查尔斯·菲利普（后来的查理十世）及另外两位同级别的权贵愤怒地宣称不能接受这些事件，之后匆忙逃越了边境。原本拥护国王的贵族们纷纷抛弃国王并移民，开启了贵族移民的历史。那个时代的黑暗特征可见一斑。制宪议会高声谴责王室策划的暴行。据说王后也参与了这次名副其实的圣巴塞洛缪①式的王室暴行，米拉波伯爵毫

---

① 圣巴塞洛缪大屠杀是法兰西王国天主教暴徒对国内新教徒胡格诺派的恐怖暴行，开始于1572年8月24日。由于胡格诺派的不妥协的强硬态度，该事件成为法兰西宗教战争的转折点。1572年8月24日凌晨，巴黎数万名天主教教民伙同警察、士兵对城内的胡格诺教徒进行了血腥大屠杀。他们根据事先画在胡格诺教徒居所门前的白十字记号闯进屋内，将浓睡未醒的人全部杀戮，然后将尸体抛进塞纳河中。包括科利尼上将在内的高官贵族都被处死，连查理九世的妹夫亨利及孔代亲王都被迫改宗天主教。——译者注

德劳内和德·弗莱塞尔斯惨遭杀害后,他们的头颅被高高举起

7月14日，一大群人进入荣军院，从武器库里拿走大量武器

国民自卫队涌入巴士底狱

不含糊地暗讽了王后的作为。狡猾的路易十六迅速与势力强大的制宪议会达成协定，解散了大臣们的阴谋集团，并召回雅克·内克尔。制宪议会带着诚挚的善意听取了国王的辩解，国王认为自己的主要过错是过于天真。不久之后，制宪议会邀请国王回到巴黎。玛丽·安托瓦内特王后认为此事冒犯了王室权威，加之她很清楚自己不受爱戴，因而哭着恳求国王不要同意此事。尽管如此，国王还是同意了。民众为自己的胜利而自豪，为获得的权利而欢欣鼓舞。在一次演说中，有人称路易十六"被征服"，国王本人则心平气和地接受了这个"笑话"。事实上，那时发生的所有事情都得到了国王的准许。临时委员会有了自己的名称——巴黎革命政府，拥有非常大的权力。第三等级的主席让－西万尔·巴伊被任命为巴黎市长，忠于改革的年轻贵族拉法耶特侯爵吉尔伯特·德·莫蒂①被任命为国民自卫队总司令。这支队伍的旗帜颜色为代表巴黎的蓝色和红色，为了和解，还在徽章上加入了代表波旁王朝的白色。从此，三色旗诞生了。拉法耶特侯爵吉尔伯特·德·莫蒂自信又有远见，他认为三色旗"将很快遍布整个欧洲"。尽管后来又有两三起暴力事件，但巴黎也算暂时安定下来了。国王高兴地回到凡尔赛。然而，君主制政权所能做的只是无力地威胁和软弱地让步，这样的君主制，其神圣光芒还剩下多少呢？

  尽管一切都很平静，但在巴黎发生的一件事却像雷电一样打击着整个王室。一直以来，法兰西首都对各省的影响很大，更不要说在这个改弦更张的时刻了。王权突然崩溃，民众成功战胜了古代权威。所有激荡在民众内心深处的想法、长期被压制的仇恨和困惑以惊人的力量在多地爆发。南部、中部和东南部地区是受封建制度压迫最严重的地方，也是

---

① 吉尔伯特·德·莫蒂（Gilbert du Motier，1757—1834），法兰西贵族、军官。他于1777年参加美国独立战争，是乔治·华盛顿、亚历山大·汉密尔顿和托马斯·杰斐逊的密友。他是1789年法兰西大革命和1830年七月革命的关键人物，在这两次革命中，他都倾向于在法兰西建立君主立宪制。——译者注

第 2 章 三级会议与国民议会

苦难最深重的地方。这里的农民开始反抗地主。从罗纳到卢瓦尔,愤怒的民众烧毁城堡,焚烧装有特权文件的箱子和土地权证——民众对这些文件中所记录的特权已经忍无可忍了。此外,还发生了几起谋杀地主的事件。即使在北方,租赁制和仆役工作也遭到了普遍的抵制。一些省份还发生了一些卑劣的行径,成群的暴徒"从深山里出来,破坏庄稼,掠夺果园"。许多城镇纷纷发生暴动,市民要求扩大市政权力,废除旧的垄断机制。1789 年还发生了灾荒,穷人生活在水深火热中,食不果腹。暴乱愈演愈烈,连首都也难以幸免。拉法耶特侯爵吉尔伯特·德·莫蒂

拉法耶特侯爵吉尔伯特·德·莫蒂和三色旗

负责维持秩序，让-西万尔·巴伊则费尽心思用各种盛大华丽的游行来表达获得自由的喜悦，以此取悦人民。巴黎革命政府已经发展成一个拥有300人的组织，它努力满足穷人的需要，为失业人员找工作，竭力应对各种贫困加剧的问题。不过，忌妒心强烈的政客往往会在这个时候向新政权发出责难，这对新政权来说无疑是雪上加霜。燃放烟火、热烈的巴士底狱庆典、在花园和大街上生长的自由之树，甚至是失业救济金、捐款及临时拼凑起来的救济制度，这些权宜之计对于成千上万饥肠辘辘的男男女女来说又有什么用呢？在躁动和匮乏之间，巴黎很快就会发生比现在更危险的混乱，现在一切只是被压制着而已。

让-西万尔·巴伊

第 2 章　三级会议与国民议会

　　一波负面事件影响了制宪议会的会议进程。制宪议会就解决经济问题和财政赤字的最佳方案进行了讨论，并为法兰西制定了新的宪法。基于新哲学思想的高调的改革原则已经受到广泛好评。出于仁爱和对国家整体情况的考量，制宪议会采取了措施来消除或缓和尖锐的社会矛盾，这充分体现了广泛的改革热情。同时，巴黎革命政府也尽其所能。让-西万尔·巴伊和拉法耶特侯爵吉尔伯特·德·莫蒂对革命表现出的善意和爱国情怀令他们深受民众感激。其他城镇除了做出"自由贸易的承诺"之外，鲜有其他成果。不过，中产阶级被允许甚至被鼓励采取武力措施来制止混乱。这样一来，几乎所有的法兰西大城市都自发地组建了国民自卫队，这些武装组织自主招募士兵，独立于政府。

　　然而，这场突如其来的伟大的革命，却影响了整个国家的社会关系。古老雄伟的封建主义大厦顷刻之间就被推倒并跌落尘埃。几个自由派贵族描绘了封建陋俗的可怕之处。制宪议会尽管遇到了一些抗议，但开始强硬起来，宣称应该结束这种可憎的状态。制宪议会用一个晚上的时间通过了一项决议，决议废除了几个世纪以来不断增长的债权和残忍的农奴制残余，包括什一税、退出租金及类似的税捐。这次会议在热烈的欢呼声、庄严的颂歌和奇妙的音乐声中结束了。尽管后来发生了一些特权事件，比如天冷时地主用奴隶的血来洗脚等，但反对派贵族被不断壮大的多数派压制住了，制宪议会由第三等级和低等教士控制着。大清洗在修正财产权利的同时出现了很多恶劣腐败的事。虽然土地解放的最终结果是伟大且有益的，但其直接结果也显而易见。作为无政府主义的主要表现之一，农民的暴行并没有因为时代束缚的突然消失而有所减少，它们只是在乡镇中产阶级的努力下被镇压或遏止了，因为乡镇中产阶级对于无政府主义的蔓延有所警觉。这些乡镇中产阶级手中也握有武器，而且几乎不受任何规定约束。

　　这就是1789年8月和9月的法兰西：旧权威支离破碎，大权旁落。

贫困和混乱虽然是暂时的,但波及范围甚广。同时,在凡尔赛,被镇压但未被处决的王室再次开始蠢蠢欲动。据说,一帮忠诚的贵族计划从"叛逆臣民"中解救出国王,并将他送到梅斯。部队也逐渐从边防撤回。凡尔赛的新国民自卫队虽然已经发展成一个完整的机构,却仍饱受王室的冷眼。有一种观点在巴黎滋长,并受到制宪议会的支持,那就是国王应该被送回首都。因贫困而骚动不安的民众早已经准备好发动暴乱。1789年10月1日的事件标志着新一轮的愤怒爆发了。在10月1日的宫廷宴会上,一群年轻军官当着国王和王室的面,以保皇的名义从头盔上扯下了三色旗,借着酒力和宫廷美人的诱惑,他们宣誓永不放弃王权。紧接着,1789年10月5日的另一个事件引发了巴黎的大规模游行。当天上午,一群不堪饥饿折磨的妇女闯入市政厅,冲过凡尔赛宫与巴黎之间的甬道,最终与拉法耶特侯爵吉尔伯特·德·莫蒂率领的国民自卫队会合。这一游行队伍强行进入制宪议会,讨论国王所表达的对立观点,其中一些人被允许进入宫廷与国王会谈。拉法耶特侯爵吉尔伯特·德·莫蒂负责恢复秩序,游行被驱散并退出国民会议。大部分士兵都在积极配合,只有国王侍卫队中的一支精锐队伍恶意挑衅。1789年10月6日早上,国王侍卫队中的几个枪手射杀了两个无辜的人,引发了造反。一群愤怒的暴徒向国王侍卫队发起了进攻,冲进了宫廷内室。盛怒、饥饿的面孔出现在国家的圣殿中。在侍女们恐惧的尖叫声中,衣冠不整的王后被赶出了房间。若不是国民自卫队及时赶到,一场可怕的屠杀将不可避免。国民自卫队高呼"我们不会忘记丰特努瓦"[①],拯救了侍卫队和王室。后来,双方看似和解了:国王在阳台上露面,拉法耶特侯爵吉尔伯特·德·莫蒂亲吻了王后的手;三色旗重新出现在每一位士兵的头冠上。然而,

---

[①] 这里是指丰特努瓦战役。它是法军在奥地利王位继承战争中最大的胜利,极大地提升了法军士气。从西班牙王位继承战争失败以来,法军一度失去太阳王鼎盛时期的强者风采,而丰特努瓦战役的胜利使法兰西人找回民族自信。此处,在王室艰难的时刻,国民自卫队高喊"我们不会忘记丰特努瓦",意在提升士气。——译者注

第 2 章　三级会议与国民议会

宫殿的地板上血流成河,两个惨白的头颅被高高地挑在长矛上,似乎在诉说着人们尚未消退的怒火。应一位代表的要求,路易十六毅然同意回到巴黎。王室马车载着国王、王后和他们的孩子们及国王那美丽虔诚的妹妹伊丽莎白夫人①,慢慢地行驶到了巴黎。那里喧声震天,武装队伍横行,妇女跨坐在大炮上丑态百出。民众大声呼喊"现在,我们是面包师,是面包师的妻子和孩子了",这句话生动地表达了那些穷人们心中最重要的东西,他们早已被王室贵族的阴谋害得食不果腹。这个鱼龙混杂的马车队伍进入杜伊勒里宫时已经是晚上。一进入这座空置多年的波旁王朝时期的宫殿,王室就立刻被国民自卫队包围了,连国王侍卫队也不能接近。

这些重大事件并非一人所能促成,1789 年 10 月 5 日和 6 日的事件更是如此。至于米拉波伯爵、奥尔良公爵路易·菲利普·约瑟夫·德·奥尔良、拉法耶特侯爵吉尔伯特·德·莫蒂是否参与策划这些事件,就没

武装队伍在巴黎横行,妇女们跨坐在大炮上丑态百出

---

① 伊丽莎白夫人(1764—1794),法兰西公主,路易十六最小的妹妹。法兰西大革命爆发时,她一直陪伴在国王与王室成员身边,最终在恐怖统治时期被处决。她被罗马天主教会视为烈士和上帝的仆人。——译者注

必要继续探讨了①。值得注意的是，巴黎的乌合之众虽然仍受中产阶级的控制，却取得了巨大的胜利。同从前一样，王权再次显示出了软弱无力的一面。国王一旦感到害怕，那他对于权力的幻想就会像无聊的梦一样烟消云散。于是，凡尔赛宫成了国家博物馆，还一度被废弃。后来，它成了德意志侵略者的容身之处。在经历了王朝覆灭的哀号之后，它再也不是君主制下王公贵族们的居所了。

---

① 现在已经完全可以确定，奥尔良公爵路易·菲利普·约瑟夫·德·奥尔良曾唆使暴徒离开巴黎，攻击宫殿。他去世后，人们在一封信中发现，他指示一位银行家不要按协议支付刺杀国王的赏金。他写道："钱花得不值当，国王还活着。"而米拉波伯爵和拉法耶特侯爵吉尔伯特·德·莫蒂应该是清白的。——原注

第 3 章
1791 年宪法

　　法兰西大革命的第二个阶段仿佛一潭湖水，看似风平浪静，实则暗流汹涌。平静的表象随时可能被打破，荡起阵阵波澜。这股暗流威力巨大，仿佛海上风暴卷起的旋涡。从 1789 年秋到 1791 年夏近两年的时间里，没有再发生像巴黎起义、攻占巴士底狱、各省起义和 1789 年 10 月 5 日与 10 月 6 日事件一样意义重大的事件。一些明察秋毫的人或许已经感觉到一些不安的力量正在集结并发展壮大，但它们终究没能形成规模，更没有引发叛乱。事实上，在当地革命激情或报复情绪的影响下，严重的犯罪事件此起彼伏。据说，保皇党策划了两起阴谋，贵族移民数量不断增加，边境地区出现了反革命事件甚至入侵事件，欧洲其他国家对法兰西局势持观望态度。从比利牛斯山到莱茵河，法兰西的改革形式千变万化。那些使用暴力手段、抱有雄心壮志的改革者成了焦点，令民众既忌妒又害怕。尽管如此，局势至少看起来比之前稳定多了。有些改革带来的好处是永久的，有些则是一时的。对于成千上万的人来说，1789 年的全国性危难所带来的巨大压力减轻了，大革命似乎正在走向幸福、和平和进步。国王与保皇党分裂了,制宪议会从此至高无上。法兰西农田上的封建大山被推翻,农业开始像被施了魔法一样快速发展。中产阶级和国民自卫队有效地镇压了暴力,人民越来越富裕。法兰西人正享受着从未享受过的自由。但外面仍是乱世,不和的声音仍在回响,政客煽动下的社会仍不稳定。在这种急剧变化的危局中,乱象虽然无法避免,但可能会在不久的将来烟消云散。或者恰恰相反——这段平静的时期正是法兰西靠近深渊前的黎明,在危险积累到一定程度时,将给革命注入新的力量。然而,历史虽然承认了局势的力量是巨大的,但同时证明了宿命论是错误的教条主义。但公正地说,危局出现的主要原因是统治者缺乏经验且形势极其复杂。我们必须承认,如果法兰西统治者真正具备政治家素质,如果法兰西贵族不那么傲慢而且堪当道德榜样,如果法兰西的君主及其辅佐者们不那么愚蠢,那整个事件的进程就会大不相同。

　　1789年10月5日和6日的事件后,制宪议会重新着手重建国家机构,这几乎从一开始就是它的使命。接下来的几个月里,制宪议会取得了显著的成就,改善了旧的社会形态。从此,有益的改革结果①开始出现了。旧时的野蛮刑罚和君主管辖权已经被废除。被无益的限令扼杀的内部贸易也已逐步放开。一部融合了法规和习俗的法典得以确立,这部法典虽矛盾重重,却也在法兰西风靡一时。随着封建领地的消失,城镇的垄断行业和专属行会也消失了。最重要的是,制宪议会宣布实行宗教宽容,税收制度得到了改革,不公平的税务豁免权也被取消了。这些措施及其他许多类似的措施不仅公正合理,而且大有裨益。因此,很多法兰西人高度赞扬它为"1789年的不朽政策",就连英国人也深表赞同。然而,

---

① 关于1791年宪法的深刻评价可以在冯·西贝尔教授的作品《法兰西大革命史》中找到。埃德蒙·伯克的《关于法兰西革命的思考》是对制宪议会工作及其倾向的最好、最深刻的评论。这位伟大的哲学政治家的许多言论都被证明是有预见性的。——原注

第3章 1791年宪法

制宪议会的工作都有一个明显的特征，那就是对纯粹理论热情无限却完全忽视了事实本身。由于盲目追求创新，制宪议会激化了阶级矛盾，加快了革命进程，使趋于稳定的政府陷入了慌乱。为了减轻法兰西民众对当前政治和社会的不满，制宪议会采取了一系列行动。首先，它发布了著名的《人权宣言》，这个宣言虽庄严、大胆，却有点儿不切实际。接着，它在随后的立法中努力贯彻宣言中的法则。就像封建社会的强取豪夺一样，一纸法令足以让教会和其他一些机构的巨额财产被充公。尽管宣言做出了增加现有权利的承诺，但这一承诺在很大程度上是不可能实现的。不久之后，无论是否尊贵、是否有历史意义，所有荣誉头衔都受到了压制，名望、权威和特权被废除。这个过程缺乏思虑，毫无公平可言。尽管社会不可能存在绝对的公平，但制宪议会还是宣称"法兰西人民生而平等"。此外，法兰西的地方法规也发生了巨变。古老的省份连同各种各样的权利和豁免权一起从地图上消失了。相应地，地方议会也

宗教宽容政策宣布后，僧侣和修女们享受到确确实实的新自由

被取缔了。从此,法兰西有了新的分区。各分区被称为行政区,每个行政区的组织机构和地方权力分配完全一致。

  几个月后,法兰西的旧机构几乎全部被推翻。制宪议会开始着手为改革后的法兰西制定宪法。宪法保留了君主制,赋予了王室更多自由,同时削弱了它的很多旧特权。从此,王室变成了没有实权的执行机构,虽然获得了立法机关的决议权及法案的否决权,却丢失了立法权。至于王室的大臣,则被完全排除在制宪议会之外,没有任何席位,也没有投票权。立法机关由立法委员会组成,形成一个单独的议院,该议院几乎绝对独立,拥有至高无上的权力。但正如我们看到的,其时常与王室发生冲突,权力也不如预期的那么大,因为它并非真正普选的产物,其权力也与国王的权力拉扯不清。这个体制的最终表现令具有远见的政治观察家们感到震惊。过分集权化是古代君主政体的主要弊病之一,这种邪恶的体制遭到了激进的变革,即提倡新的平等理论和人民地位至高无上,这也是《人权宣言》的两大主要原则。城镇当局拥有极大的权力,完全控制着自己建立的国民自卫队,并拥有许多其他政府职能。通过这种模式,巴黎基本上成了一个独立于国家的联邦,拥有着庞大的军事力量。这种模式风靡全国。每个行政区都由小部门组成,每个小部门都拥有自己的国民自卫队,并享有巨大的、本该属于国家政府的权力。另外,每个行政区都设有一个更高级的部门,用以行使总体指挥权。在每个中心城市,这一巨大权力的行使者由选举产生,而任何人都可以参与选举,不分高低贵贱。埃德蒙·伯克说:"法兰西分裂为数以千计的小型共和国,而巴黎是它们的王,占据领导地位。"这一说法完全正确。在其他国家机构中,几乎所有的司法人员和公务人员的任命权都被从王室手中夺走,然后由一个看似普遍的选举来产生。伟大、崇高的教会也不例外。根据罗马天主教的纪律或宗教教条,教会的大量的资产惨遭剥夺,主教和牧师的选举权也被从教众手中夺走了。国王手中的军权也被很大程度

第3章 1791年宪法

地剥夺了。不公正的特权并没有完全取消,只是被融入了民主模式,换了一种行使的方式而已。

制宪议会事务管理部门的许多行为也是不明智的、暗藏危机的。尽管雅克·内克尔竭力反对——他虽然不是一个政治家,却对国家财政了然于胸——但制宪议会还是决定出售教会的土地,为国家走出困境而筹集资金。制宪议会以即将出售的土地作担保,使用不可兑换的纸币来解

埃德蒙·伯克

决迅速恶化的赤字问题。这种权宜之计是从旧君主制政体中学来的，也是从受此问题困扰的其他政府的先例中学来的。如果有足够稳固的保障，这种权宜之计也并非没有益处。于是，制宪议会不顾一切地使用了这种纸币。这种新型纸币被称为"指券①"，似乎是一种取之不尽用之不竭的财富。它从一开始就被大量发行，尽管一度创造了繁荣的交易假象，却也打乱了生活和商业之间的平衡关系。在税收问题上，制宪议会的作为毫无理性和正义可言。富人曾经享有的豁免权现在间接地延伸到了穷人身上，如此一来，富裕的土地所有者税务负担过重，而城镇的民众却免税。这种做法尽管并不是非常重大的错误，却为将来的不公正埋下了隐患。属于国家的大笔款项也被贷给了已经拥有强大权力的巴黎革命政府，利率远低于市场利率标准。如此一来，国家只为它最偏爱的那一部分群体服务。这种原则是冒险的、不公正的。经制宪议会同意，大量国家资金被用于为首都的穷人提供救济。以昂贵的价格买来面包，再以低廉的价格卖给穷人，为失业人员找到体面的工作。不得不说，这一系列做法既浪费资源，又缺乏远见。因为这么做的后果就是，成千上万的乌合之众加入巴黎的败类中。从此，很多在恐怖统治时期占主导地位的共产主义理论被认为是对法兰西的诅咒②。

不难看出，制宪议会所做的大部分工作是基于错误的原则。很快，这一系列工作的弊端和不可避免的后果一一浮现。不过，制宪议会的许多支持者慷慨激昂、思想开明，其倡导的理论极具吸引力，激发了当时

---

① 指券是指法兰西大革命和法兰西革命战争期间使用的一种货币工具。这里指法兰西制宪议会在1789年到1796年法兰西大革命期间为应对即将到来的破产而发行的纸币。1790年4月，指券被重新定义为法定货币，以解决革命所带来的政治、社会和文化的不稳定所引发的流动性危机。拿破仑反对一切形式的法定货币，因而到十九世纪三四十年代，革命期间发行的指券和其他文件已经成为收藏者的物品。——译者注

② 冯·西贝尔教授在他的作品《法兰西大革命史》第二卷第四章中明确地提出了制宪议会的部分立法表现出共产主义的倾向。——原注

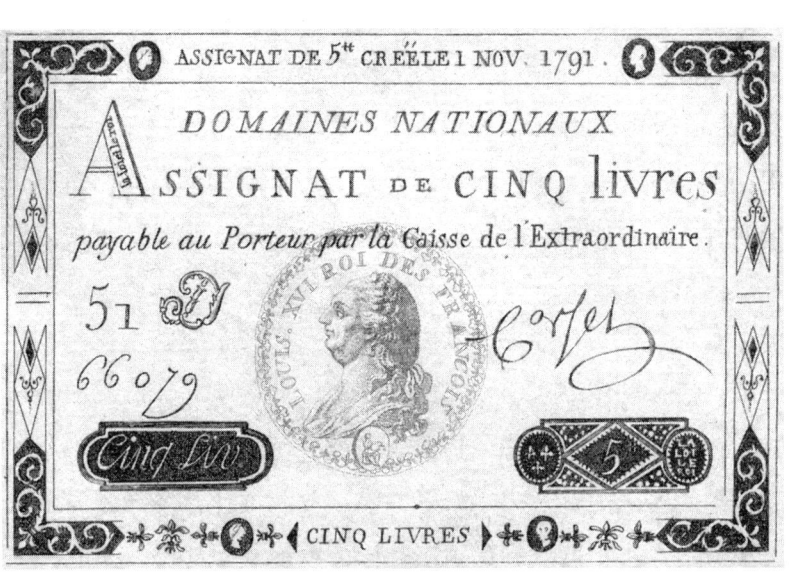

制宪议会为解决财政赤字问题,毅然决然地动用新型纸币,也就是指券。上图分别是当时的纸币面值:1791年5里弗尔(上)、1792年50里弗尔(下)。里弗尔是法兰西旧时的货币单位,直到1794年才被停用

人们的热情。《人权宣言》的颁布不仅在法兰西,更在整个欧洲唤起了欢欣和喜悦。在巴士底狱沦陷一周年之际、宪法制定完成之前,巴黎目睹了这一黄金时代的开始。数百万人欢欣鼓舞,热烈欢迎这一时代的到来。攻占巴士底狱的日子被确定为全国性的重大节日。在众多观众的鼓掌声中,来自法兰西各个政府部门的代表们在首都当权者的带领下,沿着塞纳河畔,游行到巴士底广场。广场装饰华丽,建有一个巨大的露天剧场。在这里,王室、制宪议会和民众参与了集会。在心潮澎湃的人群中,国王宣誓尊重正在建立的社会秩序。高高在上的圣坛教士们也随声附和。国民自卫队中爆发出巨大的欢呼声,四周响起了胜利的音乐。玛丽·安托瓦内特王后也被这激情感染,散发出迷人的光辉,抱起人民未来的主人——这孩子身处快乐的氛围中,对笼罩在众多受害者头上的乌云毫不知情。接下来的一周里,整个巴黎洋溢着快乐的气氛。巴士底狱的遗址上建起了鲜花拱门,喷泉里喷出美酒,火把照亮了巴黎的夜,来自欧洲各地的代表们为自由与和平时代的到来欢呼雀跃。由此可见,法兰西对欧洲的影响是多么巨大而深远。

很快,制宪议会的工作所产生的影响显现出来了。贵族因荣誉头衔被废除而怒火中烧。教会被没收财产,所有宗教人员为《宗教人员民事组织法案》的诞生震惊不已。立法权与执法权因彻底分离而产生了矛盾。随着国王权力的减少,国家也变得软弱不堪。王公大臣与制宪议会之间的冲突愈演愈烈,一群卑劣之徒取代了雅克·内克尔及其拥护者。军队特权被取消后,军官们表现出了前所未有的冷漠,由于没能及时得到相应的报酬,全体军官也表现出了极大的不满。同时,虽然人民群众还不清楚自己的实力,也没有得到领导人的引导,不过,随着国民自卫队章程和国家行政服务规定的制定,实质性的权力已经开始转移到人民群众手中了。巴黎的地位也变得更明显了,中央政府极度弱化造成的权力错位在很大程度上瓦解了法兰西,造成了极大的负面影响。这个因

第3章 1791年宪法

阶级差异巨大而分裂的国家，这个王权被突然削弱的国家，这个动荡的、充满不确定性的国家，这个无政府主义横行、充满危险的国家，它的结果不难想象。从1789年10月5日、6日至今，贵族移民变得非常普遍，移民数量每天都在增加。于是，在很短的时间内，法兰西边境就被充满仇恨的移民占据了。在许多地区，教士们谴责制宪议会对教会所做的一切是亵渎神圣。教师们联合农民发起了一场反对无神论的运动。军队中也发生了残酷无情的暴动。在处理涉嫌败坏政府声誉的事务时，国王与制宪议会之间的关系即使不至于势如水火，却也如履薄冰。当路易十六乐此不疲地甘当傀儡时，制宪议会在很大程度上由煽动者和巴黎的骄奢暴徒控制着。尽管如此，他们仍感觉到自己的权威正在流失。因此，可以这么说，无政府状态不受上层控制，而是由下层兴起的。任何刺激都会使长期受恶政压迫和束缚的人民骚动不安。虽然到目前为止，最受欢迎的力量并没有参与暴乱，但一些政治煽动者通过廉价的不良杂志和多如牛毛的极端政治组织进行造势，不断加强自己的影响力。其中一个组织起源于巴黎的古老修道院，一开始很不起眼。这个组织日渐壮大，经常开会讨论制宪议会的行为，向人民发表激烈的言论。巴黎革命政府里最热心的改革者都是这个组织的杰出人物。无论首都的四十八个区发生了什么事，这个组织都会向人民汇报。在法兰西的主要城市里，这个组织吸附了大量同类型的团体。这就是戏剧性的大革命中最恐怖的名字——雅各宾俱乐部的起源。

奇怪的是，制宪议会代表的强大势力没有与这些巨大的变化做斗争。此外，下议院中极少有人真正同情最下层阶级，也没有给予无政府状态更自由的空间。但王室和贵族分裂了，贵族内部也相互分裂，高级教士和下层神职人员互不友好，许多世俗贵族和高级牧师也轻率地加入了移民的行列。那些保守贵族和留在旧议会中的高级教士都是碌碌无为之辈。而坚定地拥护亨利十四的王位、罗昂人和莫特马尔人等旧教派的，主要是龙骑兵团、无知的神父、浮躁的贾可·安安托万·玛利·德·卡扎尔①和狡猾的莫里。值得庆幸的是，贵族改革派中有几个人无疑比当初想象的走得更远，但有些人被铺天盖地的虚假哲学带偏，其他人为了争夺民众的支持而互争互斗。尽管宪政改革是一个理性的政策，但贵族们并未因此而团结一致。而下议院只是政治新手，许多人尽管拥有无与伦比的口才和文笔，但也会因被各种新学说包围而分辨不出哪些创新是有害的。他们受到反对旧制度和反对特权制度等言论的深刻影响。制宪议会的作为完美体现了法兰西人的特质，即沉迷于制度、不顾事实、不计后果、狂妄自大、多愁善感及浮躁难安。正因如此，制宪议会虽然并非出自本意，但却为接下来的事件铺平了道路。然而，为消灭贵族阶级付出最大的功劳的，对革命措施持鼓励态度的，仍然是那些不光彩的移民贵族。几个月后，绝大多数法兰西贵族逃离了国家，放弃了他们曾经支持的王室。他们软弱却自大，对这个值得骄傲的国家口出怨言，整日妄想着会有反革命力量重获政权。历史对这些人心怀体谅，因为他们是邪恶秩序的受害者。但处于危机中的法兰西无法体谅他们，因为他们极度缺乏爱国主义精神，心理极度不健全，这让成千上万的人认为养育了这一阶层的社会体制应该被彻底推翻。

然而，制宪议会中有一个人看清了事态的发展趋势。米拉波伯爵的人生充满了罪恶，他对公共事业野心十足，甚至有点儿鲁莽、犯罪的特点。但他通过雄辩表达出了对强大力量的真知灼见。他没有受到迷惑性理论的欺骗，认为法兰西仍然处于混乱迷茫的时期。他对取消教会和贵族而

---

① 贾可·安安托万·玛利·德·卡扎尔（Jacques Antoine Marie de Cazals，1758—1805），法兰西著名演说家、政治家和军事家，议会中保守主义的杰出拥护者。他被认为是一个"侠义的、无可挑剔的士兵"。米拉波伯爵这样说他："如果卡扎尔的知识与他说教的魅力同样耀眼，那么任何反对他的人无论多么努力都会无功而返。"但他有一个弱点，就是他似乎对于外界信息缺乏判断力。——译者注

龙骑兵团的将领

贾可·安托万·玛利·德·卡扎尔

米拉波伯爵

导致内战的行为表示反对。他曾表示取消王室大臣在议会中的席位是危险的、不明智的行为。他总结出一个伟大的真理,认为法兰西需要一个坚定的执政部门来维持秩序,结束无政府状态。我们无法确定法兰西的君主立宪制是否是他提出的,但早在1790年,他就曾向王室提议过这一制度,并不止一次地拜会过玛丽·安托瓦内特王后——对于王后,他认为其"品格的力量"令人崇敬。他计划将国王转移到法兰西内地的一个城镇并召集忠诚的军队保护国王,然后召开新的议会来解决旧体制的腐败问题。他承诺对三十六个区负责,并强烈希望对暴民统治的前景毫无信心的中产阶级能支持君主制。然而,优柔寡断、生性多疑的国王不会相信这个骄傲的天才。米拉波伯爵也无法获得威名远播的陆军首领布耶侯爵弗朗索瓦·克劳德·爱莫尔和拉法耶特侯爵吉尔伯特·德·莫蒂的支持。两位侯爵都是国民自卫队的掌权者,米拉波伯爵认为他们的支持是非常有必要的。1791年4月,米拉波伯爵的死亡结束了他的希望和恐惧,随他一起消逝的是即将付诸实施的计划和阻止大革命发生的最佳机会。

布耶侯爵弗朗索瓦·克劳德·爱莫尔

拉法耶特侯爵吉尔伯特·德·莫蒂

第3章 1791年宪法

与此同时，邻国的态度即使尚不构成威胁，也开始变得摇摆不定。邻国的反革命呼声甚至战争的呼声越来越高。欧洲古老的君主政体和贵族制度本能地对所谓的"法兰西原则"感到震惊。普鲁士和奥地利发生了冲突。英国下议院因埃德蒙·伯克对法兰西制宪议会的猛烈抨击而欢呼喝彩。来自法兰西的贵族移民遍布欧洲各国。他们向各国王室提出的援助请求犹如石沉大海，毫无回应。一小股领主部队在莱茵河畔组织起来，宣称自己只是神圣十字军的前卫，大军还在后边。在这紧要关头，见证了米拉波伯爵的死亡后，国王和王后意识到，仅仅通过法兰西内部的支持获救已经无望。于是，他们渴望去国外避难。然而，他们还是卷入了一些足以毁掉自己的阴谋[①]。事实上，国王、王后与贵族移民彼此恐惧和厌恶，只是贵族移民还没想过利用国外力量来恢复君主制度。且不说其他诸多不满，单是被认定亵渎教会这一罪行就触及了路易十六良心的痛处。玛丽·安托瓦内特王后憎恨王室的没落及国王和自己所遭受的怠慢与蔑视。他们无法理解也无法忍受法兰西当前的状况。有人提议国王出逃到奥地利军队的一个支队，悄悄地接近法兰西边界，并召集所有忠诚于国王的法兰西人。毫无疑问，若不是一场正在计划中的宪法激变的影响，这个计划一定是可行的。从召集奥地利军队的计划可以看出，婚前曾为奥地利公主的玛丽·安托瓦内特王后是计划的主谋。而正在洛林执行军务的布耶侯爵也参与了这个秘密计划，并承诺向王室提供协助。1791年6月20日晚，王室躲过了杜伊勒里宫大门的守卫成功出逃了。国王留下了一个声明，在这个声明中，他否认"以他的名义"或"经

[①] 有关大革命期间路易十六和玛丽·安托瓦内特王后与外国势力联系的完整描绘，以及王室在这场危机中的生活和行为，都可以在康奇先生所编的《路易十六、玛丽·安托瓦内特王后和伊丽莎白夫人的通信》中查找到相关信息。这些文件中有一部分可能是伪造的，但大部分仍然是真实的。这些资料表明当时的领导人对于国王和王后的怀疑至少有一部分是合理的。该书也搜集了大量关于1790年到1793年欧洲王室的政治策略的资料。另外，编者的论文和笔记也是非常有价值的，值得关注。——原注

他同意"所做的一切——因为这些都是"他在巴黎被监禁"时被迫而为,并声明自己之前宣誓守护的宪法是无效的。1791 年 6 月 21 日,马车安全抵达了沙隆,但最终在小镇瓦雷纳被拦截了下来,因为一个名叫德鲁埃的邮政局长认出了国王并且立即报告给了市政当局。市政当局马上因此进行了会谈,这位命运多舛的君主像往常一样,表现出令人无奈的软弱。若不是布耶侯爵派出的一个支队喊出"国家永垂不朽"的口号并拒绝执行长官的命令,王室也许能够逃脱。同时,收到国王的逃亡消息后,制宪议会行使其最高权力,命令特派员带回逃犯。当特派员到达瓦雷纳时,路易十六全然不顾王后的恳求,立刻屈服了。据说,"吃完早餐似乎是他更关注的事情"。王室俘虏回程耗时八天,每个村庄都在观望着这不幸的景象——队伍头戴头巾,沉默地在巴黎大街上的人群中穿行。其中一位特派员佩蒂翁粗鲁地向前走着,另一位特派员巴纳夫[①]被王后迷住了。也许正是因为这次事件,这里的每个人在未来戏剧性的黑暗时期才有了不同的人生轨迹。

多年后,拿破仑表示,这一计划的流产结束了君主制的命运,或者至少引起了普遍的愤慨和不信任。人民确实不知道这次事件的真相,但许多人从最坏的角度解读了国王反对宪法的声明,其中最糟糕的就是思想变节。政治煽动者们聚集在法兰西大做文章。他们在很多地方举行了会议,用威胁和激烈的言辞表达愤怒。卑鄙的让-保罗·马拉声名鹊起,而即将成为恐怖代名词的丹东、罗伯斯庇尔等人已然名声大噪,甚至连"共和国"这个词都出现在了制宪议会中。此外,制宪议会在路易十六出逃时就已经宣布自己为法兰西政府。国王和王后彻底沦为囚犯,被囚禁在杜伊勒里宫不得离开。王室俘虏最终的结局多为死亡。尽管如此,

---

① 即安托万·皮埃尔·约瑟夫·玛丽·巴纳夫(Antoine Pierre Joseph Marie Barnave,1761—1793),斐扬派创始人之一。1789 年,他作为第三等级代表在凡尔赛宫参加三级会议。他曾在与玛丽·安托瓦内特的通信中提倡建立君主立宪政体。——译者注

法兰西王室出逃至瓦雷纳镇时遭遇拦截

王室停房返回巴黎

罗伯斯庇尔(左)、丹东(中)、让-保罗·马拉(右)

社会秩序依然保持得井井有条。巴黎的一些暴民领袖沉寂了一段时间。让-西万尔·巴伊和拉法耶特侯爵吉尔伯特·德·莫蒂镇压了一场暴动，造成了流血冲突。意识恢复的迹象不时出现。被允许去观看歌剧的国王和王后受到了热烈的欢迎。尽管发生了这一切事件，慷慨的人们仍为繁华王室的落幕而感到惋惜。中产阶级本能地感觉到，充满危险和磨练的时刻就要来了。在不断接近的暴风雨中，成千上万的人把目光投向了这个飘摇的王位，这个充满了邪恶记忆的宝座，这个无政府主义反对者心中的焦点。

第 4 章
立法议会

现在,相对平静的阶段已经过去,社会的混乱因素即将以前所未见的迅猛态势爆发。陈旧的恶习、动乱的后果和新建机构的弊病即将显露出来。因国家管理不力而盛怒的民众突然获得了巨大的权力。这种权力在有力的刺激下不断增强,即将推翻已经不稳固的君主制,引起一场巨大灾难。种种表象之下都隐藏着重大的社会问题,也再次证明了这个国家祸根深种:统治阶层和不幸的君主愚昧至极,制宪议会工作失误明显、贻害无穷。人们发现,权力可能会突然从掌权者手中消失,落入旁人之手;尤其是在法兰西的特殊形势下,狂妄、鲁莽、大胆的少数人可能会战胜反对者,获得强大的力量并成为掌权者。然而,造成这些现象的原因并不全是法兰西内部的问题,更重要的是外部的影响。如果不是国外的因素点燃了法兰西人民心中的怒火,或许大革命的发展进程会是另一番景象。

王室出逃事件发生几个星期后,制宪议会自行解散并宣布其伟大的使命已经完成,"正如所希望的那样",它使"法兰西获得了重生"。

国王虽然曾费尽心思推翻宪法，但此时显然已经做好接受它的准备了。此外，国王还宣布了大赦。法兰西的政治天空似乎暂时风和日丽了。王室重获自由，一时间在巴黎风头之劲无出其右。1791年10月，新的立法议会成立了。选举进行得非常顺利。于是，许多人开始相信前两年的"光荣的收获"终于实现了，前期工作的成果终于稳固下来了。然而，一种新情况的出现说明新成立的立法机关尚缺乏政治经验。制宪议会通过克己条例将自身成员排除在立法议会之外。因此，两者同样缺乏政治经验。立法议会的主要成分是中产阶级，也包含很少的旧贵族阶层。立法议会中尽管也有一些渴望尝试改革的共产党人，但主要目的是要维护1791年宪法。立法议会有750名议员，分为右派、中派和左派。右派为保守派，左派为激进派，中派人数众多，左右摇摆。在当时的政治俚语中，左派被称为"山岳派"，中派被称为"平原派"。很快，这些奇怪的别称就人尽皆知了。总体而言，立法议会的表现并不比它的前身① 出色，其成员中也没有米拉波伯爵的党派。然而，立法议会也并非没有好处。立法议会中有一小群成员，大多来自同一个地区，即后来的吉伦特省，是原吉耶纳省的一部分。他们雄辩、有说服力、充满热情，即使这份热情缺乏理智，却仍格外引人注目。

目前，立法议会和国王以诚相待，携手治国。为了对抗雅各宾派的力量，路易十六组建了以温和派人士为主的斐扬派②。一些以巴纳夫为首的制宪议会改革派人士则努力为王室进言献策。不过，国王从一开始

---

① 这里是指制宪议会。1789年6月17日，第三等级代表宣布成立国民议会，同年7月9日改称制宪议会，并于1791年9月30日解散。制宪议会的继承者为立法议会，成立于1791年10月1日。1792年9月20日，普选产生的国民公会召开第一次议会，并取代了立法议会。制宪议会最大的贡献是颁布了《人权宣言》。——译者注

② 斐扬派是法兰西大革命期间形成的一个政治派系，成立于1791年7月16日，原名为"宪法之友社"。当时，雅各宾俱乐部的激进派与温和派分裂，温和派——也就是斐场派——主张保留君主制度并支持当时的制宪议会提出的君主立宪制政体的计划。——译者注

第4章 立法议会

就无视制宪议会代表。代表们对国王也不屑一顾，这让国王很恼怒。人们认为，宪法赋予了君主过大的武装权力；而王公贵族和夫人们却仍对王室地位及新安排表示不满且拒绝接受。于是，分歧越来越大。一条荒谬的规定剥夺了王室大臣在制宪议会中的席位。这使他们像是格格不入的陌生人，他们为此很气恼。同时，国王接受宪法的行为激怒了移民贵族。贵族军官麾下无兵，自己又不愿意屈尊当兵，所以他们的军队还没有任何行动的迹象。尽管如此，国王的兄弟们仍强烈抗议制宪议会的行为。在莱茵河地区，成群结队的王室支持者四处鼓吹不和，试图激起动

巴纳夫

乱。这次运动在很大程度上是由教士们支持的，他们大多拒绝宣誓遵从教会新秩序。在一些革命情绪高涨的地区，这次运动引起了不小的骚乱。长久以来的团结也因宗教情感不同而破裂了。阿维尼翁曾是教皇封地，被制宪议会吞并成为法兰西领土，因而也爆发了一些可怕的动乱。法兰西和罗马教皇的政党斗争导致了一场可怕的屠杀。南部和东南部的几个城镇也发生了动乱，这里的派系之争几乎发展到了内战的地步。一群无家可归的武装盲流在法兰西的许多地区四处徘徊，敲诈勒索，无恶不作。此外，大城市里不断涌现出不满的情绪，民众时刻处于起义边缘。指券发行之初使贸易得到了发展，但不计后果地使用纸币不可避免地产生了不良后果。尽管物价飞速上涨，但在社会不稳定的情况下，雇主们变得惊慌而谨慎。对于数以百万计的工匠和工人来说，生活必需品越来越贵，但工资却没有按比例上涨。人们都认为这是由富人和零工投机商的自私自利造成的。此外，革命已经结束，但革命究竟给穷人带来了什么好处呢？伪善的演说家们所描绘的美好愿景如何才能实现呢？中产阶级的处境的确比较好，但中产阶级和贵族一样严酷，难道革命最终是换汤不换药，只不过是换了统治者而已吗？巴黎的雅各宾派和同类组织里出现了这种危险的想法，并越来越激烈。怒火蔓延开来，逐渐形成一股巨大的力量。

  这些混乱并不是为了改善立法议会与国王的关系或安抚民众的坏情绪而出现的。很快，不安定因素变得更活跃了。1791年冬，为了反对移民贵族和僧侣，立法议会通过了严格的法令。虽然没必要如此苛刻，但这是应对当时形势的正当措施。然而，路易十六极其莽撞地拒绝了这些措施，直接反对立法议会的意志，且方式果断决绝。国王在移民贵族营地等地不断与兄弟们沟通。国王还拒绝了教会的新安排，从拒绝宣誓效忠宪法的教士中选出了国王专职教士和司祭。这些行为令国王与立法议会之间的矛盾愈加强烈。不难想象，对于一个毫无经验的、唯恐失去

第4章 立法议会

权力的、引起众怒的、无知涣散的立法机关来说，这种愚蠢事件会带来什么后果——对于英国人来说，即使经历了几个世纪的政治锻炼，也可能连一天也坚持不下来。至今仍幻想与国王合作的立法议会充满了愤怒、疑问和恐惧。许多温和派人士与王室脱离了关系。困惑的立法议会找到了发泄愤怒的方法，那就是发起暴动。巴黎革命政府与其支持者签署了联合请愿书，令立法议会头痛不已。雅各宾俱乐部和更暴力的科尔德利俱乐部①的地位变得越来越重要。雅各宾派经常越权发挥政府职能，并派遣使者去煽动全国各地的人民。通过这些手段，在同类俱乐部的帮助下，在偏激新闻报道的疯狂传播的推动下，原有的不满和愤怒愈加激烈，反对国王、王室及宪法的暴动大面积发生。同时，煽动者还诱导民众发现并利用自身的巨大力量。在煽动者的监督和控制下，越来越多的政府部门和行政机构落入了民众手中。"爱国者"的人数在国民自卫队里肆

科尔德利俱乐部旧址

---

① 科尔德利俱乐部是法兰西大革命期间的一个民粹主义俱乐部，原名为"人权与民权之友社"。在革命时期和以后的年代里，"科尔德利"这个词均用于称呼属于雅各宾左派的或是相近的革命派系。——译者注

意疯涨,败坏了国民自卫队名声。在巴黎,拉法耶特侯爵吉尔伯特·德·莫蒂已经辞职,国民自卫队被改造,让-西万尔·巴伊也已被虚伪狡猾、沽名钓誉的佩蒂翁取代,而愚蠢到不可理喻的王室则满怀恶意地全力协助佩蒂翁成为巴黎市长以对抗拉法耶特侯爵吉尔伯特·德·莫蒂。这时,国民自卫队中大部分下层士兵得以保留,但大部分军官却被替换了。由于士兵和军官的思想和情操不同,国民自卫队再也不像以前那样团结了。它虽然纪律宽松,但仍然井井有条。在和国王的斗争中,立法议会仍然倾向于对人民有益的事业。

佩蒂翁

第 4 章 立法议会

因此，由于犯罪、暴政和病态体制，重建法兰西的道路并不顺畅。同时，一股正在形成的国外势力给法兰西的不安定因素注入了突如其来的、惊人的力量，给大革命带来了前所未有的可怕特征。王室出逃后不久，奥地利皇帝和普鲁士国王在皮尔尼茨①举行了会面，制定了反法计划，并发表郑重声明，认为路易十六出逃事件所反映的是整个欧洲君主制度的问题。以否认德意志的野心为使命的德意志作家②可能会认为反法同盟只是一个幌子，但法兰西却不这样认为。因为德意志很快对法兰西进行了震慑，并用花言巧语欺骗那些身在德意志境内却对法兰西造成威胁的移民贵族。此时的普鲁士也渴望得到阿尔萨斯。阿图瓦伯爵查尔斯·菲

奥地利皇帝利奥波德二世和普鲁士国王腓特烈·威廉二世在皮尔尼茨举行会面

---

① 皮尔尼茨是德意志德累斯顿东部的一个市镇。1791 年，在查理十世和阿尔图斯伯爵的积极斡旋下，奥地利皇帝利奥波德二世和普鲁士国王腓特烈·威廉二世为了阻碍法兰西大革命的进展，签订了著名的《皮尔尼茨宣言》，宣布将不会伤害法王路易十六，也不会剥夺他的权力。——译者注
② 冯·西贝尔教授是这些辩护者中最杰出的代表，但他的论点仅仅是诡辩；而奥地利和普鲁士的君主出于敌意发布了《皮尔尼茨宣言》，这足以激怒法兰西。——原注

利普卑鄙地暗示，如果普鲁士能助他登上王位，他便将洛林地区赠送给普鲁士。而俄国、瑞典、皮埃蒙特和西班牙等国也或多或少持有一种威胁态度。此外，之后的几个月里，国王和王后定期与奥地利皇帝和其他国家君主通信。尽管他们仍然否认将会有外国军队介入，但玛丽·安托瓦内特王后强烈要求在边界上建立一个武装国会，为君主制建立一个新反革命基地。这些阴谋已经策划完成，但并没有确定实施。立法议会有很长一段时间分为和平和战争两派：吉伦特派的观点相对温和，但与之对立的山岳派主张诉诸武力，推崇专制统治。在与立法议会进行了激烈的讨论后，奥地利大臣菲利普·冯·科本茨尔[①]表示，他的君主奥地利大公打算直接干预法兰西事务，用武力压制革命。这直接导致了接下来的危机。1792年4月，在国王的支持下，立法议会向奥地利宣战。普鲁士急切地与它的对手奥地利化干戈为玉帛，联手反法。于是，一场持续二十三年的激烈的冲突开始了，整个世界因此动荡不安。在这场冲突中，我们不认为法兰西是侵略者。三支法军被派往边境，但在长期宽松的纪律下养尊处优的士兵连看一眼敌人都不敢。经历了强烈的冲突后，法军被逐出比利时，并愤怒地杀了一名首席军官。不久之后，法军士气低落，严重缺乏作战装备。而作为三支军队其中一支的指挥官，拉法耶特侯爵吉尔伯特·德·莫蒂一直是法军的精神支柱，他明确指出战事危急。

　　军队溃败的消息传遍了法兰西，引起了众怒，震动了首都。在吉伦特派的影响下，立法议会中支持战争的一派取得了决定性的优势。民众领导人高声谴责王室、国王尤其是王后，认为他们有叛国嫌疑，并宣称军队被出卖了。就连立法议会也公开认为，法兰西宫廷里可能成立了一个"奥地利委员会"，正侵害着法兰西的切身利益。法兰西人强烈抗议，认为坚决不能让奥地利女人[②]阻挡国家发展的道路。不久，路易十六的

[①] 菲利普·冯·科本茨尔（Philipp von Cobenzl，1741—1810），哈布斯堡王朝和奥地利帝国的政治家，法兰西王后玛丽·安托瓦内特的哥哥。——译者注
[②] 即玛丽·安托瓦内特，她在嫁给路易十六之前是奥地利公主。——译者注

第 4 章 立法议会

愚蠢行为给即将点燃的战争又添了一把火。斐扬派的一员在与奥地利的谈判中因懦弱胆怯而遭到弹劾，国王不得不与斐扬派分道扬镳。国王还成立了一个主要由吉伦特派和其他主要党派组成的内阁议会，其真正的首领是一位才华横溢的军人——迪穆里埃。这个内阁制定了一条新的法律来制裁反对陪审制的教士和有反叛倾向的教士，并在立法议会获得了一致通过。前线战败后不久，一位大臣建议在巴黎附近建立一个由两万

迪穆里埃

名志愿者组成的阵营,这个阵营将成为法兰西各地国家级军队的核心。该建议也得到了立法议会的全票支持。值得注意的是,迪穆里埃起初不赞同这个建议,并利用这个机会暗中打压内阁中另外三位吉伦特派成员。但作为一位经验丰富的军人,虽然这个计划充满危险,他还是很快改变想法,重新将这个建议提上日程。在如此危急的情况下,国王直接反对立法议会的表决,拒绝批准双重法令。几天后,他相继罢免了吉伦特派的三名大臣和迪穆里埃,并从不受欢迎的斐扬派中选出了一个新内阁议会——尽管有人认为斐扬派软弱无能,在立法议会和民众眼中毫无声誉可言。

随后,国王还做出了玩弄权力和利用群众激情的行为,历史对此给出了公正的裁决。但法兰西不应该忘记导致这些事件的原因,也不应该忘记无政府主义的导火索。因为坚信王室在突如其来的危急时刻背叛国家并与国家公敌结成了反法同盟,立法议会领导人再次与王室发生了冲突,并向巴黎求助。为了反对王室阴谋,立法议会一边公开谴责国王的行为,一边向巴黎的政治煽动者和暴徒寻求援助。从某些方面来说,这种做法虽然不明智,甚至有些自私,但却是出于爱国主义的动机。因此,立法议会迫切地需要革命力量的支持,这也就不足为奇了。巴黎市长佩蒂翁满怀热情地组织平民阶层发动骚乱。雅各宾俱乐部和科尔德利俱乐部呼吁病态的爱国人士用武力抵制压迫。每天晚上,残暴低俗的旁观者占据着立法议会的长廊,吵吵闹闹,令立法议会无法听取少数人的诉求。短时间内,巴黎的大街小巷再次出现了大量长枪兵,他们威慑或策反了国民自卫队。而这支日益增强的野蛮军队大部分是从亡命之徒之中招募来的,他们几个月前就聚集到了位于首都的据点。毫无疑问,爆发的时机很快就出现了,这至少得到了立法议会和市政当局的默许。1792年6月20日,恰逢网球场宣誓纪念日,大批人聚集在一起纪念这个事件。忽然,他们发起暴动,冲入立法机关,挥舞着杀气腾腾的、有怪异图腾的旗帜,号召代表们采取有力的行动。这群人非但没有遭到任何压制,

第4章 立法议会

反而受到了热烈欢迎。他们冲破了杜伊勒里宫的大门，高喊着"反对否决权""国家和爱国大臣永垂不朽"的口号。国民自卫队的几千人因为没有收到任何命令，所以一直冷漠地看着。据说，有一个营高喊："我知道谁是真正的敌人。"暴动者很快涌入宫廷内室，愤怒地朝伊丽莎白夫人喊叫，称玛丽·安托瓦内特王后为"奥地利女人"，将公主带至王后身边。暴动者叫着国王的外号"否决权先生"，并声称"丢弃宪法就是丢命"。然而，路易十六的沉默令暴动者渐渐平静下来。国王失去了自由，并在咒骂和侮辱声中屈辱地度过了几个小时。同时，在一些勇士的努力下，王后有幸获救了。据说，那些原本打算杀害王后的人因敬服于她的威严和优雅而扔掉了手中的武器。暴动的妇女们也因她几句善意的话语而将愤怒的咒骂转化为悔恨的眼泪。佩蒂翁虽然不反对暴动，但

人群涌入宫廷内室，围困住伊丽莎白夫人和玛丽·安托瓦内特王后

还是在傍晚时分劝说暴动者解散。这次暴动让人们发现了宫廷无防御的秘密，并牢记于心。王室似乎已经跌落尘埃。

1792年6月20日王室遭受的耻辱引发维护国王的反攻行动。路易十六的忍耐得到了一些人的同情。立法议会尽管对暴动者心怀恐惧，但仍向他们寻求帮助。吉伦特派对此后怕不已，提议召回之前被国王罢免的三名吉伦特大臣。拉法耶特侯爵吉尔伯特·德·莫蒂也从前线匆忙赶来，谴责革命政府和雅各宾派组织的暴力事件。佩蒂翁因1792年6月20日的行为而受到起诉。而人数相对众多的温和派仍真心希望恢复秩序。然而，战败的消息、人们的激愤和王室的顽固很快加剧了这场运动的进程。1792年6月30日，议会通过一项决议，规定所有的权力机构都应该长期举行会议。只有这样，遍布法兰西各地的、落入政治煽动家之手的民主力量才能持续地激励人民。各省的请愿书如潮水般涌入，愤怒的情绪在城镇发酵酝酿，市政府议会和政府部门议会处于鲁莽的武装暴民的控制下，巴黎成了暴民统治下的根据地。同时，遭到国王反对的武装力量也企图建立组织。有革命意愿的人应邀涌向巴黎，纪念巴士底狱的沦陷。宪法中关于保护路易十六的条款被取消。国民自卫队都变成了革命者。1792年6月20日暴动事件的领导人深感绝望，命令暴动者们偃旗息鼓。邪恶的煽动者们希望所有的"爱国者"都加入。这些措施由至高无上的巴黎革命政府负责实施。立法议会的大多数人对此表示默许并得到了想要的结果。节日① 当天，路易十六出现在一大群武装人员面前。这群人大多来自法兰西偏远地区，他们或者阴郁地保持沉默，或者高呼"国家""佩蒂翁"或"死亡"的口号。连国民自卫队也蠢蠢欲动。首都的形势变得如此紧张，以至于大臣们和忠诚之士都恳求国王出逃。两个忠诚的贵族把自己的财富都进献给国王。连拉法耶特侯爵吉尔伯特·德·莫蒂也将国王安全地护送到军队去。但由于自身优柔寡断、

---

① 即纪念巴士底狱沦陷的日子。——译者注

第 4 章　立法议会

听信逸言,不幸的国王拒绝转移。玛丽·安托瓦内特王后激动地说:"我宁愿死也不愿相信拉法耶特侯爵吉尔伯特·德·莫蒂这个伪君子。"我们现在也知道,这里面另有玄机——国王和王后已经收到德军即将发兵的消息,因为王后曾得意地吹嘘自己即将获救。尽管这位受害者的结局令人惋惜,尽管结果事与愿违,但即使解救成功,也将会充满鲜血和战火。我们将如实记录当时的情况,还原真相。

无论是法兰西的其他地区,还是巴黎,都正处于一个临界状态。一次重大事件的突然发生,避免了革命的最终失败。1792年7月底,在不伦瑞克公爵查尔斯·威廉·斐迪南领导下,普鲁士军队开始调集,以两个奥地利师作为两翼。在一群渴望报复的移民贵族的欣然带领下,普奥联军从莱茵河挺进,抵达摩泽尔河和默兹河。不伦瑞克公爵查尔斯·威廉·斐迪南发表了《不伦瑞克宣言》。这个宣言将永远受到热爱国家自由之人的谴责,只是短时间内还看不出效果而已。宣言的字里行间充满愤怒,要求巴黎立刻"臣服于普鲁士国王",并宣称任何侮辱王室的人或事都将被"夷为平地","立法议会、国民自卫队和市政府对所发生的一切事件负责,将被送到军事法庭,绝不赦免"。宣言还"善意"地补充道:"奥地利皇帝和普鲁士国王会尽力让法兰西叛民取得宽恕。"这个臭名昭著的宣言使巴黎震惊,引起了民众强烈的不满和愤怒。虽然路易十六十分真诚地为反法同盟军的作为进行辩解,但宣言所造成的危害已经不可挽回。国王的辩护行为彻底激起了民众的愤怒,人们的第一反应是保障国家安全并施以报复。在这场危机中,立法议会虽然仍是最有秩序的机构,但它除了为吉伦特派的演说家们喝彩外,几乎无所作为。由于缺乏坚定、实际的政策,立法议会的权力迅速被更鲁莽的煽动者夺去。几乎没有任何办法可以阻止人们孤注一掷的计划。叛乱不时发生,其目的就是废黜国王,使他与其他王室成员一起沦为人质。正如我们看到的那样,民众和叛军力量强大,当局却软弱多疑。雅各宾俱乐部和巴

拉法耶特侯爵吉尔伯特·德·莫蒂

不伦瑞克公爵查尔斯·威廉·斐迪南

黎革命政府内部成立了一个名为"革命委员会"的组织，其代表慷慨激昂地发动起义，点燃了暴动的导火索。在这些代表中，丹东表现得尤为出色。他虽然固执、粗鲁、野蛮，但却是真正的雄辩家，已然获得了"爱国的米拉波伯爵"的称号。至此，成千上万有革命意愿的人来到了巴黎，加入了长枪兵的队伍。其中，来自马赛的、由"六百位视死如归的人"组成的队伍，勇敢无畏，在这些革命者中格外显眼。起义时间定于1792年8月9日。由于巴黎革命政府中的一些成员不愿全力以赴地参加暴动，于是这些真正的爱国者毅然取代了巴黎革命政府。诡计多端、胆小怯懦的佩蒂翁对这个计划表示赞同，以保全自己。在合法的面纱下，四十八个区向议会提交了请愿书，要求废黜国王。

丹东

第4章　立法议会

1792年8月9日，当夜幕降临时，起义的号角响起。夏日的月亮平静地挂在夜空中，不管白日里多么激动，喜欢安静的市民此刻已经进入梦乡，对即将发生的事情全然不知。虽然大多数人都遵纪守法，但也有一部分人知道王室与外国势力正在酝酿一个野蛮计划，因而他们并不为王室即将受到严厉的教训而感到遗憾，因为他们认为这都是王室背叛国家应得的报应。怯懦、自私和冷漠共同造就了成千上万逆来顺受的人。首都的活跃地区充满了激烈的骚动，黑夜中的身影穿过街道和小巷来到指定的场所，钟声从市政厅大楼和尖塔上传来，如同侵略日耳曼部落时的钟声一样，如同惨遭迫害的胡格诺派面临恐怖死亡时的钟声一样[①]。这里，人们为慷慨激昂的演说家欢呼喝彩；那里，密谋者聚集在一起召开秘密会议，不断接收密使送来的消息。还有一些地方，人们向聚集的起义军欢呼致敬。密集的鼓声预示着野蛮起义的开始。同时，所有大胆的人都在这些地区相遇了。尽管其他暴民领袖沉默着，但丹东的势力只增不减。起义信号一出现，由各个区选出的代表团就强行进入巴黎革命政府会议厅，占据了首都政府，指挥并推动了这次暴动。无政府主义的力量得到了增强，街上的武装分子越来越多，沉闷的炮声随处可闻。在孤注一掷的军人的带领下，民众聚集到广场和大路上，围绕在起义军的周围。然而，也有不少人犹豫不决。不止一个敢于表达自己观点的领导人被愤怒的人群驱赶，并受到死亡威胁。对不伦瑞克公爵查尔斯·威廉·斐迪南的恐惧、对相互信任的渴望及对危险意图的察觉，让许多人止步观望，甚至退出。起义军在短短几个小时内势如破竹。天亮时分，巴黎到处都是持矛的士兵，还有很多人持有更具杀伤力的武器。在周围民众的欢呼声中，起义军沿着塞纳河一路挺进，来到那个到处是围墙和道路的、迷宫似的地方——杜伊勒里宫。

[①] 即圣巴塞洛缪大屠杀。——译者注

在这几个小时里，国王和王室成员不断收到有关当前险境的报告。听到起义失败的消息后，尽管高贵的绅士们嘲笑"暴民的软弱"，高贵的夫人们也相当轻蔑地附和着，但恐惧和焦虑仍笼罩着王宫。王室匆忙地挑选出最忠诚的士兵组成国民自卫队，从事防御工作。佩蒂翁则像犹大①一样说着恭维的话以掩护自己。尽管王室可信任的只有几百个瑞士人和几个仍然坚持为国王服务的近身侍卫，但还有少数贵族和他们的家人、奴仆纷纷涌入王宫，为保卫王室进行最后一搏。然而，一个可悲的事件却令他们成功的可能变得微乎其微。威望极高的国民自卫队总司令芒达预备了一套出色的防御计划。原本国民自卫队会紧紧追随着他完成这一计划。但革命政府在佩蒂翁的默许下秘密策划谋杀了他。芒达的死亡使保卫王室的队伍失去了首领。第一批起义军到来时，路易十六向国民自卫队发表演说，他说话的语气和样子，就好似作为国王的他已经找到触动他们心灵的方法。但实际上，他气馁的神态和犹豫的态度并没有让这次演说发挥作用。据说，当玛丽·安托瓦内特王后指着几个站在远处的高傲的贵族大声说道，"这些人会告诉你们，你们的职责所在"时，国民自卫队的蔑视转变成了愤怒。这时，起义军已经到达宫殿，在各个方位的入口处集结。目光所到之处全是一片片刀光剑影和一副副狰狞的面孔。人们的愤怒暴躁足以证明这是一场报复的盛宴、可怕的狂欢。在这场巨大的危机中，国民自卫队弃甲投降，各方互不信任、相互背叛，悲惨的场面不断重演。目的达成之后，佩蒂翁逃走。一位善意的官员请求国王向立法议会寻求庇护，因为立法议会的一个会议厅就在附近。时运不济的路易十六只好答应。当王室成员走过杜伊勒里宫的花园时，暴徒的叫喊声令他们战战兢兢，犹如被捕获的猎物。几分钟后，王室就安全了。但国王很快就认识到，他只是一个俘虏。一位议员认为，立法议

---

① 犹大是《圣经》中的著名人物，耶稣十二门徒之一，又称"加略的犹大"。据《新约》载，犹大生于加略，后因为三十个银币将耶稣出卖给罗马政府。——译者注

路易十六向国民自卫队发表演说

叛乱分子攻到杜伊勒里宫前

天亮时分,到处都是持矛的士兵。叛乱分子开始攻杜伊勒里宫

会的辩论应该是自由的。王室成员挤在来探听消息的人们后面的一个小隔间里,没有一个人对他们表现出忠诚或怜悯。玛丽·安托瓦内特王后流下了苦涩的眼泪,路易十六的天性使他看上去迟钝冷漠。据说,这位波旁王朝的国王眼看着王权没落,却还能心满意足地吃完一盘桃子①!

接下来,不时出现的小骚乱湮没在战争的喧嚣声中。王室出逃后不久,起义军就闯入了宫殿,似乎在表明暴动已经结束,人民取得了胜利。然而,双方再次发生武装冲突。以马赛人为首的起义军在宫殿内发起了猛攻,引起了前所未有的激愤。接下来,我们看到了正规军队对付叛乱分子的手段。瑞士军队发动战争,并打入法兰西境内。一时之间,瑞士军队气焰嚣张,致使意志不坚定的起义军立刻败退。于是,不幸的国王发出了一道命令,要求停止开火。当瑞士军队的士兵们不情愿却顺从地撤退时,革命力量却再次向前推进,并为这意外获得的胜利欣喜不已。随后,一个凶残可怕的场面出现了——瑞士人被包围,并最终被打败。愤怒的民众践踏尸体以泄愤,妇女们像恶魔一样围在尸体旁边跳舞。当起义军仍在忙于杀戮时,胜利的民众涌入了宫殿。在这个伟大的城市里,所有的不安和混乱都在这座废弃的宫殿里展现得淋漓尽致:世代相传的宝藏惨遭毁灭,残破的画作和雕像碎片堆在昂贵的地板上,成群的妓女穿上王室的华丽衣衫,尖叫着"奥地利女人"——王后放荡如妓女,早已名誉扫地。然而,即使是如此不堪的环境中也不乏人性的光芒。在"不让国家陷入耻辱"的呼声中,王室的贵妇和女仆们得到了宽恕。原则战胜了混乱,过激行为得到了控制,野蛮掠夺被杜绝。于是,不止一个窃贼被抓甚至被绞死。但暴动仍然频发,无政府状态即将进入最糟糕的境地。

1792年8月10日的暴乱推翻了波旁王朝,激怒了法兰西民众,破坏了王位,摧毁了权威。从此,动乱的因子在各种事件中变得更活跃,外国的入侵也给这个王国的民众以新的、巨大的刺激。国家的代表们坚

---

① 乔治·杜瓦尔:《恐怖纪实》,第6卷,第285页。——原注

以马赛人为首的叛乱分子与忠于国王的军队在杜伊勒里宫交战

信国王和王室是错误的，并与之不断斗争，且向巴黎革命势力寻求援助。由暴民领导的起义军展示了强大的力量，镇压了反对势力——无论是公开的还是不公开的。随后，权力就从这个最近还掌握着它的阶层手中溜走了，影响深远的恐怖统治即将到来。然而，我们只是简要提及的许多事件，却受到了大多数法兰西人的强烈谴责。在巴黎，大部分市民对1792年8月10日的恐怖事件感到悲哀。但1791年的宪法给革命带来了希望。维护秩序的各个党派或存在分歧或相互怀疑，正是在这种情况下，导致民族独立和1789年新利益兴起的因素，恰好也导致了所谓"爱国者"的出现，并获得了强大的力量。最终，只有少数无政府主义者获得了胜利。法兰西人有一个特点，那就是容易屈服于大胆的领导人。这一特点尽管可以理解，但也导致了可怕的后果。现在，我们应该明白，那些已经占据优势地位的革命力量是如何在内忧外患的情况下，一步步走到如今的境地的。

第 5 章
国民公会

1792年8月10日事件的直接结果是立法议会获得了相对自由①。首都的暴民或许仍忧心忡忡,但终于摆脱了王室的束缚。暂且不说立法议会对不幸的国王有多同情,通过这次暴动,它至少获得了新生。尽管杜伊勒里宫仍被群众力量占据着,但最杰出的吉伦特派领袖皮埃尔－维克杜尼昂·韦尼奥提出应立即废黜路易十六并召开一个国民大会来指导法兰西的发展。这个提议在雷鸣般的掌声中得以通过。不久之后,巴黎当局名正言顺地将命运多舛的王室关押在圣殿里——这是一个古老的、以它所代表的阶层命名的堡垒。三位被罢免的吉伦特派大臣再次被召回。丹东再次接手司法部,并积极尝试加强国防以取悦民众。曾积极参与了暴动的巴黎近郊部队匆忙武装起来。巴黎当局派遣特使向这支部队首领传达了最新事态走向并准备进行新的选举。同时,夺位的巴黎革命政府

---

① 在恐怖统治之前和期间,有众多作家描述过法兰西历史,其中不乏非常生动并贴近事实的描述。莫蒂默·特尔诺先生的《恐怖统治的历史》对当时事件和革命机构的工作做了精确明了的分析,在我看来应该得到特别的注意。康奇先生在其作品第6卷中的注释也颇具价值。——原注

竭尽所能巩固权力，在最大程度上扩大1792年8月10日事件的成果。尽管不情不愿，但立法议会还是同意各区代表团撤销首都现有的地方行政法院并缉拿其内部治安人员。国民自卫队发生了翻天覆地的变化，人数激增了两倍，队伍里加入了大批的长矛兵。巴黎革命政府靠煽动者稳固了自己的统治基础，并得到了强大武装力量的支持。尽管一些富裕地区的民众表示反对，但这些反对的声音最终还是湮没在了"法兰西仍处于危险"的叫嚣声中。至此，在1792年8月10日事件中偷偷溜走的卑鄙的暴徒领导人又回到了老巢。雅各宾派、科尔德利派和其他党派则

吉伦特派的杰出领袖皮埃尔-维克杜尼昂·韦尼奥

第5章 国民公会

积极地煽动人民充分利用重新获得的自由。民众坚信王室联合外敌"策划灭绝所有爱国者",要求报复王室和贵族以慰藉"死去的子民"。巴黎革命政府或丹东下令搜查一切可疑的房屋,于是,监狱里挤满了数百名罪犯。众所周知,这些罪犯是作为人质关押在这里的,在发生特定事件时很可能会被杀害。佩蒂翁因在暴动之初所发挥的作用而再次被任命为巴黎市长,但由于他的影响力已经非常弱,市长之职只是有名无实。因此,即使他对这些行动心怀恐惧,也不得不批准。

在这场危机中,一连串的暴力事件再次得到了可怕的刺激。当得到国王被废黜的消息时,拉法耶特侯爵吉尔伯特·德·莫蒂拒绝服从立法议会。在调动军队的尝试失败后,拉法耶特侯爵吉尔伯特·德·莫蒂丢弃了统帅权,越过边界逃离了。同时,奥普盟军进军法兰西内陆,翻过了梅茨要塞。奥普盟军的轻骑兵肃清了香槟地区广袤平原上的法兰西军队,从凡尔登直接进入了首都巴黎。法兰西似乎一败涂地。震惊的立法议会满怀激情地呼吁民众重拾爱国主义精神,但有几位领导人,特别是吉伦特派的领袖,却认为应该放弃巴黎把政府转移到卢瓦尔河地区。丹东大张旗鼓地来到前线,并宣称这种怯懦的观点是不可取的。同时,他又带着恐吓的语气大声疾呼:"真正的危险来自国家内部,必须震慑这些罪恶的小集团。"其他领导人却不赞成他的观点。他极具勇气且敢说敢做,虽然不像暴民领袖们那样残暴,但还是让巴黎革命政府感觉到了暴力流血事件的信号。巴黎革命政府中的一个委员会愤怒地实施了一个"复仇计划"。他们雇了一批凶手,强制开放监狱。骇人听闻的模拟审判使形势更加严峻,不幸的受害者们遭到无情的屠杀,尸体堆成小山,拥挤的人群围在四周,怒火在此得以释放。可怕的屠杀持续了好几天,在罪恶的狂欢中充斥着恐惧、愤怒、邪恶和仇恨。巴黎革命政府也被视为共谋,因为它非但从来没有派出国民自卫队来恢复秩序,反而允许国民自卫队参加大屠杀。就这样,王室里那些一度辉煌、高尚公正的人与无数的无名小卒一起被无情地杀害了。凶手们杀红了眼，变得疯狂。他们在凡尔赛宫残忍地杀害了一批从奥尔良护送来的国家囚犯。直到监狱里的囚犯被杀光，屠杀才停止。此时，罪恶已是罄竹难书。可爱的朗巴勒公主①那血淋淋的尸体被拖到街上，扔在玛丽·安托瓦内

凶手们在凡尔赛宫残忍地杀害了一批囚犯

---

① 即萨伏依-卡皮尼的玛丽-路易丝·特蕾莎公主（Princess Marie-Louise Thérèse of Savoy-Carignan，1749—1792）。她是凡尔赛宫最纯洁、最正直的人之一，也是玛丽·安托瓦内特王后的密友之一。法兰西大革命期间，她死于1792年9月的大屠杀。梯也尔在《法兰西大革命史》1842年版第2卷第335页中，详细讲述了她的死亡。——译者注

特王后的面前。首都的主要街道上,游行队伍的长矛上挑着惨白的人头,以此来震慑"人民的敌人"。同时,掠夺变得肆无忌惮。富人和教会的许多豪宅被洗劫,王室珠宝被偷,城中的一些地方犹如被敌人洗劫后的废墟。然而,历史告诉我们,即使当人类表现出最令人厌恶的一面时,人性的微光也会在这些恐怖和沮丧的情形下不时地闪耀。体现克己与高尚的事例层出不穷,许多"爱国者"拒绝分享卑劣的同伴抢劫而来的财物。惨遭屠杀的受害者似乎达到了一千四百人。

这次事件被世人称为"九月大屠杀"。虽然后来出现了更血腥的场面,但在法兰西大革命中,没有任何事件比首都当局实施的这一恐怖行为更残忍。这一罪行的根源是恐怖统治和仇恨,因此,没有任何理由可以为它辩护。单纯的党派运动甚至是法兰西人特有的本性弱点都不足以造成这场罪行。从此,立法议会与巴黎暴民统治者之间的分歧越来越

朗巴勒公主的尸体被扔到街上

深，右派、中间派甚至雅各宾派，都对此表达了愤怒和责备。尽管巴黎革命政府中那个策划这一罪行的委员会发表了"人民公正"的颂词，但即使是政治煽动者里，也没有一个人认同这次流血事件。事实上，由于形势的突然转变，引起大屠杀的思想狂潮演变成了另一种思潮，并成了当时的主要思潮。拉法耶特侯爵吉尔伯特·德·莫蒂出逃后，法军的首席指挥官一职由迪穆里埃接手。面对心无旁骛的敌人，迪穆里埃本无胜算。但入侵者在到达默兹的关键时刻开始变得犹豫不决，迪穆里埃得以趁机从看似无法挽救的险恶局势中安全脱身。迪穆里埃把所有可能的部队集合在一起，并从卢万召回弗朗西斯·克里斯多夫·克勒曼辅助自己，然后率军退到了横跨默兹省西部的香槟地区绵长山脉以北的阿登高地和阿尔贡。据守了这个地形复杂的地区的所有出入口后，迪穆里埃决定守株待兔，耐心等待反法同盟军的进攻。同时，数千名新兵从首都及邻近的省份被送往法军营地。尽管最终被罢免，但迪穆里埃至少成功地抵御了一段时间。1792年9月20日，普鲁士军队突破了法军防线，但涣散的法军仍成功击退了普鲁士军队，将其从瓦尔密高地上赶走了[①]。法军的胜利很大程度上取决于不伦瑞克公爵查尔斯·威廉·斐迪南的错误指挥。这个微不足道的胜利却产生了绝妙的结果。普鲁士国王、不伦瑞克公爵查尔斯·威廉·斐迪南和奥军将领开始产生分歧，并彼此产生防备心理。更糟糕的是，奥普盟军中成千上万的军人因为恶劣季节的极端潮湿天气而难逃一劫。不出几日，推进到沙隆附近的耀武扬威的奥普盟军开始全线撤退。这次入侵如果不是因为指挥失误，一定会压倒一切抵抗。可以说，巴黎和整个法兰西侥幸躲过了一场劫难。

也正是在这时，国民公会在闲置的杜伊勒里宫成立了。国民公会是在1792年8月10日事件和外国侵略的共同影响下成立的，虽然比其前身立法议会更具革命性，但主要成员大部分都是立法议会的成员，其中

---

① 关于瓦尔密战役的有趣的具体细节可以查询康奇先生的作品第6卷第338页。——原注

在1792年9月20日的瓦尔密战役中,原本涣散的法军成功击退普鲁士军队,将其从瓦尔密高地上赶走

弗朗西斯·克里斯多夫·克勒曼

1792年9月20日瓦尔密战役中的普鲁士士兵

大多数反对无政府主义。然而，山岳派的加入使国民公会比立法议会更有力量，而平原派则更摇摆不定了。有人指出，几位激进左翼山岳派的杰出代表现在改投保守右翼吉伦特派。吉伦特派的领袖再次回归，成为所谓的温和派首领。尽管来自巴黎的代表让-保罗·马拉、罗伯斯庇尔和丹东都是非常杰出的政治煽动者，但立法议会总的来说还是社会秩序的拥护者。

  国民公会的第一项措施显示了其真正的政治倾向。它成立了一个委员会，专门调查对路易十六的指控。近一年里，尤其是与奥普同盟开战以来，法兰西王室的行为引起了的民众的愤慨和不信任，因此，共和国①中无人反对废除君主制。法军也在努力加强力量，不断驱逐入境的敌军。作为对《不伦瑞克宣言》和仍记忆犹新的《皮尔尼茨宣言》的回应，国民公会以抵制国王作为国家事业，并以法兰西国家的名义向任何有意推翻暴君、追求自由的国家提供支持。即使对外国来说具有侵略性、破坏性甚至挑衅的意味，国民公会的大多数人也仍然真诚地希望在国内遏制无政府状态。国民公会警觉地察觉到了最近发生的有辱首都威严的事件。以杰出的吉伦特派为主的温和派谴责了1792年9月的暴行，公开宣称巴黎革命政府对国家造成了致命的威胁，并宣布罗伯斯庇尔及其同伴的最终目的是实行恐怖的暴政。指责的声音肆意蔓延，尽管巴黎革命政府对此持质疑态度并进行了自查，无政府主义者的俱乐部也以威胁回应，但这些"乱党"最初在国民公会中的力量尚微不足道。然而，暴力情绪已经被唤起，首都的暴徒组织了示威以表愤怒，温和派的雄辩激怒了雅各宾派煽动者，后者对温和派尤其是吉伦特派的领袖开始产生了仇恨和嫉妒。

---

① 这里是指法兰西第一共和国。它于1792年9月22日建立，1804年5月18日灭亡，是法兰西大革命期间建立的法兰西历史上的第一个资产阶级共和国。——译者注

第 5 章 国民公会

关于国王的报告一提交,国民公会就开始骚动不安。雅各宾派领导人提议判处国王死刑。最后,国民公会决定审判路易十六,并定期进行弹劾。1792 年 12 月 11 日,这位命运多舛的君主被从监狱带到原来的宫殿,接受共和国法官的审判。他头戴纱巾,沉默地接受着一切,顺从地回答关于"路易十六"的问询。国王一贯的被动顺从触动了许多人的心,人们亲眼看到伟人堕落时常会产生同情心理,也正是这一点挽救了他的性命。然而,国民公会发现了一些被奉命藏在铁箱子里的可疑文件,从而对国王产生了新的怀疑。1792 年 12 月 26 日,国王的辩护人做了极具说服力的辩护之后,国王本人只简单地补充了一句:"1792 年 8 月

罗伯斯庇尔

10日的流血事件不应该记在我的头上。"辩论开始不久,雅各宾派就明显地企图利用1792年8月10日事件激起民众对国王的仇恨,以便进一步实现自身目的。雅各宾派提出立即制裁暴君,宣称不打倒王室国家就不会安全——这将给欧洲各国树立很好的榜样,并宣称所有反对爱国者提议的人是反动的、隐藏的保皇党。除了这些恶毒的谩骂,雅各宾派还使用了屡试不爽的应急手段:首都当局及其爪牙随时准备恐吓那些在"国家事业"面前犹豫不决的代表。就在这时,温和派分裂了。温和派的大多数人谴责国王,但也希望饶恕他的性命。吉伦特派领袖在信念、感情、欲望和恐惧之间徘徊不决,在雅各宾派的坚决果敢面前怯懦退缩了。当勇气和意志跟优柔寡断不期而遇时,结果不言自喻。1793年1月14日,国民公会宣布路易十六有罪,第二天又宣判死刑并立即执行。缓期执行和向人民上诉的建议在此关键时刻被驳回了。在长达几天的会议上,在代表们的郑重请求下,投票开始了。当时的场景令许多目击者

法王路易十六接受共和国法官的审判

第5章 国民公会

内心久久不能平静：大厅内无比昏暗，令人敬畏的法官决定着前君主的命运，像在剧场一样坐成排的人们只露出半张脸看着台上戏剧性的一幕，爆发出刺耳的喧闹声。据说，尽管许多挤在走廊里的妇女尖叫着控诉路易十六，但有一票却激起了人们甚至是最残忍的山岳派领袖的反感。奥尔良公爵路易·菲利普·约瑟夫·德·奥尔良以雅各宾派的身份再次回到巴黎，赞成立即处决他的堂弟，声音中充满了无耻。

丹东辞职了，新的司法大臣于1793年1月20日宣布了路易十六的判决书。接到判决书后，路易十六请求给予三天时间，以做好死前准备，

议会发现了一些被奉命藏在铁箱子里的可疑文件

但遭到了拒绝。几个小时后，巴黎革命政府官员打开了路易十六的房门，站在那里一言不发。玛丽·安托瓦内特王后、伊丽莎白夫人和王室的两个孩子，都被劫数难逃的国王抱在怀里。为什么要揭开这个痛苦场景的面纱？为什么要探究这悲惨不幸的离别中那无声的顺从、激动的眼泪和心碎的悲伤呢？1793年1月21日清晨，平静的夜晚过后，路易十六站起身来，将一个代表王后的结婚戒指给了近身侍从。路易十六曾承诺跟家人见面道别，但因不希望家人承受痛苦而改变了主意。不一会儿，路易十六收到了埃奇沃思①神父的圣餐。埃奇沃思神父品德高尚，在国王生命的危急时刻承担了王室神父的工作。神父停留了一会儿，为国王做了一段诚挚的祷告，完全不受监狱外面喧嚣的声音干扰。1793年1

玛丽·安托瓦内特王后和孩子们及伊丽莎白夫人依偎在路易十六怀里

---

① 即亨利·埃塞克斯·埃奇沃思（Henry Essex Edgeworth，1745—1807），路易十六和妹妹伊丽莎白夫人的告解神父。他非常勇敢，乐于奉献，从而赢得了无套裤汉们的尊敬。在路易十六被判死刑后，他获准为路易十六主持弥撒，并在刑台上陪伴路易十六。——译者注

第5章 国民公会

月21日8时左右,市政官员宣布行刑时间已到。国王提了两个要求,一个是完成遗愿,另一个是支付律师费用,然后就顺从了。国王安静地走进一辆马车,周围全是刺刀。忠诚的神父坐在国王旁边,不断重复地唱着庄严的临终祷词,似乎没有意识到周围的一切。沉闷的队伍穿过一条条长长的国民自卫队队伍,虽然能听到一些愤怒或同情的声音,但鲜有旁观者,即使有,也都是沉默的。道路两边,商店的门和窗户紧闭着。一时之间,怜悯和恐惧占据了人们的心,这位近百位先王的后裔即将面临可怕的命运,甚至连革命的狂潮都因此安静,最口无遮拦之人也缄默不语。10时,马车抵达杜伊勒里宫前的广场。在这里,新型的死刑机器断头台耸立在一个破碎的路易十五雕像附近。广场周围是一排排的骑兵和大炮,他们手执军刀,点燃火把。一大群人聚集在这里。街巷的喧嚣中出现了奥尔良公爵路易·菲利普·约瑟夫·德·奥尔良熟悉的面孔,他又来宣扬他的雅各宾信仰了。路易十六本想向人民致意,但百鼓齐鸣的喧嚣声令他打消了这个想法。路易十六被置于高高吊起的斧头下面,头颅被砍下的瞬间,欢呼声从人群中爆发出来。犹如中了魔咒,人民胸口的重石终于被搬走了。

处决路易十六是比犯罪更糟糕的政治失误之一。退位国王的顺从赴死事件在欧洲引起了极大的愤慨,激起了人们的普遍同情,加剧了无政府状态。掌权者应时刻牢记流血政策的危险性。当一个曾经令人敬畏的人被害时,人们往往会产生同情之心。在一个真正受欢迎的议会产生之前,审判只是党派斗争的手段和对正义的嘲弄。大部分针对国王的指责都属于无中生有。但路易十六是否对法兰西人民守信,是否履行了尊重和坚持制度的誓言,历史并不能对此做出裁定。他尽管反对外来入侵,但在很大程度上推动了外来入侵。不仅如此,他还与国家的敌人做交易,

埃奇沃思神父诚挚地为路易十六做祷告

路易十六的头被砍下的瞬间,人群中爆发出巨大的欢呼声

间接侵害了国家利益。毫无疑问，与伟大的查理一世①不同的是，路易十六并没有犯原则性错误，但在维护王权与治国方面，却能力不足。在生活中，路易十六虽然缺乏道德和社会尊严，但仍是一个好人。然而，他一再地以一种刻意的、背叛的方式来背叛臣民的意志。当法兰西危如累卵时——这是比查理一世在位时更严峻的时刻，路易十六似乎背叛了法兰西最根本的利益。这种刻意的行为无疑是因为路易十六软弱无能，更何况他一直处于两难的境地。从道德品质角度来看，路易十六不会做出这种行为，他之所以这样做，是因为他长期以来受到愚蠢甚至邪恶智囊团的影响。但法兰西人在国家危急时刻无法推断出也不可能相信这些分析。所以，在后人看来，当战争爆发时，尤其在王室出逃后，废黜路易十六的这种做法是完全合理的。

　　处决路易十六是欧洲反法同盟形成的导火索。事实上，由于国民公会大力支持自由十字军，欧洲各国深感愤怒，早已开始酝酿反法同盟了。此外，法军实力的增长令各国都处于高级预警状态。瓦尔密战役告捷后，迪穆里埃大胆地将这场战争扩大至低地国家，并在热马普取得了辉煌的胜利。1793年早春，迪穆里埃已经越过比利时，进入默兹河下游河畔，并大肆袭击荷兰。另一支法军占领了萨伏依和尼斯。第三支法军在楚斯蒂纳伯爵亚当·菲利普的领导下穿越巴拉丁，占领了美因茨要塞，威胁着莱茵河以东的德意志地区。欧洲大陆上历史悠久的国家对法兰西的入侵恨之入骨。法军获胜虽然在一定程度上是因为奥地利和普鲁士的再次分裂，但最主要的原因还是法军的强大力量。于是，欧洲各国纷纷起义，18世纪的君主专制和封建主义联合起来对抗法兰西大革命也就成了必然事件，因为这场革命的影响穿越了国界，对腐朽的权威带来了毁灭性

---

① 查理一世（Charles I，1600—1649），英国历史上第一位被送上断头台的国王。他在位二十四年，宗教冲突频发，先后发生了苏格兰主教战争、英格兰第一次内战和英格兰第二次内战。在第二次英国内战中，他因与苏格兰结盟，失败后被判以叛国罪，并被送上断头台。他与路易十六是历史上极少被公开处死的国王，因而时常被比较。——译者注

第 5 章 国民公会

的威胁。然而，路易十六被处决之前，反法同盟尚且迟疑不决，没有发生任何实质性进展。现在，这些因素突然融合在一起，欧洲大陆所有其他国家的统治者也随即联合起来，加入所谓的"为了上帝和秩序而反对弑君"的圣战中。德意志加入了反法同盟，西班牙与皮埃蒙特早已结盟，渺小的意大利也敢于谴责法兰西，就连俄国和瑞典也在其冰封的沙漠中联手对抗共同的敌人法兰西。英国也被卷入这场大运动，皇室和贵族对袭击比利时的热情大增，中产阶级对在巴黎执行的处决路易十六的行刑场面感到震惊和厌恶。在托利党[①]和辉格党的共同支持下，小威廉·皮特极力阻止反法战争，却不得不参加[②]。1793 年 2 月至 3 月，反法同盟

---

① 这里是指英国的老牌大党——保守党。——译者注
② 写到关于战争第二年的情况时，我不得不向该领域的专家咨询。尽管哈姆利上校在《作战学》中对 1796 年到 1815 年的重要战役进行了公平、深刻的回顾，但我们仍需科学、系统、通俗易懂地展现这次战争的局部细节。虽然许多精心撰写的史书和回忆录描述了这场战争的细节，但都不太出众。若米尼对法兰西大革命和拿破仑战争给予了高度的评价。梯也尔先生以显著的文风在《法兰西大革命史》一书中对法兰西大革命进行了描述和评价。至于 1796 年意大利和德意志值得纪念的战役及对 1799 年和 1800 年的战役的评论，拿破仑的《评论》可谓见解独到。梯也尔先生的著作《法兰西执政府和帝国的历史》纪念了拿破仑作为一个士兵的非凡历程，但对他的功绩的叙述大多片面、恭维，所以应该由德意志和英国的作家们复审。冯·布里斯托上校分析了 1805 年的战役；梯也尔、艾利森和若米尼关于 1806 年和 1807 年的战役的评论极具可比性；关于乌尔姆周边的行动和波兰战役的有价值的论文，可以在巴兰中尉的作品《职工大学论文集》中找到。对于 1808 年到 1814 年的西班牙和葡萄牙战争，英国读者理所当然地会以纳皮尔的才华横溢、叙述详尽的著作为尊；而珀莱将军和斯图特海姆对 1809 年的奥地利战役进行了很好的描述。克劳塞维茨和若米尼高度评价了俄国战役，而西格和尚布赖的描述则更准确些。关于 1813 年到 1814 年的伟大斗争，请参见普罗托的作品及米夫林、格奈泽瑙和毕罗的叙述。法兰西方面，除了梯也尔，马尔蒙元帅的回忆录也很有用。关于滑铁卢战役，权威作品不胜枚举。胡珀先生的叙述虽然简洁明了，但在赞美威灵顿公爵这件事情上有失偏颇；切斯尼上校在他的作品《1815 年战役的讲解者》中，公正地论述了普鲁士人在这场战役中所扮演的角色；克劳塞维茨和米夫林清楚地表明了这次战役的特点；肖·肯尼迪将军的论文也包含了许多有价值的论述。拿破仑的《评论》虽然对敌人很不公正，但值得仔细研究。我个人认为，乔米尼的《1815 年战役摘要》中的一些结论不失理性的光芒。后来，梯也尔和拉·图尔·奥弗涅的作品似乎是在为拿破仑辩护，查姆斯和奎奈特则被认为是监督者与批评者；而查拉斯的作品似乎既不合理也不公平。此外，勤奋的读者还可以查阅拿破仑的《书简》、威灵顿公爵的《书简》及查尔斯大公的军事作品。费藏萨克公爵的《军事纪实》也许是现存最伟大的有关军队特点和构成的纪录。詹姆斯的史书中详细地阐述了这一时期的海军行动。——原注

迪穆里埃在热马普取得了辉煌的胜利

军队得以大范围地组建。当一部分反法同盟军从阿尔卑斯山脉和比利牛斯山直逼法兰西,从斯凯尔特河涌入莱茵河时,另一部分反法同盟军则向法兰西东部和北部边境挺进。

随着事态的发展,党派和派系之间的斗争越来越激烈,甚至达到了决裂状态。审判国王时,温和派和吉伦特派的动摇助长了雅各宾派领袖的威风。由于共和主义信条得到了广泛的传播,再加上其正直的名声广为人知,罗伯斯庇尔的影响力逐渐增加,但同时他发现许多人开始谴责他的"国民公会的保皇主义思想"。吉伦特派领袖们的言论也遭到严厉谴责,整个党派都被指控企图将法兰西划分为国家联邦。巴黎民众因此愤愤不平,尤其是当有人巧妙地透露出吉伦特派领袖在几个月前的危险来临时打算放弃首都的时候。同时,吉伦特派猛烈反击雅各宾派和奥尔良公爵路易·菲利普·约瑟夫·德·奥尔良,指控他们暗中篡夺王位。尽管在国民公会中的地位仍然是至高无上的,获得了权力的革命力量也遭遇了所有政权不稳的新政府都不可避免的困境。以巴黎为中心,各种

第 5 章 国民公会

冲突在法兰西各地频繁发生,且结局大同小异。中产阶级和较富裕的阶层大部分站在温和派一边,穷人和暴徒则大力支持无政府主义。这一系列事件的危害也逐渐显露出来:分配问题比以往任何时候都严重,稳步增长的贸易开始下滑,贫困的压力不断加大。在这种紧要关头,有一股巨大的力量开始形成,反对作为社会秩序维护者的国民公会。物价大幅上涨,人民只好让国家解决这个问题。多数首领及其支持民众都强烈要求实行共产主义,并限制生活必需品的最高价格。国民公会的领导人谴责这种要求为毫无用处的权宜之计,但这种谴责只是徒劳,因为与饥肠辘辘的人争论是毫无意义的。当让-保罗·马拉得到支持并宣称"穷人

小威廉·皮特

们想要的，就是绞死杂货店老板"时，成千上万的人因这个可怕的想法而欢呼雀跃。

　　同时，虽然指挥不力、速度缓慢，但反法同盟的力量还是取得了惊人的进展。反法同盟军在莱茵河畔为下一步行动做准备。楚斯蒂纳伯爵亚当·菲利普被驱赶至阿尔萨斯，美因茨被普鲁士人和奥地利人占领了。不久之后，迪穆里埃在内尔温登战役中惨遭失败，经比利时撤退至法兰西边境。法兰西北部因此再次受到入侵的威胁，这一入侵威胁与迪穆里埃和国民公会之间的分歧相互影响，形成恶性循环。迪穆里埃谴责国民公会处决路易十六的行为，反对号召外国进行革命。他抱怨雅各宾派的思想破坏了纪律，雅各宾派使臣已将比利时当局洗脑，并认为自由等同于掠夺。当国民公会对他进行审判时，迪穆里埃像拉法耶特侯爵吉尔伯特·德·莫蒂一样，毫不犹豫地放弃了帅权并孤身离开了军队。同时，西部保皇党起义的情报传来。在南方多个城市，尤其是受吉伦特思想影响巨大的城市，长期存在的贫富争端演变成了公开的内战，上层阶级愤怒地谴责雅各宾派和巴黎的暴徒。事件反反复复，致使国民公会内部矛盾深化，外部纷争激增。最终，温和派的力量遭受严重削弱，不得不宣告失败。得知北方首战失败的消息后，总能在危险时刻挺身而出的丹东提出了一系列革命计划。一直以来，他都坚持认为，无论局势多么令人绝望，法兰西人都应该竭力甚至不择手段地拯救和保卫共和国。直到现在，巴黎革命政府仍被隔离在立法机关之外。在如此巨大的危机面前，这显然是有百害而无一利的。丹东通过一项法令在国民公会内选出一个小内阁，并赋予其至高无上的实权。于是，救国委员会出现了，这是个有史以来最可怕的专政政权。由丹东建议组建的第二个委员会，也就是公共安全委员会，受法兰西所有高级警官的监督。为了逮捕所有嫌疑人并建立特别法庭，丹东还通过了一项专门的法令。这项法令基本不受保安程序的限制，从而有效镇压了丹东口中的派系内讧。这些手段为一个

1793年3月18日,迪穆里埃在内尔温登战役中惨遭失败

让－保罗·马拉

楚斯蒂纳伯爵亚当·菲利普

可能会成为专制主义的强大政权奠定了基础。为了保卫国防，丹东要求不仅立即积极招募军队，而且必要时全国的青年人都应交由国家来安排。为了得到广大群众的支持，他还主张对富人征收重税和以暴力手段提高纸币的价值。最重要的是，他支持巴黎煽动者所珍视的最高限额计划。"摧毁我的名声无关紧要"，他高谈阔论道，"但要不惜一切代价保卫国家"。他的勇气令国民公会非常震惊。

这些强烈的诉求虽有利有弊——既有真正的洞察力，也有荒谬的论断和追名逐利的野心，但还是得到了雅各宾领导人的支持。正如我们所看到的，在危险的压力下，警觉的国民公会同意了丹东的绝大部分提议。同时，巴黎革命政府又大胆地投身于保卫法兰西的运动，公开宣称独立，并准备好武装力量以便随时派遣到前线。不仅如此，巴黎革命政府还呼吁法兰西的其他城市也这么做。煽动组织的力量也得到了前所未有的增

救国委员会在实质上是法兰西恐怖统治时期的最高行政机构

第 5 章　国民公会

强。民众被告知现在正是爱国者的时代,任何反对爱国者的人都是法兰西的敌人。当国民公会派遣专员到军队招募新兵时,对民族独立满怀希冀的雅各宾派因革命组织遍布全国而陷入了危境。国民公会中,强硬的山岳派逐渐占据优势地位,软弱迟疑的平原派也开始变得大胆无畏。在这场巨大而可怕的危机中,最终的结果是由温和派尤其是由吉伦特派促成的。温和派与对手一样爱国,甚至比对手更爱国。尽管坚持认为公共安全委员会和特别法庭是民主暴政机构,但他们害怕革命进程,更阻挡不了民众支持丹东的部分政策的步伐。虽然共产主义政策的积极事例已经有很多,但他们仍然抵制对富人的最高限额和税收制度,认为这是"合法抢劫"。所以,在这个非常危险的时刻,温和派阻挠了对国家安全来说最必要的东西。温和派领导人谨慎地宣布,无论是人民的意愿还是暴徒的意愿,他们均予以公开反驳,因为对手所做的危害国家的罪行远不止这些。温和派设立了一个由十二名代表组成的委员会,这个委员会调查了巴黎革命政府的恶劣行为,并下令审判其中两名罪孽深重的煽动者。此外,这个委员会还坚持弹劾让－保罗·马拉,并提出要拆散巴黎革命政府,让来自各省的守卫保护国民公会。一位委员会成员曾不经意地说:"如果敢动委员们的一根头发,就让巴黎从地球上消失。"

于是,在所谓的爱国主义情怀的支持下,被长期压制的无政府主义思想重新开始抬头了。国民公会犹豫不决,提不出大胆的解决方案,逐渐在全国代表中失去了分量。从一而终、专心致志的丹东与那些更邪恶的煽动者不同,他宁肯手上沾染血迹,也要尽力调和派系纷争,团结雅各宾派和吉伦特派。然而,在这场你死我活的斗争中,丹东的努力最终还是一场空。长期以来,马拉党和罗伯斯庇尔党因排除异己而对共和国造成了危害,现在又公然谋反。所有爱国人士聚集起来支持人民的事业、维护国家的权利。吉伦特派奋起反击,谴责 1793 年 9 月份的暗杀事件及导致动乱的挑唆者,但影响日益变弱。因无力对抗巴黎革命政府,温和派的权力也渐渐转移到了雅各宾派和巴黎民众手中。一场与1792年8月10日非常相似的、有计划有组织的暴动发生了。来自法兰西其他地区的代表们攻入了巴黎市政厅，篡夺了巴黎革命政府的权力。1793年5月31日，一支强大的军队侵入了国民公会，取缔了十二位代表组成的委员会。当时，"反对温和派""联邦主义者""吉伦特叛徒""法兰西的敌人"的叫嚣声此起彼伏。1793年6月2日，八万名国民自卫队士兵以大炮开道，包围了国民公会。现在，无畏的山岳派得到野蛮群众的支持，要求弹劾二十二名吉伦特派领导人。有几个勇敢的人提出了抗议，但无功而返。国民公会以一种疑虑、害怕的态度，被迫做出了判决。除了那二十二个人，另外七个人也被包围并逮捕了。温和派的领导人惨遭杀害，平原派跌入谷底，雅各宾派取得了彻底的胜利。此后，几乎没有任何东西可以抵抗无政府状态的力量，革命即将进入白热化阶段。

在很大程度上，导致温和派和吉伦特派沦陷的原因与1792年8月10日暴乱的原因是一样的。外来入侵的紧急警报，让本身就已经过于强大的无序状态和激愤情绪完全占据了支配地位。极端革命分子的想法与所有其他激励措施不谋而合，都是为了鼓动不满的人和贫穷的人站起来采取行动，从而导致了灾难的降临。至于失败的一方，与对手一样，均忠于法兰西。我们有理由认为，即使共和国继续执政，它也不会向反法同盟屈服。暴力革命充满了大胆无畏的精神，而这种精神正是温和派和吉伦特派所缺乏的，两者各自的命运完全符合历史发展的规律。

第 6 章
恐怖统治

1793年6月2日的革命运动赋予了雅各宾派至高无上的权力。接下来,其领导人不断巩固自己不择手段得来的地位。统领巴黎革命政府和大部分地区的雅各宾派及最终在国民公会中占主导地位的山岳派开始掌控政府。他们的影响遍布整个法兰西第一共和国。这不仅是因为雅各宾主义广受支持和民众的需要,还因为国家利益和民族情绪亟待维护。不管丹东的政策如何不完整,现在已经付诸实施。虽然不断有新的力量诞生并尝试抵制反法同盟,但反法同盟也在不断寻求扩张并通过屡试不爽的方法在各地巩固政治煽动者们的胜利果实。实际上,如果不进行暴力反抗,无政府状态就不会取得胜利。有一段时间,法兰西第一共和国不仅面临外敌,而且内部纷争严重,大有分裂之势。一些吉伦特派领导人逃过了逮捕,与共和党的其他领导人一起,竭力发动起义来反对所谓的雅各宾暴政。不久,即便是信奉革命原则的一些省份也出现了不满情绪。得知温和派倒台的消息后,南方城市里原本就充满了怒火的阶级战争再次升级。1793年6月2日事件后的一个月里,诺曼底的大部分地区发生了起义。在勃艮第、阿尔萨斯、弗朗什·孔泰、多芬和郎格多克，到处都充斥着威胁的声音。马赛、波尔多、图卢兹和格勒诺布尔等地的富人阶层公开反抗中央政府。紧随其后的是土伦和里昂。同时，西部骚乱已经持续了一段时间，如今突然恶化了。在普瓦图、昂儒和布列塔尼的部分地区，成千上万的武装分子以"神和王"为战斗口号发动叛变，公开反抗没有宗教信仰的、弑君的法兰西第一共和国。在这些人迹罕至的偏远地区，领主们大都以土地为生，深受教会的影响。因此，即使革命带来的是好处，农民也几乎不在乎。但当革命发展到凌辱他们所敬仰的领主时，当可怕的法律反对他们敬爱的教士时，农民明确地表现出了愤怒。当听到路易十六被处决的消息时，农民发动了起义以表达愤怒。当政府用卑劣的手段强迫他们的孩子参军并为邪恶的事业而战时，农民的不满情绪达到了顶点。到1793年年中，农民组成了强大的叛乱组织，即将证明自己比卑鄙的敌人走得更远。这就是著名的旺代战争的开端，也是革命大剧中最黑暗的一个情节。

虽然旺代战争令处于外敌入侵危机中的法兰西第一共和国陷入水深火热之中，但并没有压制住法兰西当前的霸权力量。雅各宾领导人中，大多数卑鄙无能，大胆而坚定的人寥寥无几。丹东敦促国家管理力量加倍努力。通过投票招募来的三十万军队奉命前往边境。在准备执行所谓的"总

旺代叛乱中的反叛者

第6章 恐怖统治

动员令"的同时,雅各宾领导人转而反击国内的对手,并在巴黎建立了一支"革命军队"。这支队伍以国民自卫队为后备部队,向叛乱的地区进发。军队命令造反的城市投降,派遣使者去挑拨群众,使其反对"法兰西第一共和国的敌人、陌生的盟友"。同时,最民主的宪法成了人民的关注点。真正的爱国人士在各地组成革命委员会,支持雅各宾派领导人,并宣布实施最高限价政策和向富人收税,以确保穷人能舒适度日。被称为革命法庭的奇怪机构每天把受害者送上断头台,把疑犯关进监狱。恐怖统治虽然暂时取得了惊人的成功,但长远看来注定会失败。事实上,里昂和土伦已经长期存在武装力量。事出有因的旺代叛乱中,起义军起初都是由新征的士兵组成,后来发展成最强大的武装力量。但北方的起义很快就销声匿迹了,没过多久,几乎所有的南方城市的叛乱也被镇压或收服了。当然,叛乱势力迅速崩溃绝不仅仅是由雅各宾派的行为导致的,尽管两者有着分不开的关系。中央政府的权力是巨大的。雅各宾派占领了首都的同时,也迅速在法兰西第一共和国其他地区取得了胜利,而这些地区早已在很大程度上受雅各宾派控制。此外,穷人与富人之间不可调和的关系也是法兰西第一共和国分裂的一个普遍原因。在国家的现有状态下,即使疯狂的情绪不受刺激,穷人也一定会占据上风,更何况雅各宾派获得成功的原因仍在发挥作用。凡是反对丹东及其支持者抗击外来侵略者的人和事,都是叛国的,对1789年到今天发生的一切来说都是致命的。

因此,一度席卷法兰西第一共和国的内战很快就局限在某些地区了,而且中心范围还在不断缩小。同时,强大的反法同盟取得了什么成就呢?他们在阿尔卑斯山脉和比利牛斯山赢得了巨大的胜利。皮埃蒙特人和西班牙人或许本可以越过普罗旺斯和鲁西荣,从而令法兰西第一共和国南部的暴动变得势不可挡。但由于缺乏得力的指挥,他们收获甚微。共和党的军队尽管处处受挫,却仍坚守阵地,顽强抵抗实力相当的外敌。

最终，北部和东北部迎来了真正的胜利。毫无疑问，如果反法同盟齐心协力，或阵营中有优秀的指挥官，巴黎可能会被轻易攻破，法兰西革命也会立刻被镇压。但实际上，奥地利、普鲁士和英国分裂了。同盟军中没有一位将军具备傲视战争规则的能力。反法同盟军在绵长的战线上缓慢前进，指挥官们各怀心思，没有人敢于冒险推进或者拿下法军阵地上的要塞，尽管这些要塞在没有防守时根本不堪一击。在这种情况下，仅围攻美因茨、瓦朗谢讷和孔代，就耗时半个夏季。攻破这些地方后，反法同盟军企图侵入皮卡第。此时，反法同盟军内部产生了分歧。英国特

围攻美因茨时，反法联军用热气球观察美因茨要塞的军情

第6章 恐怖统治

遣队被派去围攻敦刻尔克,而奥地利军队则在法兰西佛兰德斯徘徊,意图征服比利时——当时还是奥地利的一个省——以扩充自身实力。法军进行了顽强抵抗,却因师老兵疲而不得不全线撤退。法军也因此获得了一定的喘息时间。北方的法军在巴黎的几次战斗中几乎被赶到了索姆河,却也因此得到了招揽兵力的机会,而没有像原本预想的那样轻易被摧毁。一部分匆忙组建起来的军队被编入法军,大部分士兵要么是来自波旁王朝旧部的经验丰富的军人,要么是来自瓦尔密和热马普的志愿军。于是,一支战斗力超强的法军集结起来了。在雅各宾政府的强制命令下,这支军队立即前往阵地抗击入侵者——尽管这些入侵者根本不知道何为"入侵"。约克公爵弗雷德里克·奥古斯都受到强大的攻击,不得不包围敦刻尔克。而令欧洲大为震惊的是,分裂的反法同盟军开始踌躇不决并在法军面前退缩了。法军从反法同盟军的犹豫中看到了胜利的曙光,虽然法军仍像以前一样懦弱,但却因此燃起了爱国热情。

反法联军围攻瓦朗谢讷

1793年深秋,飘摇不定的气运毅然站到了法兰西第一共和国的一边。法军新兵大量赶往前线,在不断的胜利中逐渐成长为优秀的士兵。拉扎尔·卡诺掌控了军事大权,把握着军事大方向。尽管他的策略不健全,但比起敌人的愚蠢要好很多。他的确堪称伟大人物,只是人们对他的评价仍有些言过其实。堕落的君主制政权时期的将军们销声匿迹了,或者说,其中的大部分人都失败了。于是,军队中出现了一些新的优秀将领来领导新组建的军队。尽管决策失误不可避免,但多数士兵和军官

拉扎尔·卡诺

第 6 章　恐怖统治

都展示出了非凡的战斗力。毫无疑问,恐怖统治能增加爱国主义的力量。数千人被强行赶往营地,见证失败将领的死刑。然而,高尚的荣誉是由人民创造的。在如此无望的情况下,人民英勇奋战,打击敌人的弱点,并取得了胜利。得益于拉扎尔·卡诺的巧妙灵感,一支法军小分队从莱茵河迅速出动,而盘踞在莱茵河的普鲁士军队依然按兵不动。在这支法军小分队的援助下,让-巴普蒂斯特·儒尔当在瓦蒂尼打败了奥地利军

让-巴普蒂斯特·儒尔当

队,并开辟了进入低地国家的道路。年轻的拉扎尔·奥什曾花费大量时间和精力学习战争理论。1793年年底,他通过大胆而有效的进攻穿过了孚日山,将不伦瑞克公爵查尔斯·威廉·斐迪南的部队与维尔姆泽的部队隔开。那些不知所以的反法同盟军刚占领了阿尔萨斯,就被赶走了。通过这些行动,非常重要却又极其脆弱的法兰西第一共和国北部边境基本从反法同盟军手中夺回了。虽然法军在南部边疆地区的成绩差强人意,

年轻的拉扎尔·奥什

第6章 恐怖统治

但共和国的敌人已经士气锐减。同时,在一场可怕的围攻后,里昂沦陷了。尽管在旺代的战争尚未结束,但保皇党的事业正在迅速衰落。在这场政治大剧中,自称为"天主教军队"的部队赢得了一系列胜利,农民军队中的革命新兵和将军各自展示了强大的战斗力。最终,美因茨的驻军和一位真正的指挥官让-巴普蒂斯特·克莱伯脱颖而出。尽管战争是持久的、令人绝望的,但技术和战术必然会占据上风。普瓦图的绍莱战

让-巴普蒂斯特·克莱伯

役失败后，旺代人被驱赶到卢瓦尔河以北。随后，旺代残留部队在萨沃奈几乎被全部歼灭。暴动的力量如此可怕，否则起义军也不会在几个月前不可思议地攻进巴黎，夺取首都。

　　快到1793年12月底时，一个值得纪念的事件给这一年来的变故和斗争画上了句号。正如我们所知道的，土伦爆发了起义。不幸的是，土伦上层和中产阶级向反法同盟军寻求援助。英国和西班牙的舰队应援，占领了港口和军火库。虽然土伦的某些地方已经被包围，但由于指挥官无能，几个月来，包围行动迟迟没有任何进展。最后，巴黎制定了进攻计划。战事委员会中的一个年轻低级炮兵军官意识到普通的战术是毫无用处的，"如果拿下反法同盟军的锚地①，反法同盟军舰队就会立即投降"。他把手指放在地图上的一个岬②上，斩钉截铁地说："拿下土伦，这是关键点。"在场的将领们如醍醐灌顶，甚至忽视了政府的命令，让这位年轻的顾问制定作战计划。激烈的交战之后，土伦湾被法军占领了。法军炮兵一占领高地，反法同盟军就匆忙撤离了。几天后，土伦成了法军的囊中之物。这个显著的功绩开启了一个全新的历史阶段。在这个阶段，全世界都变得黯然无光了。而这位年轻的炮兵军官就是拿破仑，是法兰西大革命最强大的产物。

　　在此期间，在外国战争和国内危机的双重影响下，已经占据支配地位的无政府状态得以巩固。接下来，著名的"恐怖统治"时期在法兰西第一共和国拉开了序幕。温和派倒台后，国民公会成了雅各宾派领导人的工具。其中七十三名国民公会成员因秘密抗议1793年6月2日事件而被捕。困惑不已的保守派放弃了挣扎，而平原派获得了山岳派的赦令，山岳派则不得不服从于可怕的救国委员会。这个由雅各宾派极端分子组

---

① 这里是指反法同盟军在土伦湾内的海上营地。——译者注
② 这里是指土伦湾。——译者注

旺代人在绍莱战役中惨遭失败,被革命军追击

旺代人在绍莱战役中战败后,被迫向卢瓦尔河以北逃跑

在土伦战役中，拿破仑手指地图，发表他的作战计划，令众将领如醍醐灌顶。拿破仑正是在这次战役中初露头角

法军占领土伦高地

英军在土伦战败后匆忙撤离

成的组织，获得了国家的所有权力。从本质上来说，救国委员会实行可怕的专制制度，掌握着全国代表权，控制和指挥着公共安全委员会、革命政府、俱乐部和势力遍布全国的革命委员会。按照政府的宏伟计划，法兰西第一共和国的全部权力握在一小群鲁莽的亡命之徒手中。法兰西第一共和国社会发生了闻所未闻的暴力行为，而这些暴力行为不只是为了粉碎国家的敌人，还要颠覆社会，推翻一切正常的秩序，改变国家的惯例、习俗和信仰，通过绝对恐怖的手段打压反对党。"全民动员"制度被严格执行，全国的男女老幼都奉命协助国防，全国的物产都被宣布处于"征用"状态以供法兰西第一共和国使用，移民贵族和国家俘虏的土地、财物都被草率没收，残酷的法令压制着一切反抗行为，越来越多的人被轻率地送上断头台，革命法庭被设为永久机构，荒谬的应急措施勉强维持着注定失败的指券，几乎所有的商品都执行最高限价政策，国民消费被强行管制，筋疲力尽难以经营的国债被"共和国化"。有组织地掠夺富人成了政府的常规手段。只要有人对压抑恐怖、笼罩整个国家的计划稍有怨言，就会被判处死刑。不仅如此，冷漠和"缺乏公德心"也是判处死刑的罪名。如果法军将领在战场上失利，军队中的共和国专员就会命令，对其执行死刑。同时，衣着、礼仪甚至言论方式都发生了彻底的变革，语言形式也发生了剧烈的变化，历法和整套计量体系都发生了转变。救国委员会尽管还没有公开禁止基督教，但已经非常厌恶和不信任所有牧师，认为牧师拒绝效忠法兰西第一共和国。巴黎革命政府信奉无神论，并命令其他城市效仿。各地的教会由市政府和地方当局管辖，大部分被随意摧毁或关闭了。

这些场景见证了这个特殊时期的暴政，展示出了人性中最严酷、最可怕、最荒唐的一面。巴黎似乎变成了一个庞大的营地：广场上成百上千的铁匠铺和锻造厂制造武器和大炮，长枪兵在大街上设置路障、不停巡逻并在变成牢笼的房子上标注被关押犯人的名字，年轻人们匆忙地操

第6章 恐怖统治

练着,老人和妇女都被划入一个小队以"鼓动爱国者去参加革命工作",孩子们在嘈杂的演讲和劲爆的音乐中整理布料、制作绷带,人们在面包店门口排成长队等待购买由国家定量和定价的物资。政府特使们都住在曾象征凡尔赛辉煌的宫殿里,以便为"好公民"们贡献最大的力量。银行和交易所里,密探们人头攒动,记下任何敢于贬低指券价值的人。这些纸币将按照恐怖统治的原则直接转换成合法掠夺的手段用来还债,在一定程度上按票面价值转换成商品之后迅速变成一堆废纸。同时,打着法兰西第一共和国旗号的专员们以"为由爱国的穷人组成的军队筹集军备物资"为名,肆意掠夺,将战利品存放在仓库里。那些衣着整洁、服饰高雅、戴着手表或饰品的人是最倒霉的,如果不想被草率地关进监狱,就得贡献出奢侈品。其他大城市也有类似的情况。主干道上涌来一大批奔赴前线的新兵,他们心情各一,有的恐惧,有的后悔,有的狂喜。农民的庄稼、存粮和马匹则被大量的官兵征用或夺走。农民们们有时会绝望地看着,但更多时候会感叹道:"必须拯救国家和革命。"

奔赴前线的新兵

国民公会的大厅里回荡着奇怪的争论声和陌生的报告声，古代的异教术语与粗野女性的下流话和俚语掺杂在一起，杂乱的掌声从大厅里传出。其他集会也同样喧嚣，但比这里稍好些。"嫌疑犯"名单越来越多，监狱也越来越满，即使使用恐怖手段清除他们也无法阻止传言。此时，最引人注目的是罗伯斯庇尔、圣茹斯特、库东、让－马利·科洛·德布瓦、比约·瓦雷纳和巴雷尔。他们坐在杜伊勒里宫的房间里运筹帷幄，指挥着庞大的武力组织来控制法兰西第一共和国。在这种革命热情爆发和社会关系颠倒的迷幻中，任何暴力的事情都会占上风。国家长期存在的恶习和弊病激起了民众的愤怒，而这种愤怒比之前更糟糕，以毫无节制的报复方式表现出来了。与其他类似的运动一样，话语的意思被曲解了：无情变成了美德，温和被认为是叛国，冷漠意味着爱国奉献，残酷则体现着公正。此外，罗伯斯庇尔等人所展现出的最黑暗的一面也反映出了旧君主制度下因阶级分歧而产生的恶意和仇恨是多么强烈。出身贵族本身就是犯罪：留在法兰西第一共和国的少数贵族和高级教士要么被谴责，要么畏缩躲藏，不敢露面。愤怒情绪越来越普遍、激烈。人们反对正当的贸易秩序，排斥专业的律师、商人、劳工雇主、法院的眷属、国家的老公仆以及胆战心惊的1789年改革者。所有曾经的名人都遭人嫉妒，连贵族智者也遭到谴责，大部分文学和科学人士被压制，艺术和知识要么屈尊于卑劣的行为要么被宣称为危险的事物。在这样一个旧社会的束缚全面崩溃的时期，淫乱也突破了界限。令雅各宾政客们都感到震惊的是，纳妾、离婚事件层出不穷，私生子的数量迅速增长。群众肆意模仿伟人的恶习，毫无底线。不过，对待宗教的态度或许才是这个时代最引人注目的现象。如前文所述，国家尚未完全否定基督教，但在许多地方，教堂内的装饰物被狂暴的人们拆掉。巴黎革命政府在圣母院举办无神论庆典时，圣母院的走廊放上了画着妓女图案的牌匾，并被称为"理性女神"。就连各类异教节日也打上了淫乱的烙印。此外，很多牧师否

库东

让－马利·科洛·德布瓦

比约·瓦雷纳

巴雷尔

认了他们曾经坚持的信仰。一位虚伪的主教改编了一部教文并亵渎了基督教的奥秘。原本庄严的教会长久以来被罪恶和腐败玷污，传出了肮脏的丑闻。然而，这些亵渎神明的事情只是少数。尽管被雅各宾派怀疑追捕，成千上万的神职人员仍继续履行他们的神圣职责，为仍然坚持神父信条的虔诚教众提供服务。在这个可怕的全国审判和社会颠覆的时期，也并非一切都是邪恶的。除激励法兰西人的爱国主义之外，还有更多体现忠诚和美德的崇高事例。在雅各宾派的政治中，可能存在着一种不健全的精神，这种精神过分且不公正。

尽管如此，恐怖统治进程中最悲剧的一面仍有待考究。如前文所述，监狱里挤满了因严苛的法律、无情的怀疑或私人怨恨而被关押的受害者。仅仅在巴黎，罪犯人数通常就可达到五千至六千人。暗无天日的牢房里挤满了群众，不分等级，不分年龄，不分性别，善良、高尚的人与肮脏、卑微的人及真正的罪犯关押在一起。领主、法官、有品位的人、国民议会和制宪议会的领袖、不幸的将军、被遗弃的官员、祭司、商人和凡尔赛的奢侈品供应商混杂在骗子、盗贼和街头混混中。亲眼看见过这些情景的证人生动地描述了这里所发生的可怕事件：长时间处于艰苦环境之下的人性是如何变得绝望、鲁莽、冷酷的；在面临危险的情况下，社会差距是如何被巧妙保留下来或消失不见的；在传统秩序消失时，美德是如何显示出其天生的权威的；当有人反对邪恶时，无论这个人的身份如何，堕落的人是如何尊重善良的人的。几乎每天都有一批囚犯被送往革命法庭。这个杀人不眨眼的法庭仍在不断制造恶行，审判程序之简单，令人胆寒。被定罪的人被匆匆送上断头台，在民众最残忍无情的狂呼中——一般都是在"法兰西第一共和国万岁"的喧嚣声中——被成批地屠杀。不幸遇难的人不计其数，其中不乏国家的杰出人士、旧秩序的显要人物及前几年出色的民众领袖。几名吉伦特代表在1793年6月2日的起义中惨遭杀害，佩蒂翁是其中一位，从历史角度看这是他注定的

第6章 恐怖统治

结局。被捕的二十二人之中的大多数都牺牲了，其中包括韦尼奥，他是当时最具说服力的人。曾经著名的让－西万尔·巴伊、高尚的骑士巴纳夫、臭名昭著的奥尔良公爵路易·菲利普·约瑟夫·德·奥尔良、楚斯蒂纳伯爵亚当·菲利普及其他杰出的军官、路易十六的重要支持者纪尧姆－克雷蒂安·德·拉莫瓦尼翁·德·梅尔歇布，这些著名人物的命运

让－西万尔·巴伊在断头台上终结了自己的生命

也在此终结①。既然如此,为什么还要让这个可怕的名单变得更长呢?有两个人的死亡醒目地显示出了社会生活中最崇高的东西,也是恐怖统治企图毁灭的东西。伊丽莎白夫人的公平和圣洁令雅各宾人的眼里也饱含泪水,她带着虔诚与少女的羞涩,顺从地低下头去,将自己置于那夺命的斧头之下②。严厉又英勇的罗兰夫人——让-马利·罗兰的妻子,唇角带着微笑走上了绞刑架,高声呼喊:"自由啊自由!多少罪恶假尔之名而行!"

1793年10月14日,玛丽·安托瓦内特王后被带到了这个致命的法庭。王后的样子令人同情,就连严厉的法官和拥挤的野蛮观众也心有不忍。她的头发白了,高贵的脸庞满是悲痛。她身穿一件粗糙破烂的外衣,但身形依然透露着庄严。灯光下,她的身影打在昏暗的长椅上和走廊四周。她是高贵体制的没落残骸。这场景与她年轻时在凡尔赛宫的大阳台上看到的场景判若云泥。那时,她高贵的身影一出现,就会得到观众的欢呼。现在,由于对玛丽·安托瓦内特王后深恶痛绝,人们的同情消失了,很快又开始批判和嘲弄她了。旧王室的一些要人为了换取自身安全,宁愿放弃尊严。为了证明劫数难逃的王后的罪行,他们不惜提供一切可以想得到的证据。这些曾经的王室成员们将一条莫须有的罪名加诸这位可怜的王后的身上,这罪名如此恶劣,就连道德败坏的法官和控告者们也难以启齿。这是多么可悲啊。紧接着,王后被宣判死刑。1793年10月16日,王后被带上断头台。庄严的仪式早就没有了,玛丽·安托瓦内特王后被绑着双臂坐在一辆普通的马车里,穿着与其他卑劣的罪

---

① 托马斯·卡莱尔先生这样描述了奥尔良公爵这个毫无声誉的无耻之人的死亡场面:"菲利普的眼睛闪耀着地狱之火的光,然后瞬间消失,他非常冷静,带着布鲁梅尔式的礼貌。在绞刑架上,刽子手桑松要求将他的靴子脱下来。菲利普说:'呸,等我死后会更好脱。让我们快一点结束吧。'"——原注

② 在《教堂六日记》第75页,一位目击者说,唯一显露情感的事情发生在刽子手走近她、打算拿走她的披肩时。她叫道:"看在上帝的面上,请让我戴着它吧。"——原注

玛丽·安托瓦内特王后在法庭接受审判

犯一样的囚服，在民众狂妄的注视下，被拉到了行刑的地点。几个小时前，她的沉静与庄严曾不止一次地令审判她的法官深感不安。在她生命的最后时刻，这份沉静与庄严仍旧闪烁着光芒。有人注意到，有几个邪恶的女人挤过去冲她大吼大叫，但在她平静沉着的凝视下退缩了。据目击者说，在这段赴死过程中，她一直泰然自若，只有当看到曾经的杜伊勒里宫时，脸上才有了一点生动的表情，面对死亡时她完全没有反常或畏缩。玛丽·安托瓦内特王后的死亡是高尚的，而对她纯洁生活的邪恶诽谤都是虚假的。毫无疑问，革命法庭在处理王后案件时是不公正的。但如果说玛丽·安托瓦内特王后与路易十六一样伤害了法兰西王国，这也没有错。她的错误更严重，只因她是她那愚蠢的丈夫的首席顾问，骄傲地将他如泥土一般玩弄于手中。尽管如此，在评判她的行为时，必须仔细权衡她的生活和处境之间的关系。历史显示，庄严的人只有在被抛

玛丽·安托瓦内特被处死

第6章　恐怖统治

向深渊无力反抗时，才可能深思环境的残酷，才可能折射出"西罗亚塔的真相"①，即使不是最邪恶的人，也会走向死亡。

几个月来，这个笼罩法兰西第一共和国的暴政制度几乎没有任何变化。在夺取国家政权期间，由于形势危险、压力巨大，雅各宾派领导人暂时忘记或忽略了内部分歧。然而，当共和体制初步稳固时，雅各宾派领导人之间出现了分裂。根据领导人相左的观点，逐渐发展出了三个派别。早在1793年7月，丹东就离开了救国委员会，改投温和派。众多追随者支持他的思想，视他为革命勇士。这些追随者虽然狂暴、野蛮，但富有人情味。他们不是信奉疯狂信条的疯子。相比固执的革命理念，他们更倾向于以快乐和感化为手段来实现目标。虽然他们像丹东一样道德败坏，但他们希望赦免吉伦特派的受害者，并开始谴责恐怖统治的过分行为。第二个派别由一位名叫雅克·赫伯特的恶棍领导，主要成员是巴黎革命政府的极端无政府主义者。他们曾鼓吹无神论并且给予它最大限度的传播自由。他们企图让首都在整个国家的地位变得至高无上并支持大城市的独立，但他们的社会信条只是放纵肉体。第三个派别由罗伯斯庇尔领导，并逐渐成为最强大的一个派别，因为仅仅是他的品格声誉就为其赢得了极大的道德优势。而他所宣扬的充满美德的观点在很大程度上得到了大众的认同。当恶劣的想法被冠以"人民利益"之名时，总会得到满足。罗伯斯庇尔和他的亲信希望根据卢梭的原始的、不完善的观念来建设法兰西第一共和国。若不毫不留情地实施恐怖主义制度，这个目标就无法实现。因此，罗伯斯庇尔党谴责丹东的温和。同时，因革命政府煽动者的无神论与自己的理论相悖，罗伯斯庇尔党对此深恶痛绝。

---

① "西罗亚塔的真相"出自《路加福音》第13章。西罗亚塔倒塌压死了十八个加利利人，耶稣说，"因为这些加利利人死于非命，你们就以为他们比其他加利利人更有罪吗？不是的，除非你们悔改，否则你们也要同样死亡。"这里是指，法王路易十六和王后玛丽·安托瓦内特或许不是最邪恶有罪之人，但他们所代表的社会秩序已经腐败，如果不做出改变，只能面对死亡。——译者注

也许罗伯斯庇尔天性并不残忍，但当被自己深思熟虑所得出的思想禁锢住时，他与他的同伴们一样无情。尽管这个派别的成员大都是雅各宾派，但他们都是真正正直或至少看上去正直的人，并认为信念坚定才能获得权威。但罗伯斯庇尔的几个最得力的下属的性格却与他本人一样。

1793年年底，罗伯斯庇尔的权势达到顶峰。他是雅各宾俱乐部中最幸运的人，也是救国委员会的独裁者，在国民公会中的影响力至高无上。敌对的三个派别之间的分歧不久就公开化了，个人恩怨再次加深了不和。由于掌握着政府，权力拥有者能轻而易举地摧毁对手。罗伯斯庇尔及其追随者毫不顾忌地利用权力机器对付对手。雅克·赫伯特和革命政府的领导人首先被清除，只要被冠上了阴谋论者的罪名，总会有证据出现来证明这一罪行的。正所谓"欲加之罪，何患无辞"，此时，有很多奇奇怪怪的怀疑出现，并总能找到证实这些怀疑的证据。随着雅克·赫

雅克·赫伯特和他的追随者

第6章 恐怖统治

伯特和巴黎革命政府的领导人倒台,大革命曾经的主要力量、令巴黎成为全国榜样的著名组织——巴黎革命政府的影响力大不如前了。随后,丹东和他的主要追随者也调转风向。但斗争是危险而漫长的,丹东等人也被送到了革命法庭面对审判。吓得不知所措的国民公会发来一纸特令,将丹东党杀害了。随着丹东的牺牲,恐怖统治时期的温和派解散了。领袖的命运令人同情。丹东是一个天赋异禀的人,他勇敢坚毅,能言善辩,是天才指挥官。如果1793年9月的流血冲突归因于他,加之他经常为达目的扮演煽动者的角色,那么可以断定他拥有一颗爱国的心。雅各宾派的国防计划所获得的所有功绩都应属于丹东。他在人类的神圣事业中不惜牺牲自己的生命。丹东死后,罗伯斯庇尔及其追随者成为法兰西第一共和国的主人,并不失时机地加强了自身影响力。救国委员会的权力比以前更全面了。为了压制巴黎革命政府,救国委员会解散了一些区的革命军队,这些区的最高行政官是从罗伯斯庇尔的追随者中选出来的,从而使这里的民主政治受到了控制。在此期间,除了一个由可信的雅各宾党人组成的社团之外,其他俱乐部和受欢迎的社团都被一纸简单的法令压制了。而且为了表明共和国的优点,罗伯斯庇尔宣布无神论为"贵族式的虚伪",崇拜"至尊者"为民族信仰,基督教为低劣的迷信,而牧师们为罪恶的骗子。

现在,罗伯斯庇尔掌控下的恐怖统治加快了发展进程,并因滥杀变得更可怕。一个无情的狂热分子实施着刚刚稳固的寡头政治,仿佛要证明什么是雅各宾主义的"自由"。旧君主制在过去几年中所做的最恶劣的行为在几个月内就被远远地超越了。其实,君主制和共和制在很多方面是相似的。被胁迫的国民公会不得不颁布一道法令,赋予革命法庭不受任何限制的一切自由。最终,连"道德信念"也成了犯罪的充分证据。断头台不停运作,突然变得比以往任何时候都更令人胆战心惊。革命法庭成批地审判囚犯,每批四十至五十人。只要邪恶的控告人简单地点头或眨眼，囚犯就可以被判死刑。断头台被转移至审判场所，这成了叛乱情形下的一个合理情景。成千上万的"嫌疑人"被塞进牢房，卑鄙的控告人在这里穿梭以便发现定死罪的线索，若实在找不出线索，那就编造"在监狱中密谋"之类的假罪行来达到目的。可怕的暴政席卷全国，无处不在，所有事情都笼罩在恐怖和痛苦中，这已经超出了人类的忍耐范围，自杀和变疯的事例剧增。巴黎似乎已经完全被残酷的野蛮民众掌控，而秩序和正直已彻底消失。掠夺极度升级，强制推行指券的力度比之前任何时候都大。因权力高度集中，逃跑变得越来越难。同时，西欧历史上最残暴的复仇行动，在那些倒霉的起义城市里上演了。里昂和土伦遭到数次攻击，被夷为平地，所谓的"死亡洪水"注定要将这些地方的"叛徒及温和派都肃清"。在波尔多、阿拉斯和马赛，类似的恐怖情景随处可见。在南特以南数英里的地方，汹涌的卢瓦尔河水裹挟着数百具恐怖扭曲的尸体奔向大海。这些受害者被称为"共和联姻"，男男女女们在狂笑声中被绑在一起装到驳船里，驳船被故意凿沉，在河里漂流。旺代部分地区仍有叛乱，被"地狱列队"①横穿而过。虽然让-巴普蒂斯特·克莱伯对其必然后果进行了果断的预言，但这些军队仍不断前进，到处烧杀抢掠，肆意破坏。首都派来的"全权"专员呼吁民众尽其所能进行罪恶的活动。罗伯斯庇尔是这个血腥统治的主宰者和绝对的领主。也许在波旁王朝的监狱里、在旧议会的频繁压迫下、在巴士底狱和其他国家监狱的恐怖中、在圣巴塞洛缪和拉罗谢尔的大屠杀中，不止一位法兰西国王曾实行过残酷多疑的统治。我们从中隐约预见了恐怖统治的伏笔，但却没预料到暴政竟如此迅猛、致命。人们认为庆祝"至尊者"的节日是渎神节日，"消灭贫穷"及其他社会问题的计划是空洞计划。

---

① 这里是指以罗伯斯庇尔为首的救国委员会的军队对叛乱地区展开了残暴的报复行动，杀人无数，所以此处形容为"地狱列队"。——译者注

圣巴塞洛缪大屠杀

因此，没有人认为这些手段会缓解恐怖统治时期最后阶段也是最坏阶段的恶劣性质。

　　四年前，正是因为想要实现这些希望①，法兰西才得以焕发生机。这正是哲学的实际问题，法兰西大革命那光辉的幻景迷惑了一代人的眼。这片土地是哀悼和屠杀之地，《人权宣言》最终演变成了由民众中的坏人来维持专制统治的工具。一开始赋予了雅各宾派压倒性力量的那种推

《人权宣言》

---

① 这里是指前面提到的消灭贫穷、摒弃社会恶习、消除社会等级等虚幻的希望，正是这一希望点燃了法兰西大革命。——译者注

第6章　恐怖统治

动力正在消失，于是，暴政更残暴了。但法兰西第一共和国不仅没有受到毁灭的威胁，反而渐入佳境，朝着胜利走去。1793年的溃败使反法同盟进一步分裂。奥地利和普鲁士之间长久以来的猜忌因波兰的阴谋而加剧。1794年春，战争重新开始时，面对大胆而坚决的敌人，反法同盟军完全没有做好作战准备。同时，法军的巨大努力取得了伟大的成果。全国有五十多万人全副武装，在前线对抗敌人。虽然胜负的决定性因素是多方面的，但当不和谐、软弱的一方与认真狂热的一方交战时，结果不言而喻。实际上，即使占有绝对的人数优势，新组建的法军也经常打败仗。由于缺乏有经验的、受过专门训练的士兵，法军的战斗力仍然相对弱小。在海上，匆匆装备起来的法军舰队遇到了一次压倒性的失败。1794年6月，英国取得了伟大胜利，接下来还有一连串的胜利。人数的力量、同盟集体观念和爱国主义精神在战争中都能产生一定效果。此外，要想胜利，反法同盟的战斗力必须要比法军更强。西班牙军队被驱赶到比利牛斯山以北。曾在土伦战役中展现军事才能的年轻的拿破仑做了一次演讲，接着迷惑并打败了皮埃蒙特的军队。在阿尔卑斯山脉的巅峰上，像汉尼拔一样敏锐的拿破仑认为可以很快占领意大利，从而建立辉煌的战绩。与此同时，经过长时间战斗，约克公爵弗雷德里克·奥古斯都大败。当让-查尔斯·皮舍格吕与让-维克多·马利·莫罗向佛兰德斯进军时，拉扎尔·卡诺重复使用一年前的战术。因为敌人在孚日山疏忽

让-查尔斯·皮舍格吕

大意,所以拉扎尔·卡诺经默兹河顺利抵达桑布尔河。接着,他指挥法军在弗勒吕斯战役中大获全胜。几天后,他成了布鲁塞尔的主人。

至此,恐怖统治的可怕行径开始引起反作用,且无疑会越来越严重。共和国的胜利激起了民众对雅各宾主义制度黑暗面的厌恶。血腥绝望的场面使法兰西从辉煌沦为悲惨,城市民众因此产生了反抗情绪。还有一种情绪不断蔓延——敌人在前线不断溃败,应该一鼓作气将其肃清,并结束这可怕的混乱与洗劫。革命法庭的法官对他们残酷而可恶的工作感到厌倦,断头台四周欢呼的人群也不见了踪影。即便在首都最贫穷的地区,也常有为受害人叫屈的声音。在这种思想蔓延的情况下,罗伯斯庇尔的霸权统治必然走向覆灭。随后,曾屈从于罗伯斯庇尔的领导的统治力量中,其中一股力量的爆发加速了恐怖统治的毁灭。显然,罗伯斯庇尔对此非常不满,甚至数星期缺席救国委员会的会议。他大肆屠杀被压

法军在弗勒吕斯战役中大获全胜

第 6 章　恐怖统治

制的国民公会成员，处决众多亲密伙伴，实行绝对专政。不管这些是否是他的密谋，总之他的大部分同事开始反对他了。当再次出现在国民公会时，罗伯斯庇尔的话语中包含着威胁，而这些威胁似乎意味着更多流血事件。在几个勇敢的领导人的影响下，就连忠于他的议会也开始议论纷纷。1794 年 7 月 27 日，在一场激烈的争辩后，国民公会下达了逮捕罗伯斯庇尔、圣茹斯特和库东的命令。随着平原派和右派奋起反抗，革命的山岳派暴君终于下台了。然而，罗伯斯庇尔在这段时间内得到了雅各宾俱乐部和巴黎革命政府中的支持者的帮助，与另外两名囚犯一起获救了。同时，一场威慑国家权力的暴动正在酝酿。然而，各个地区是分裂的：一小部分只服从巴黎革命政府，大部分站在国民公会一边，尤其是在"三巨头"罗伯斯庇尔、圣茹斯特和库东被宣判为国家叛徒后。很快，罗伯斯庇尔和他的同伴被带到了象征着他们自己曾掌握的可怕政府的革命法庭。大多数革命政府的领导人再次被打倒，与罪恶的暴君一起

罗伯斯庇尔被捕

被消灭了。除了极少数的例外,这位血腥的暴君和他的追随者是雅各宾派中最后被清除的,他们都在大革命中犯下了最可怕的罪行。几个月前,夏绿蒂·科黛用匕首刺杀了让-保罗·马拉,让法兰西人民如释重负。

这就是 1794 年 7 月的革命。根据法兰西新历法,它被称为"热月革命"。这次事件将成为永恒的耻辱,因为法兰西人自己把脖子伸入了罗伯斯庇尔的枷锁。毫无疑问,在这种默许态度下,我们可以看到这个

夏绿蒂·科黛用匕首刺杀了让-保罗·马拉

第6章　恐怖统治

民族的专制主义倾向。但必须铭记的是，雅各宾派的成功首先在很大程度上归功于它与国家独立之间的联系及它对爱国思想的利用。而且在如此危机的情况下，即使是最可怕的暴政，也不可能从一开始就被发现并被制止。危机一旦不复存在，恐怖统治也将结束。至于恐怖统治时期造成的恐慌，则显示了长期存在的阶级仇恨是多么强烈，人可以变得多么残酷。尽管法兰西第一共和国接受了雅各宾派的统治，甚至出于某种原因欢迎这种统治，但公正地说，这种暴行只是少数人，即几个大城市中最卑劣的民众及一群鲁莽、狂妄的煽动者的行为。恐怖分子成了手握大权之人，他们为保卫法兰西第一共和国所采取的措施被视为能力的证明。然而，历史是公正的，它证明这种崇拜成功者的观念是错误的。虽然雅各宾领导人表现出了相当强大的能力，但他们制定的体制导致了一场破坏性的、甚至是致命的内战。他们的暴力政策——特别是在社会方面——是残酷的、毁灭性的，也是不明智的。有些成就看似是由他们取得的，实际上是由法兰西人的精神和英勇赢得的。此外，他们获得的任何功绩都应该归功于丹东，而马拉、罗伯斯庇尔和他们的爪牙根本没有能力成为政治首脑。当然，也并不是说每位参与这次危机的杰出人物都是恐怖分子。我们应该清楚地看到，法军抵抗敌人时所表现出来的英勇气概至今无人能超越，否则，反法同盟军本可以毫不费力地在1793年夏季攻入巴黎。革命的胜利很大程度上源于反法同盟的分裂和疏忽。这段时间的诸多变故揭示了一个不可掩盖的真相，那就是在战争中动用新兵军队是不可靠的、危险的。与其他艺术一样，战术也需要经验和训练。除非有经验丰富的部队的支持，否则年轻的法军至少在前几个月是毫无战斗力的。的确，拿破仑曾经说过，真正的成就源于旧君主制时的法兰西军队。反法同盟军在各方面都比对手好，但在战争中，单纯的组织并不代表一切。正如在从前的战争中所表现出来的一样，战争不仅需要军队精诚团结、人数适当，还需要每个兵将有爱国主义情怀和甘于奉献的精神，最重要的是曾不止一次被拉扎尔·卡诺低估甚至忽略的优秀战术。基于这些考量，法兰西人民的精神和毅力不禁让人心怀敬意。虽然这个国家一度幻想发生奇迹，其民族热情也有违自然规律，但它确实在危机中赢得了伟大的胜利。

第 7 章
热月革命与法兰西对外战争

热月革命的领袖们完全没想到，他们即将做的事情会导致恐怖统治走向结束。国民公会中的大部分人与罗伯斯庇尔一样邪恶，还有些是典型的雅各宾派，他们为了逃避死亡而让自己看起来拥有高尚的动机。罗伯斯庇尔的结局标志着法兰西摒弃了恐怖噩梦，反恐怖主义的运动迅速而热烈地展开了。这也是极具国家和民族特色的。几天之内，大量的惊讶不已的"嫌疑人"从监狱里被释放出来，巴黎民众为此欢欣不已。接下来，南方等地的暴行引起了人们普遍的愤慨，鼓动和实施暴行的恶人也得到了应得的报应。一些法官随着革命法庭及其可恨的程序一同消失了。曾经，他们肆意滥用暴力手段；如今，他们自食其果。同时，国民公会终于重获自由，努力恢复其失而复得的地位，压制暴政和无政府状态，并启动安抚政策。救国委员会的权力减少了，尤其是执行权力，但其成员仍在迅速轮换。让法兰西第一共和国处于"全国征用"状态的法令不是被修改就是被废除。最高限价制度也被废除了。尽管推行指券的后果显而易见，但国民公会仍用法律手段强制推行指券。同时，国民公会还积极努力地控制和约束暴民行动：国民自卫队以中产阶级为基础改建重组，长矛兵团解散了，因分裂和权力限制而被削弱的巴黎革命政府的权威进一步减少了，暴力事件仍然时有发生。最重要的是，革命委员会遭遇镇压，雅各宾俱乐部及同类社团、革命煽动组织被关闭，煽动者也都噤若寒蝉。被剥夺了权力的吉伦特派代表与七十三名受困的代表被请回国民公会，因恐怖统治而受难最严重的代表获得了一定程度的补偿。革命委员会幸存的三位领导比约·瓦雷纳、让-马利·科洛·德布瓦和巴雷尔尽管已经站在热月党人一边，但仍旧被起诉并流放海外。尽管国民公会在很大程度上仍对各种祭司心存敌意，但也庄严宣布解放宗教，教众重新掌握了教会。

国家试图在某种程度上弥补恐怖统治所造成的危害。于是，雅各宾派那残忍的无政府主义机制基本上被摧毁了。法兰西统治力量的反应和国民公会制定的规定，表现出了对恐怖主义计划的轻微敌意，并最终逐渐爆发。各地的雅各宾工作人员被罢免，全部由资产阶级组成的巴黎国民自卫队对"罗伯斯庇尔的工具"①毫无怜悯之心，中产阶级的年轻人组成队伍镇压暴徒并搜出断头台。法兰西各地都在效仿首都，尤其是那些受到无情野蛮对待的大型贸易城市。思想的反弹是如此迅速和暴力，以致保皇党人也开始露头，反过来压迫曾经压迫自己的人，而就在几个月前，保皇党还每天生活在被送往断头台的恐惧中。据说，"法兰西人突然变成了'慈悲委员会'"，但这个"慈悲委员会"对上届掌权党派一点也不慈悲。在民意激荡的情况下，暴君已经尝到了苦果并受到了不少苛待。同时，在巴黎和其他地方，一场非同寻常的革命发生了。若是在其他国家，这一革命也许无法造成严重的危机，但在法兰西第一共和国，这场革命却出奇迅速而且特点鲜明。在过去两三年非常混乱的情况下，贵族财产被很大程度地转移到他人手中。于是，移民贵族通过向政

---

① 这里是指激进的雅各宾派和救国委员会。——译者注

府和军队出售土地,甚至通过贩卖指券和利用恐怖统治时期不可避免的通货膨胀获得大量财富,形成了一个新的富人阶层。现在,这个被雅各宾领导人迫害的阶层已经粉墨登场。随着王室和贵族的消失,这个阶层成了首都上层社会生活的主角,风靡一时。曾经至高无上的残酷统治者已经落幕,高调展示财富的时代来临。在令人眼花缭乱的娱乐中,人们淡忘了过去的记忆。苏比斯府邸和诺阿耶府邸里挤满了新贵族,回荡着"受害者舞会"的声音,前期的受害者们之间的关系在这里得以发展。伏尔泰、孔多塞侯爵、杜德福侯爵夫人的沙龙里出现了许多变革时代的"金色青年"。妇女和女孩们穿着爱奥尼亚式服装①,束着发,模仿格蕾丝女神,极尽奢华和放纵。总之,1793年的粗陋和朴素已经消失不见,法兰西人放荡不安的本质释放出来了,迅速进入娱乐享受状态,以补偿之前所忍受的痛苦。尽管这留下了一种令人痛心的、轻浮的民族印象,但这一改变并不令人感到意外。虽然有人将它比作大自然复苏的春天或融化的冰封海面,但做这种比喻本身就是不恰当的行为。

苏比斯府邸

---

① 爱奥尼亚式服装是一块长方形的布,形似长达膝盖的短袖束腰外衣。材料为薄麻织物、皱布或加工成普利兹褶(熨烫成形的直褶)的织物。颜色以白色为主,还有绿、黄、金等色,黄色多为女子使用。长边为两手平伸后两手腕之间距离的两倍,短边为脖口至脚踝的距离,上身没有向外翻折,只是凭腰带将宽松的长衣随意系扎一下即可。——译者注

这种激烈的反应也许会在不久的将来招致新的麻烦。恐怖主义党派是之前最有权势的党派，虽然其主要力量已经被压制住，但它对民众仍有相当大的掌控力。它曾在各地强制实施的残酷作为及温和派的胜利和再次繁荣，都令它充满怨恨与愤慨。雅各宾派的"爱国"演说家们到处叫嚷：难道法兰西摆脱了傲慢可恶的专制统治，却又落入了投机商和文人手中吗？难道法军将欧洲侵略者赶出了边界，成千上万的最勇敢的人因此而牺牲，是为了将基于出身和头衔的贵族阶层变成由银行家和商人组成的贵族阶层吗？难道革命结束就意味着完全毁灭最可靠的革命党派吗？难道曾经拯救了国家的那些人应该被认定是危险派系并陷入贫困，还要被自私和富有的人随意嘲弄取乐吗？专政也许严厉，但却值得称颂，难道要将它转变成受统治阶层虐待和蔑视人民的行政模式吗？法兰西第一共和国的特殊情况为这些争论提供了合理性和推动力，强烈地刺激了不满情绪的产生。恐怖统治时期的强取和剥削已经不可避免地减缓和制约了生产。最高限价与强制提高指券价值的法律被取消了，尽管这些权宜之计不如制定者想象的那么有效，但它的确提高了商品的价格。结果，物资大量缺乏，生活必需品的价格突然急剧提高。巴黎承受的压力如此惊人，以至于政府不得不对穷人实施粮食配给制，穷人不得不依靠各种应急措施来维持食不果腹的生活。这一问题遍布全国，从而引发了要求雅各宾派复苏的声音。事实上，恐怖分子的经济体系虽然可恶，但可能被取消得过于迅速和草率了。也许正是这个原因，首都巴黎和其他地方的下层民众才会在不久后借助煽动者发动了起义并夺回了失去的力量。无疑，激起下层民众的愤怒的是新兴富豪的自私奢侈，是尚未熄灭的革命希望，是无知、嫉妒和盲目激情。

　　这就是热月革命之后的几个月里法兰西第一共和国的状态。一直以来，无政府主义力量的根据地似乎是在他们受压迫最严重的地方，但这只是伪装。不久之后，无政府主义力量就在其真正的根据地爆发了。

第 7 章 热月革命与法兰西对外战争

1795年4月1日，新历法的芽月①12日，巴黎的暴民冲进国民公会大厅，高喊"爱国者"和"要面包和1793年宪法"的口号，但被轻而易举地驱赶出来了。这次事件的一个非常显著的特征就是不团结。尤其当事件刚发生时，让－查尔斯·皮舍格吕就奉命镇压暴民，这明显地预示着暴动将会失败。几个星期后，1795年牧月②20日，一个更有决心、更有组织的示威活动发生了。在一两个区的协助下，暴民再次侵入立法机关所在地，野蛮地杀害了一名代表，这可以称得上是1795年最黑暗的日子里最可怕的场景了。几个据说参与了暴动的山岳派代表以投票的形式通过法令，接受了无政府主义者的所有要求。然而，这次暴动尽管有威胁性，但不再由强大的、成竹在胸的丹东或罗伯斯庇尔领导，并在很短的时间

巴黎的暴民冲进国民公会大厅

---

① 芽月是法兰西共和历法的第七个月，它开始于3月21日或3月22日，结束于4月19日或4月20日。——译者注
② 牧月是法兰西共和历法的第九个月，春季的第三个月。它开始于5月20日或5月21日，结束于6月18日或6月19日。——译者注

内就被镇压了。国民自卫军和反对雅各宾的省则再次得到了军队的帮助。与几年前不同的是，如今军队与政府和国家站在同一阵线。由于这次暴动以失败告终，国民公会的领导人得以借机打击残留的雅各宾领导人，并采取了严厉措施来预防发生暴乱的可能性。之前投票通过法令的山岳派代表要么被处死要么自裁，恐怖分子的后人被充军和流放，叛乱的区被解除武装。国民自卫队仔细筛查了有雅各宾思想的人，并首次对他们进行正规的军事控制。此外，国民公会还决定，当发生危险时，应立即转移到沙隆并由最近的军队提供援助。同时，国民公会还通过了严厉的法律，以抵制民众和无政府主义的会议。"爱国者"们抱怨说，他们遭受的打压比在恐怖统治期间所遭受的更多。用一位冷静的历史学家的话来说，"充满人性的温和党派本身并没有放弃流血的统治方式"。

残留的雅各宾领导人被国民公会打倒

第7章 热月革命与法兰西对外战争

通过这些手段，雅各宾派即使生命力再强，也被完全摧毁了。然而，由于热月事件的影响变得越来越严重，政府一旦镇压了一个党派，就必然会有另一个党派成立。尽管温和派在国民公会中占多数，但他们的思想与那些公然的保皇党人的思想并不一致，他们甚至不赞同那些在1789年强烈反对雅各宾派的改革派。强制措施同样被用来抵制共和国的敌人。因此，执政势力腹背受敌，两边都是恼怒的鲁莽党派，而且很难在这两个党派之间找到一个折中点。由于救国委员会的变化，国民公会的权威分散了，政府权力也相应地被削弱了，变得优柔寡断。此外，由于国民公会拒绝使用恐怖统治的权宜之计，所以只能越来越多地依赖军事力量的辅助。从此，事态开始明朗。同时，随着法军在战区获得了越来越多的胜利，共和国的主人①也正迎来快速而压倒性的胜利。反法同盟军从1793年夺取的法兰西要塞中迅速撤出。占领布鲁塞尔后，法军的胜利扩大至比利时，吞并了那里繁荣的省份。紧接着，让-查尔斯·皮舍格吕北上，让-巴普蒂斯特·儒尔当转向莱茵河下游。尽管法军的这种错位战术旨在重击反法同盟军的侧翼，但这一战术其实是拉扎尔·卡诺之前犯过的一个典型的错误，对敌军主力的打击不够有力，仅比在巨大的分裂战线上发动总攻强一点。这给了反法同盟军将领们一个极好的机会。但他们却相互猜疑，彼此分离，最终离奇撤退了。到1794年年底，让-查尔斯·皮舍格吕占领了荷兰的大部分地区，让-巴普蒂斯特·儒尔当则在默兹河下游的主要支流区域取得了两次重要的胜利。几个月内，荷兰共和国变成了巴达维亚共和国，橘色王朝被废除了。斯凯尔特河至埃姆斯河的所有低地国家变成了法兰西第一共和国的附属国。战争蔓延到了遥远的西班牙。导致了旺代叛乱的情景如今在西班牙重现了。法军的残暴行径激起了这个不幸地区的起义，并扩散到布列塔尼的大部分地区。起义的前景如此光明，于是，英格兰远征队与移民贵族也

---

① 即国民公会。——译者注

加入进来，辅助西班牙王室。然而，起义军在基伯龙湾发动了一次袭击，其结果是不光彩的、失败的。不久之后，睿智的霍赫实施安抚政策降服了整个西部，赢得了声望，得到了当时军事领袖们最纯粹的赞誉。

　　法军的这些伟大的成功使本已屈服的反法同盟解散了。普鲁士是挑起战争的主要力量，却也第一个放弃盟友，并于1795年春获得和平。西班牙紧随其后，抛弃了英国、奥地利和皮埃蒙特。德意志帝国的一些附属国苦苦支撑，继续战斗着，但也厌倦了这场灾难性的、无利可图的战争。虽然这次反法同盟比轻松打败路易十四的那个同盟还要强大，但最终，法兰西第一共和国通过两次战争就破坏了它。并且法兰西第一共和国如今所征服的区域已经超出了波旁王朝的最大野心。结果虽然辉煌无限，但其真正原因也不难发现。1794年的暴动结束前，法军不仅在规模上超过了敌人，而且已经逐渐习惯了战争节奏。年轻的士兵已经在经历了战争后变成了真正强大的士兵。爱国的力量、追求军事荣誉的民族热情、众多辉煌的胜利，共同唤起了法军的精神，使它变得出奇的大胆和勇敢。最终，法军打败了领导不力、精疲力竭的敌人——这也是法军取得胜利的主要原因之一。反法同盟军指挥官的下场比以前更可怜。英国人对约克公爵弗雷德里克·奥古斯都的无能感到愤慨。奥地利人将愤怒的矛头指向了愚钝的科堡公爵恩斯特一世，指责他在两年时间内一事无成。不过，法军迅速获胜的真正原因并不限于此。事实上，法军士兵在低地国家或其他地区并不善良。由于极度缺乏物质资源，法军不得不在占领地区安营。法军行军神速，但通常伴随着合法化的剥夺和有组织的掳掠。在这些地区及欧洲大陆的其他地方，封建制度和十八世纪的弊端破坏了整个社会结构。于是，当接触到革命激情时，旧秩序崩溃了。无论走到哪里，法军都会宣布自由平等的统治时期即将到来。法军取消了占领地区的教会和贵族的特权，肃清了不公正的事情。最终，许多地方的人民开始欢迎外来入侵者，但这些地区为获得解放付出了沉重的代

科堡公爵恩斯特一世

英国远征队与移民贵族袭击基伯龙湾

英国远征队与移民贵族被击退

价，法兰西第一共和国新思想的道德影响比所谓的"法兰西共和国十四军"更具决定性。

　　法兰西第一共和国尽管在国外节节胜利，但国内政府依然虚弱，其社会状况在许多方面都令人惋惜①。事实上，除了在阿尔卑斯山脉地区坚守从多芬和普罗旺斯到热那亚海岸的军队之外，法军总体上士气高涨，尤其是在富裕的低地国家。法军的实力非常强大，到1795年年底时，人数已达到大约四十万人的法军在这些国家的战场上征战不休。尽管经历了过去的最高限价制度和强征制度，但1789年的革命解放并改善了农业。而且随着通货膨胀越来越严重，农民的租金和税收减少到几乎为零。农民阶层很大程度地发展壮大起来了。随着恐怖统治的结束，贸易也在一定程度上复苏了。而崩溃的指券在兑换中几乎毫无价值。贸易系统开始恢复正常，贵金属逐渐重新出现。然而，命运有意要表现出讽刺的意味，正如在大革命中所表现的那样，大城市的民众普遍处于物资极度匮乏的状态。而且正如我们所看到的，尽管一个富有的阶层出现了，但这是以其他阶层的付出为代价的。政府税收仍接受已经毫无价值的指券，从而使国家财政处于崩溃边缘。事实上，反动党也对国内政府厌烦不已，因为政府本身只是一个革命产物，其弱点只会不断增加。而且人民群众为之着迷的军事力量使政府和国民公会黯然失色。共和党的强大精神在立法机构中仍然普遍存在。然而，自由和人权尽管在海外是获胜法宝，但在法兰西第一共和国国内却已逐渐失去魔力。接下来是革命后的疲惫和觉醒期，于是，许多人的政治愿望转变了，更希望整顿和建

---

① 在我看来，梯也尔的《法兰西大革命史》总体来说是热月革命至雾月18日之间这一历史阶段的最佳导览。他对处于这一疲惫与觉醒时期的法兰西的内部状况和财政状况的评价都是清晰客观的。拿破仑在他的《评论》上刊登的关于葡月和督政府的政治的文章可以一并作为参考，但其不仅仅是与政府相关的。已故的维克汉姆先生的通信清晰展示了外国势力与法兰西国内反对派之间的关系。——原注

第 7 章　热月革命与法兰西对外战争

立强大的政府。英国的埃德蒙·伯克已经清楚地预见到，在稳固的政权和秩序倒塌时政府可能会陷入什么样的境地。

随着1795年夏季的到来，反对党的力量增强了。尽管在国外取得了胜利，但在国内，在成千上万民众的眼中，法兰西第一共和国与雅各宾派及过去的恐怖统治者如同一丘之貉。一种支持君主制度和那曾经昙花一现的共和制度的情绪开始广泛传播，这种情绪和对于安定的渴望结合在一起。虽然人们普遍厌恶移民贵族，且流放的波旁贵族并没有多少支持者，但保皇党又开始露头，空气中弥漫着保皇党言论。政府和国民公会也因被指控为虎作伥而遭遇了最严重的信任危机。虽然得到了广大民众的支持，但在失去了对雅各宾派"爱国者"的控制时，政府和国民公会便成了社会舆论攻击的主要对象。在这种情况下，为了得到人民的支持，政府和国民公会明智地制定了一部体现立法智慧的宪法。这部宪法被称为《共和三年宪法》，是从1792年就开始的"自由"哈及拉[①]，它清楚地表明了法兰西第一共和国当时的主要政治家和国民公会的大多数人的主张。1789年的本质变化以庄严宣誓的形式得到了承认，1793年的雅各宾宪法被宣布无效并废除。尽管有个别抗议的声音，但政府仍宣布法兰西为共和国。然而，政府试图通过各种巧妙的权宜之计来预防过去的麻烦和灾难，而拟建的政府形态在很多方面都严重敌视民主。由七百五十名议员组成的立法机构是通过一个小范围的一年一度的选举产生的。根据过去共同议事的经验教训，立法机构被分为元老院和一个由五百人组成的院。执行委员会由五人组成，是由元老院和相关大臣一同选出的。为了防止1793年的暴政再次发生，政府还采取了预防措施，规定每个执行委员任期一年。同时，1789年成立的奢纵的地方政权一直备受诟病，因而受到了进一步限制。新近颁布的反暴民法令对国家的

[①] 哈及拉是指伊斯兰先知穆罕默德和他的追随者于622年从麦加逃往麦地那。——译者注

安全至关重要。此外，最重要的是，现有国民公会成员中的三分之二要重新选举，而且以后的会议中要有三分之一的参会成员是新成员。1791年的"克己条例"的危害已经完全显现出来，保皇党和反共和党的思想得到了最大程度的包容。

当然，《共和三年宪法》也有显著的优点，而且可能在不同时期都产生了重要作用。它在法兰西第一共和国逐渐被接受——尽管有人认为随着前几年的激情逐渐散去，这种接受大多是被动的。但在几个地区，这种维持现行立法机构基本不变的情况受到了严厉谴责。很快，反对党抓住了这个把柄，宣称人们对此不满。反对党领导人再次宣布国民公会是暴虐机构，宣称国民公会在虚荣、野心勃勃的追随者的支持下企图通过激起新的动乱以从中渔益。这些情绪在巴黎特别强烈，人们激动不已，渴望改变。主要由中产阶级支持的反宪集会在变幻莫测、一点即燃的首都举行了。有计划的起义在反抗最强烈的区爆发了。1795年10月4日，一个区的国民自卫队发动了起义。此时，曾经因无政府状态时期的应急措施饱受煎熬的政府，再次启用了这些措施以平息叛乱。巴黎军事司令官的无能迅速导致了更大规模的起义。1795年10月4日上午，密集的起义军穿过街道和广场，向杜伊勒里宫方向前进，大声呼喊"反对国民公会叛徒"。这次起义似乎和1792年8月10日那次同样可怕。然而，一位实战家来到现场平息了起义，令这场斗争的形势完全改变了。几个小时前，受到惊吓的国民公会将全城所有部队的指挥权交给了拿破仑。虽然只有几千人马，但这名军官异常冷静地守株待兔，等待起义军发动袭击。骚动的起义军一出现就被霰弹击倒了，几轮射击后，起义军的主力被打散了。紧接着，起义者溃不成军，起义之初的嚣张气焰顿时散去。这一结果也许在某种程度上得益于拿破仑的能力和技巧，但也有可能是因为绝大多数起义军并非真心革命。当革命的激情消退，再加上正规军加入战斗，这场起义就相对轻松地被平息了。

《共和三年宪法》

1795 年 10 月 4 日上午，密集的起义军穿过街道和广场，向杜伊勒里宫方向前进

这就是所谓的 1795 年葡月①13 日事件。这次事件被快速镇压，沉重打击了革命党，并令其暂时平静了下来。国民公会和人数占优势的共和党领导人采取了严厉的措施来压制仍在首都拥有强大力量的国民自卫队，同时大力加强自身权威。民众力量从某种程度上来说被打散了，被完全掌握在巴黎正规部队的指挥官手中，最终失去了不受国家支配的、自由选举的权力。然而，葡月事件的主要成果无疑是加强了军事力量。那天，拿破仑在那天学到了一个永远不可能忘记的经验。1795 年 10 月 26 日，国民公会宣布自己的任务完成，并解散了会议，之后马上被赋予新的职权——管理整个法兰西第一共和国。

---

① 葡月是法兰西共和历法的第一个月，也是秋季的第一个月。它开始于 9 月 22 日至 9 月 24 日，结束于 10 月 21 日至 10 月 23 日。——译者注

第7章　热月革命与法兰西对外战争

巴黎正规部队快速镇压起义军

尽管不够引人注目，但国民公会统治的最后阶段与它之前的统治阶段相比，具有同等的启发性。距离热月革命爆发不足一年半，民族情绪似乎有所改变。雅各宾主义的势力被镇压了。法兰西第一共和国受到保皇党和反共和党的联合威胁。保皇党和反共和党虽然不占统治地位，但实力增强了。这一点无疑证明了法兰西人的多变性。但回想一下，恐怖统治的过度行为被普遍憎恨，这也显示了法兰西人的公正性。雅各宾主义夺权主要是民族危机引起的后果，危机消失时其权力也随之消失了。像以前一样，旧习惯、传统和信仰仍具有非凡的力量，将来也是一样。由此我们发现，这种多变性是非常容易理解的。同时，我们看到了革命的希望和激情是如何在最热切的支持者的失望中衰落和消失的，国家实力是如何在派系纷争中被削弱的——这些纷争通常并非出于道德而是出于自私与残忍，一种激进的情绪是如何逐渐变得倦怠的，以及一种渴望安定的愿望是如何浮现的，最重要的是，武装力量是如何借助在国外取得的辉煌成就来平衡国内力量并影响国家未来的。

第8章
督政府和拿破仑

在接下来的历史阶段，对内衰弱无力的法兰西大革命，对外却战胜了外敌。最终，法兰西第一共和国转而征服国外。直到遭遇一次意外失败，法兰西第一共和国的扩张才停止，在曾经受它恩惠的军队的铁骑下分崩离析。从法兰西第一共和国这些年的国内形势中，我们看到了削弱革命热情的力量是如何增强的，明白了"刀剑下面出真理"的规律。在这样一个政府制度下——事实上，它虽然并非如追求成功者所描述的那样一文不值，但其成员也的确没有什么显著的才干，而是因相互分裂而声名扫地——各党派之间的纷争变得更无理，人民获得安宁的愿望越来越强烈。最后，在长时间的暴力和不可靠决策的影响下，再加上民族危机的推动，国家落入了一名伟大的士兵手中。在社会繁荣的背景下，在革命新生群体巩固自身利益的迫切需求下，这个社会剧变常见的圆满结局得到了进一步的发展。这是由屈服于权力和军事名望的民族倾向引起的，更是由被全法兰西人民视为捍卫者而仰望的那位杰出士兵的辉煌成就和天赋带来的。虽然法兰西第一共和国的衰落引起了政治思想家的极大兴趣，但此时，历史却把主要的注意力转向了大革命在国外的进程及它与欧洲古老势力的对抗。在那里，我们看到 1789 年的思想虽然不像以前那么果断，但也推动并加快了法军的进步，即使在失败和灾难的时刻，其影响力也丝毫未减。在那里，我们还看到，战争如何在多事之秋呈现出更丰富壮丽的一面并展示出军队指挥官天才般的灵感。当拿破仑出场时，我们注意到他是如何扩大了法兰西的征战范围，并改变了法兰西的革命外交政策。

热月事件之后的一段时间里，法兰西第一共和国内部出现了几起引人注目的事变。我们已经看到，几个区的起义被镇压下去了，反对党也被平息了。虽然叛乱分子因此变得更大胆，但他们为发动叛乱而做出的努力并没有什么效果，以狂热分子弗朗西斯－诺埃尔·巴勃夫为首的雅各宾派的阴谋诡计终究是一场空。另一起事变是袭击旺代海岸。霍赫的政策已经结出硕果，虽然西方国家安定的表象下潜伏着危险因素，但

弗朗西斯－诺埃尔·巴勃夫

第 8 章　督政府和拿破仑

它们仍然服从于法兰西第一共和国的意志，处于休整时期。虽然绝大多数的新当选代表不倾向于共和主义的观点，但国民公会的旧成员在新的立法机构中仍占据了优势地位。目前的普遍愿望是维持1795年的稳定。督政府[①]虽然不如元老院那么温和，而且实际上完全由支持判处路易十六死刑的人组成，但无论如何，督政府内部暂时相互支持，并与国家代表站在同一阵线。尽管督政府成员都不是有显著名声的人——除了拉扎尔·卡诺，但他们在制定政策时却相当精于人事，而非道德败坏。事实上，在国家财政状况疲软的情况下，督政府也曾使用过雅各宾式的权宜之计，比如，暂时向富人强行征税，甚至有几个月不得不采取专断制度以便为军队征用物资。尽管在当时的情况下采用这些措施是不可避免的，但这些措施很快就被放弃了。而过去的暴政也不能完全归因于督政府，这是不公平的。虽然看起来并不那么公正，但同样的理由也可以用来解释另一个惊人的严重指令：避免财政危机的多次尝试均以失败告终之后，经过元老院的同意，督政府剥夺了指券的票面价值，并规定在所有公共和私人交易中，只能根据其估算的实际价值进行交易。因此，不久之后，这种贬值了的货币就完全从流通领域消失了。货币严重贬值并退出流通，这种情况的另一个名称是"国家破产"。法兰西第一共和国没有好的办法可以挽回无数钞票的价值，国家更不可能立足于毫无价值的废纸之上。无论如何，过去的邪恶政策不应由此时的掌权者来负责。放弃革命时代的最后手段不会造成普遍的不满，所造成的动荡也远不像小威廉·皮特先生和其他人所认为的那样剧烈、严重。我们看到，指券已经有很长一段时间不再是一种交易媒介，所有一般的商业往来都考虑到了它的贬值。这纸指令造成的最终损失其实相对较小，因为指券在那

[①] 这里是指法兰西第一共和国时期的督政府。它是由五人组成的委员会，从1795年开始取代救国委员会统治法兰西。1799年11月9日，拿破仑在雾月18日的政变中推翻了它，取而代之的是执政府。——译者注

时已经几乎等同于废纸了。指券制度的目的是减少和避免偿还固定债务，以及用在投机炒作领域以便最大限度地转移财产。不过，这些危机现在已经过去，而且因指券制度的残酷且不公正的后果而受影响最大的是各个阶层的人民而不是国家。

1796年，为了继续对外战争，法军进行了热火朝天的战事准备工作。法军在1795年的最后几个月中的军事行动基本上是失败的，因为让-巴普蒂斯特·儒尔当被赶出了美因茨，而让-查尔斯·皮舍格吕的对敌方式似有叛国之嫌。尽管法军在意大利海岸的洛阿诺赢得了胜利，但对于法兰西第一共和国来说，运气已经大不如前。让-巴普蒂斯特·儒尔当和让-维克多·马利·莫罗指挥下的两支大军在莱茵河中游兵分两路，大肆入侵神圣罗马帝国西部。还有一支军队被交给了年轻的拿破仑，这支军队由约四万精兵组成，但物资奇缺。从热那亚到尼斯的海岸早已被

法军在意大利海岸的洛阿诺赢得胜利

第 8 章 督政府和拿破仑

拿破仑占领了相当长一段时间。在这里,拿破仑遭遇了更强大的奥地利和皮埃蒙特的军队。莱茵河周边成了主要战场。然而,天才的力量改变了战况。1796 年 4 月初,拿破仑获得了法军的指挥权,并在随后的行动中显示了出众的才华。通过佯动成功迷惑对手后,拿破仑迅速突破了对方过于庞大的主力军,并在一系列精彩的交战中将奥地利军队和皮埃蒙特军队分散开,分别击破并迫使他们按自己所设定的路线撤退。正如拿破仑本人所说的,他"推翻了热那亚的阿尔卑斯山"。几天后,拿破仑就成功抵达了都灵。如今,他与撒丁国王维克托·阿玛迪斯三世达成了休战协议,不仅把皮埃蒙特要塞紧握在手中,而且能保证与法兰西第一共和国时刻保持联系。虽然可能会对法兰西政策有利,但拿破仑拒绝将撒丁王国革命化。之后,拿破仑立即全力对抗奥地利军队。显然,拿破仑认为奥地利是法兰西在意大利境内唯一真正重要的敌人。拿破仑以迅雷不及掩耳之势抢在对手约翰·彼得·博利厄前面占领了波河。在洛

拿破仑在洛迪指挥作战

迪进行了一场激烈的战斗后，拿破仑进入米兰，越过了伦巴第。奥地利的指挥官根本无法抗衡这样勇猛的对手，更何况在每次战斗中奥军都处于寡不敌众的劣势。在米兰，拿破仑受到了热烈的欢迎。米兰公民厌恶奥地利的枷锁，并倾向于新的法则。但拿破仑留下来的目的只是壮大法军力量。成功胁迫惊恐的帕尔马公爵斐迪南和摩德纳公爵埃尔克雷三世

帕尔马公爵斐迪南

第 8 章　督政府和拿破仑

投降后,拿破仑率军直奔阿迪杰河沿线。凭着真正的军事洞察力,拿破仑将此地规划为对抗奥地利军队的真正战区,以实现夺取意大利的目的。拿破仑将约翰·彼得·博利厄逼至明乔河以外,迫使他撤回到提洛尔以北,并于 1796 年 6 月初围攻了曼图亚。拿破仑行事谨慎、态度坚定,

摩德纳公爵埃尔克雷三世

拒绝服从拉扎尔·卡诺所下达的进攻罗马的命令,因为这将给法军带来不必要的麻烦,进而引发无法挽回的灾难。

虽然拿破仑的这次胜利是伟大的,但维也纳内阁并没有为此感到不知所措,而是竭尽全力修复失败所造成的后果。众所周知,意大利境内的法军人数很少,人们并未认识到法军之所以能取得成功是由于伟大的指挥官的领导才华。人们普遍认为,这是注定要发生的灾难,就像曼图亚一样,意大利似乎是被某种力量推向了危险中。约翰·彼得·博利厄的残兵败将得到了莱茵河地区的奥地利军队的大力支援。1796年7月的最后几天,著名老将维尔姆泽带着一支军队——这支军队的实力强大到足以解放曼图亚——试图打败法军。然而,伟大战争领袖的独特标志之一就是反应迅速。拿破仑抢占先机,阻止了奥地利军队的行动,片刻间便解除了曼图亚之围。就在这时,拿破仑遇到了正沿着加尔达湖两岸发动袭击的奥地利军队。于是,拿破仑介入对手的两路部队之间,在洛纳托和卡斯蒂莫纳将对手击败。然后,他回过头来,追赶溃败的袭击者,

拿破仑率军在卡斯蒂莫纳作战

第 8 章　督政府和拿破仑

大胆地迈向了提洛尔边境，并通过一次大胆而迅速的出兵将维尔姆泽赶入了布伦塔隘口。尽管顽强的维尔姆泽以迂回之术进入了曼图亚，但他所领导的这支英勇的军队却损失大半。奥地利政府仍然坚持不懈，派约瑟夫·阿尔温奇指挥着一支新部队再次对准拿破仑的军队，并坚定地认为在这样不懈的努力下，拿破仑终将失败。这次袭击非常危险，奥地利军队虽然力量分散，却突破了法军的一个主要阵地。而拿破仑所率领的法军主力部队，几乎是从阿迪杰河中艰难地走出来的。然而，约瑟夫·阿

约瑟夫·阿尔温奇

尔温奇在这一决定性的时刻停了下来。拿破仑灵活地绕到约瑟夫·阿尔温奇的后方，显示出了极大的智慧。双方在阿尔科莱的堤坝进行了一场艰难的持久战。最终，胜利落在法军手中。不过，这场战争还没有结束。约瑟夫·阿尔温奇招募新兵，重整旗鼓，再次进军阿迪杰河。决定性的冲突发生在1797年1月14日。奥地利军队再次被分裂阻挡，在加尔达湖东岸的里沃利被击溃。这场战役结束后，战争暂时告一段落。几天后，曼图亚重新开城，拿破仑以胜利者的姿态站在战场中心，歼灭了奥地利的三支军队，每一支都比法军更强大。

由于这场辉煌的战役，拿破仑的声誉达到了巅峰。这在一定程度上归因于法兰西大革命的影响，而更多的是因为年轻的领导人在战场上表现出的非凡指挥能力。在这场大规模的战争中，拿破仑展示了一位伟大的将领应具备的一切品质——睿智、决心、勇气、活力、对战区行动的完美认识及在战场上安排兵力的技巧，所有这些都令拙劣的对手彻底没了头绪。拿破仑的成功还有另一个原因，这个原因体现了其战略战术中的个人风格，导致战况发生了显著的变化，那就是道路的开拓。道路的开拓令拿破仑可以比前一个时代的将军更迅速地行军。农牧业已经取得巨大发展，军队往往可以就地获得物资。过去，军队主要依靠仓库提供物资，再加上被要塞和障碍拖累，行军缓慢。这种旧体制已经过时。而迅速大胆的攻击、绝妙的调兵，再加上军队可以就地获得生活物资，这种体制比以往更实用。虽然早已有人意识到了这几点，但拿破仑却是第一个完全掌握并有效利用这套道理的人。在这场战争中，我们可以清楚地看到，拿破仑用这些新原则指挥着部队。虽然还有其他辅助原因，但这在一定程度上解释了拿破仑为何能屡次成功地让对手按照他所计划的路线撤退。拿破仑除了在这次值得纪念的艰苦战争中表现出了士兵的优秀品质之外，还证明了自己非凡的治国才能。以法军为中心，拿破仑对

拿破仑率领的法军在阿尔科莱战役胜奥地利军队

拿破仑率领的法军在里沃利击溃奥地利军队

拿破仑以胜利者的姿态在曼图亚接受对手的投降

革命思想宣传活动进行了秘密镇压①。我们看到,拿破仑因政治原因拒绝推翻撒丁王国的王权。而且令军官们惊讶不已的是,拿破仑不久后同教皇庇护六世和托斯卡纳大公斐迪南三世进行了谈判,并以一种反革命

教皇庇护六世

---

① 拿破仑从 1796 年到 1797 年的政策见于他的《评论》。朗弗雷在其《拿破仑史》中极具才华地描述了这些政策,但带有过于苛刻的色彩。——原注

第 8 章 督政府和拿破仑

的、外交的方式自称为革命的敌人。显而易见，一个新的领袖已经出现了。无论善恶，他与自由和人权毫无共鸣，至今仍是法兰西共和国加强对外影响力的有力杠杆。

同时，莱茵河边界以外发生了一场不同寻常的战役。继拉扎尔·卡诺的错误计划之后，让-巴普蒂斯特·儒尔当和让-维克多·马利·莫

托斯卡纳大公斐迪南三世

罗进入了德意志境内，因地域广阔而兵分两路，一个沿着图林根山脉移动，另一个绕过黑森林的边缘行进。尽管两军实力相当，但年轻的卡尔大公卡尔·路德维希·约翰·洛伦茨却退缩了。卡尔大公卡尔·路德维希·约翰·洛伦茨与让-维克多·马利·莫罗在多瑙河上游附近的内雷斯海姆进行了一场无关紧要的战斗。然而，尽管法兰西将军们行动迟缓且没有任何迹象表明他们可能会会合，而且法军现在只有几支分散的队伍，但卡尔大公卡尔·路德维希·约翰·洛伦茨还是嗅到了危险，并派出一支部队来牵制让-维克多·马利·莫罗。随后，卡尔大公卡尔·路德维希·约翰·洛伦茨进军攻击与让-维克多·马利·莫罗分开了的让-巴普蒂斯特·儒尔当，模仿了拿破仑在意大利战场上的战术。然而，奥地利指挥官的部署与更强大的对手拿破仑所展现出的完美的技巧和充沛的精力相比，仍遥不可及。事实上，让-巴普蒂斯特·儒尔当被一步步打败，退到了莱茵河，但并没有遇到对手强有力的追击，而是相当安全地回到了法军的冬季营地。让-巴普蒂斯特·儒尔当战败后，让-维克多·马利·莫罗摆脱了窘境，通过斯瓦比亚的阿尔卑斯山的错综难行的峡谷和岩石峭壁进行撤退。这是一次明智的撤退行动。失去援助的让-维克多·马利·莫罗遭到了卡尔大公卡尔·路德维希·约翰·洛伦茨严酷的打击，导致部队几乎被摧毁，但实际上让-维克多·马利·莫罗最终还是赶走了卡尔大公卡尔·路德维希·约翰·洛伦茨。德意志虽然摆脱了法兰西入侵者，但也没有取得实质性的成就。这次战役就是一个很好的例证。无论军事理念如何优秀，都必须得到很好的执行才能取得显著的成果。然而，卡尔大公卡尔·路德维希·约翰·洛伦茨获得了应得的美名，拉扎尔·卡诺的错误也被察觉。而当年的事件证明，战争艺术与其他艺术一样，在相似的条件下，不同的将领会实施相同的战略，可谓英雄所见略同。

拿破仑在阿迪杰河征战时，法兰西第一共和国的国内状况并没有任

让-维克多·马利·莫罗

何改善。随着时间的消逝,恐怖统治的影响削弱了,法兰西第一共和国逐渐繁荣起来了;大城市的压力也减轻了,税收也开始趋于稳定。在纸币制度的过渡时期,财政难免紧张起来,雅各宾派遗留的那部分债务还没有付清,国库管理不善——宪法甚至剥夺了行政机关对国库的管理权。法兰西国内怨声四起,苦难中不断地转化成仇恨,危及国家安全。随着葡月革命渐渐远去,保皇党和反共和党的力量增强了。这些党派除了吸收了许多对现实失望和不满的人外——革命时期从不缺乏这类人,还吸收了许多富有的新贵族——这些人并非真正拥有共和思想,真正渴望的是安静与享乐。督政府内部也出现了分歧,五个人中有两个人——其中一个是拉扎尔·卡诺——对在政府中占多数的国民公会旧成员产生了反感。总之,在共和国的理想模式中,无论温和与否,分歧是必不可少的。由于1795年强制执行的限制措施被取消了,所以在1797年的选举中,很多被称作"国民公会人"的人被撤换了,他们与其他持反对观点的代表一起组成了立法机构。这种做法无疑加剧了派系纷争。现在,保皇党和反共和党开始维护自己的权力,政府反对党也得到了众多鲁莽的阴谋诡计的支持。让-查尔斯·皮舍格吕——尽管他的叛国罪尚未被揭穿,但他的保皇倾向是公开的——成了这些不光彩的阴谋的总策划者。这类阴谋是革命时代不可避免的产物。总之,反对党虽然反对国家的剧烈变化,但也支持了策划者的阴谋。拒绝宣誓的教士和长期流亡的移民贵族很快就开始了自由回归,与法兰西第一共和国交战的列强安排了不计其数的特务,这些特务与反对党保持着联系。复辟波旁王朝的大树已经扎根,即将由旺代起义拉开大幕。在这种紧急情况下,三位坚持现有秩序的督政官单枪匹马向其他力量寻求援助。这些力量不仅要足够强大以便对局势产生决定性的影响,同时还要支持政府,或者至少不反对政府。拉扎尔·奥什向首都派出了一支七万人组成的武装部队,拿破仑调派皮埃尔·奥热罗为这七万士兵的指挥官,以便实施预定的计划。1797年9

皮埃尔·奥热罗

月4日，正在杜伊勒里宫举行例会的元老院再次被士兵包围。几个小时内，大部分反动党代表被监禁，其席位也被剥夺。而以让－查尔斯·皮舍格吕为首的主要阴谋策划者则被流放国外。立法机构成员被削减和净化，得以保留的成员爽快地投票通过了决议。决议决定将众多嫌疑人流放，其中，一位反对党的督政官名列其中，而拉扎尔·卡诺则有幸逃脱了。这次事件被称为果月①政变。共和党的胜利在当时看来是全面而完整的。但它和其他类似暴力事件的成功只能加速已经在全国各地崭露头角的军事统治。这标志着巴黎民众日益厌倦了失败的政治变革和交战各派的明争暗斗，并对法兰西第一共和国的危亡和暂时成功持消极漠视态度。

在果月政变中，士兵包围在杜伊勒里宫举行例会的长老议会

---

① 果月是法兰西共和历法中的第12个月，开始于8月18日或8月19日，结束于9月16日或9月17日。——译者注

第8章 督政府和拿破仑

其间，拿破仑一直致力于扩大法兰西在意大利半岛的势力范围，并通过短暂却精彩的战役结束了与奥地利的战争。法军在波河的首次胜利令亚平宁山脉和阿尔卑斯山脉之间的国家都激动不已。尽管有大量分歧，但民族革命激情使法军在许多地方备受欢迎，然而所谓的解放者的暴行，特别是将抢劫来的艺术品当作战利品送到巴黎的博物馆，则不止一次导致了愤怒的起义。1796年全面胜利后，群众的怨言更明显了。尽管威尼斯的老贵族仍然对法兰西人的观念持有敌意，但摩德纳人，即教皇的臣民和伦巴第的伟大人民，却奋起反抗令人厌恶的外国统治者，并依附于胜利的法兰西第一共和国。已经拥有强大力量的拿破仑巧妙地把这个运动转变成了自身优势，同时是督政府的优势。作为保护罗马及其邻近省份的酬谢，拿破仑从教皇那里得到了广阔的领土。在征收到大量财富后，拿破仑给予或承诺给予附属地或占领地的意大利人以"自由"。但他仍然坚定不移地实行和解策略和适度革命的政策。尽管拿破仑视意大利国家及其主权为自身的目标或直接政治利益，而不是基于对共和理念的考虑，但据研究，他并不赞同被他蔑称为"群众"的人，并完全鄙视他们的希望和激情。同时，拿破仑的军队大部分是从法兰西各地招募来的，已经变得非常强大。1797年春，拿破仑再次出征。尽管卡尔大公卡尔·路德维希·约翰·洛伦茨做了勇敢的抵抗，但奥地利没有足够的力量反抗拿破仑的进攻，拿破仑横扫了意大利的阿尔卑斯山脉地区，并迅速越过神圣罗马帝国的山丘地带赶赴维也纳。1797年10月18日，在奥地利首都人民的见证下，拿破仑与奥地利签署了停战协议。在以相当少的兵力征服了从瓦尔省到多瑙河的地区并破坏了奥地利君主制的力量后，拿破仑在几个月内就制定了和平条款。根据《坎波福尔米奥条约》，奥地利将比利时割让给法兰西第一共和国。作为帝国首脑的拿破仑同意割让坐落在莱茵河法兰西沿岸的神圣罗马帝国各地区，同意伦巴第和几个毗邻的国家组成法属奇萨尔皮尼共和国。尽管遭到了督政府的抗议，但作为回报，拿破仑还是放弃了威尼斯。他的这种行为极具个性。在阿迪杰河时，威尼斯的寡头统治就已经是拿破仑的眼中钉肉中刺。当拿破仑兵赴神圣罗马帝国阿尔卑斯山时，威尼斯曾在后方发动起义。不过，早在《坎波福尔米奥条约》签订之前，法兰西第一共和国就已经成了一个服从权威的民主国家。尽管如此，拿破仑故意牺牲了曾经是法兰西第一共和国盟友的国家和人民，以便如他所宣称的那样，在过去的欧洲反法同盟之间播撒分歧。除了那些实力增强了的国家之外，反法同盟反对将威尼斯划归奥地利。这一行为并不像有些历史学家描述的那么不堪，但这个政策尽管富有成效，却诡计多端、自私利己，违背了所有的革命誓言。

　　这样一来，这位二十七岁的青年击败了法兰西第一共和国在欧洲大陆上所畏惧的唯一敌人奥地利，巩固并极大地扩张了领地，为法军赢得了前所未有的荣耀。被认为已达权力巅峰的法兰西第一共和国已然得到了对手神圣罗马帝国的承认。法兰西第一共和国的影响从阿迪杰扩大到特塞尔，黎塞留公爵阿尔芒·普莱西曾经认为不可能实现的梦想终于彻底地实现了。民众热情洋溢，向在战场上做出伟大贡献的士兵致敬。以前几乎无人知晓的拿破仑，如今成了每个法兰西人口中的奇迹。欧洲对这位年轻的征服者所取得的非凡成就也感到惊讶不已，惊讶中还混合着真诚的赞美。皮埃蒙特、奥地利和神圣罗马帝国的外交家在拿破仑身上看到一种对欧洲古老大国和旧秩序的同情。这些外交家中有人曾说，濒临毁灭的法兰西第一共和国的将军不会那么温和。拿破仑以优雅、礼貌的态度对待被击败的对手，曾向士兵们和想要取悦的政治家们展示了他那如有魔力的迷人魅力。因此，即使是法兰西第一共和国最坚定的敌人，也尊重他、赞扬他。解放了的意大利人将他视为拯救者，他所属的民族更是对他爱戴有加。

　　被荣誉的光环包围的拿破仑，离开了意大利回到法兰西第一共和国。神圣罗马帝国的各成员国正在拉施塔特讨论《坎波福尔米奥条约》之后

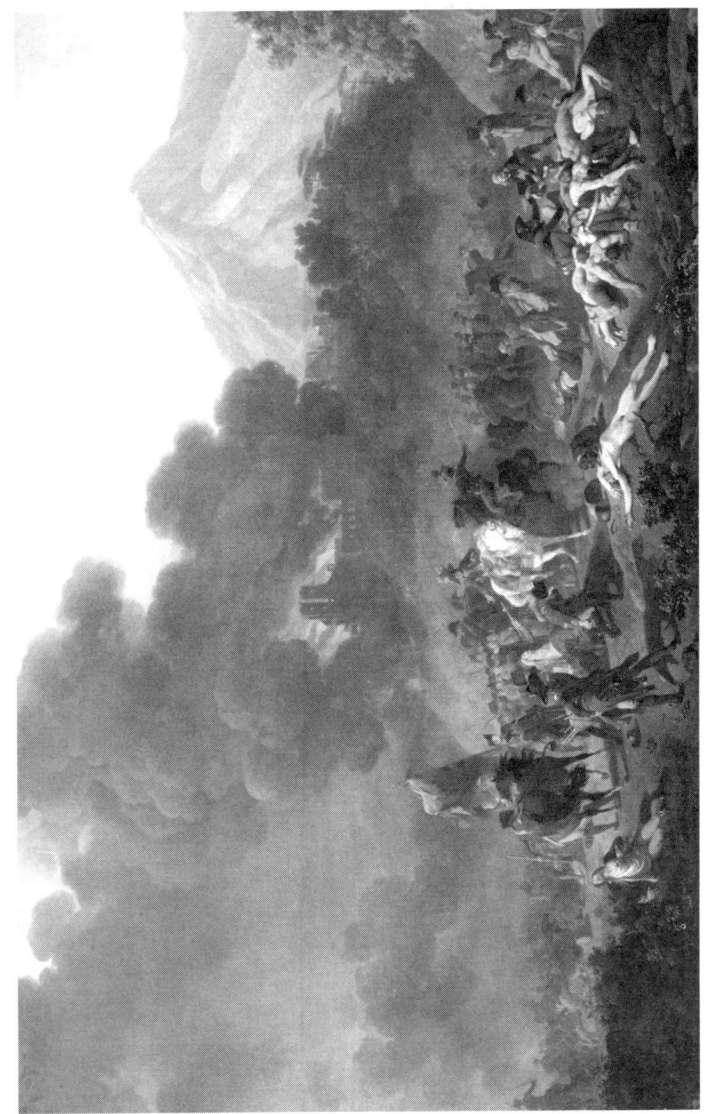

拿破仑横扫意大利

必然迎来的和平。在拉施塔特稍做停留之后，拿破仑悄悄地回到了巴黎那个温暖的家。当初，他离开家时还是个无名小卒；如今，他受到了路易十四时代以来从未见过的热烈欢迎。但不知是个人喜好还是事先策划，拿破仑避开了公众的目光，似乎在寻求安宁。一连串的辉煌照耀着首都，与前几年的荣誉形成鲜明对比。汹涌的人潮庆祝拿破仑的伟大功绩，人们眼中只有一个人，那就是阿尔科莱和里沃利的征服者——拿破仑。这一情景如同罗马共和国古老节日的盛况，只是多了几分现代的奢华。这位年轻的英雄似乎能用他的利剑改变国运。面对拿破仑的强大影响力，一个分裂的、虚弱的革命政府及昏庸的首脑们还能抵抗多久呢？这个光荣的化身在法兰西第一共和国徘徊已久，他们还能共存多久呢？

第 9 章
远征埃及与雾月政变

　　面对拿破仑所获得的尊敬及拥有的巨大影响力,督政府深感不悦。造成拿破仑与共和党政府之间的纠纷的原因多不胜数。这位年轻的将军傲慢独立,蔑视任何非他本人制定的军事计划。拿破仑虽然牺牲了威尼斯,但在与外国的谈判中始终保持至高无上的姿态。拿破仑对军队拥有绝对控制权,不禁令共和党政府心怀警惕和怀疑。回到法兰西第一共和国后,他被视为"法兰西的荣誉"而备受欢迎。拿破仑的这些优越姿态激怒了黯然失色的督政府。同时,法军的一些低级将领对不在自己掌控下的政府也心怀畏惧,即使拿破仑采取了一些弥补措施,也丝毫未能消除将领们的顾虑。拿破仑尽管仍然过着朴素的生活,而且比起政治来似乎更喜欢文学和科学,但也表达了对软弱、不团结的政府的不满情绪。督政府的嫉妒心理虽然被掩盖在顺从的表象之下,但仍会本能地感觉到拿破仑的不满和威胁。无论是出于想摆脱对手的动机,还是出于更高级的动机,督政府企图让拿破仑去做一件充满了艰险的事。《坎波福尔米奥条约》签订后,英国是唯一一个仍与一路凯歌的法兰西第一共和国继续作战的大国。由于在与英国全权公使的谈判中，双方未能达成一致，督政府因此恼怒不已，便请求拿破仑从海岸出兵向英国发动袭击。这是霍赫最偏爱的战术，这位杰出的将领前不久去世时引起了全国哀悼。然而，1797年的远征失败了。坎珀当和圣文森特的战役摧毁了法兰西第一共和国的盟友——巴达维亚共和国和西班牙的舰队。拿破仑认为这个计划过于草率，便提出了一个更有获胜希望的建议。从某种程度上说，这一建议体现了丰富的创造力和筹谋力，展现了前所未见的强大力量。这是拿破仑在意大利时就有的想法，即将目标转向东方的古老权力中心。这个想法深深地吸引着这位雄心勃勃的将军，那就是入侵并占领埃及，因为埃及是连接欧洲与亚洲的重要一环。督政府爽快地认可了这个计划，因为这个计划势必能清除可怕的对手。一旦成功占领埃及，法兰西第一共和国将在地中海占据主导地位。拿破仑有丰富的手段来实施这个计划。拿破仑的战前准备工作既隐蔽又有技巧，表现出了高超的组织能力。法军护卫队在意大利的港口集结，直奔海岸线，以便尽可能地隐瞒这个计

坎珀当海战

划。1798年5月，由强大的舰队和军队组成的远征军从土伦起航。拿破仑试图效仿亚历山大大帝的经历，希望在征服并将埃及变成法属殖民地之后，能从尼罗河进入印度河。

当拿破仑正在实施入侵埃及的计划时，拉施塔特国会一直在开会，而欧洲大陆各国也一直在进行和平谈判。1795年条约以来，基本上已经成为法兰西盟友的普鲁士因奥地利的失败暗自高兴，它从欧洲目前的战乱局势中看到了增强自己在神圣罗马帝国中的势力的手段，与法兰西第一共和国的方针一拍即合。并且基于自身利益的考虑，普鲁士同意法兰西第一共和国在莱茵河畔不断吞并。法兰西第一共和国吞并了神圣罗马帝国的附属小国，同时消灭了神圣罗马帝国的主教制度——这是督政府最主要的目标。这种自私的、叛国治国策略受到了许多神圣罗马帝国诸侯的反对。正是由于法兰西第一共和国侵犯神圣罗马帝国并参与帝国的事务，许多普鲁士的作家才总是将自己国家的灭亡归因于法兰西第一共和国。然而，奥地利已经退出战争，分裂的奥地利帝国群龙无首，所

圣文森特海战

以，再次发动战争的可能性并不大。正常状态下，局势可以稳定下来了。但在与法兰西大革命关系密切的国家中，古老特权和民主观念却正在愤怒地碰撞。尽管战争尚未爆发，但和平的前景并不乐观。当欧洲处于这种不安的状态时，新的矛盾迅速产生，而督政府的共和热情和狂妄自大更加重了这些矛盾。离开意大利前，拿破仑在热那亚建立了利古里亚共和国[①]。不久之后，瑞士的几个州又出现了民主起义。在法兰西第一共和国的影响和法军的帮助下，在经历了一场血腥的内战后，赫尔维蒂共和国建立了。随后，荷兰发生了一场暴力事件，彻底推翻了橘色王朝和旧秩序。此外，法军入侵教皇的领土，并建立了罗马共和国。皮埃蒙特

拿破仑率军入侵罗马

---

① 即热那亚共和国（1100—1815），1798 年到 1805 年称利古里亚共和国。1797 年，拿破仑占领意大利后，热那亚共和国改名为利古里亚共和国。——译者注

第9章 远征埃及与雾月政变

到处都是革命者，这违背了当时《坎波福尔米奥条约》的规定。在和平的名义和战争的状态下，革命发展迅速。法兰西第一共和国政府激情澎湃，毫无顾忌且鲁莽地加快了革命步伐。因此，当法兰西第一共和国一度失去最令人敬畏的指挥官时，一些欧洲大国已经开始观察事态并为战争做好准备。谈判进度缓慢，尤其是当睿智的小威廉·皮特先生贡献出自己的财富、再次组建起才解散不久的反法同盟时，连奥地利也想再次组织武装力量了。

正当欧洲大陆处于不安的状态时，一件意想不到的事解决了所有事态指向的共同问题。拿破仑已经安全抵达埃及海岸，法军舰队的护卫队尽管规模庞大，却躲过了英国巡洋舰的监视，进而占领了地中海的大堡垒马耳他。紧接着，法军越过了沙漠边缘，并在金字塔附近的战斗中击溃了马穆鲁克骑兵。拿破仑耀武扬威地开往开罗，并试图在那里建立法属殖民地。但同时，拿破仑的舰队已经被一位英国水兵将领霍雷肖·纳

拿破仑在金字塔附近的战斗中击溃马穆鲁克骑兵

拿破仑在开罗

霍雷肖·纳尔逊

尔逊完全摧毁。霍雷肖·纳尔逊的海上战略与拿破仑的陆上战略有异曲同工之妙。拿破仑的舰队与法军的联系似乎被切断了,在危险的征战中受困了。霍雷肖·纳尔逊的胜利奠定了迄今为止无人敢与之抗衡的力量的基础。法兰西第一共和国的敌人名单上又增加了一个令人头痛的新名字。1798年冬,战争开始,不久之后,战况就变得很明朗:这场战争将从须德海蔓延到墨西拿海峡,并可能延伸至土耳其帝国的一些地区。土耳其宫廷承诺要对拿破仑发动攻击。那不勒斯王室也令军队着手备战并准备入侵新建的罗马共和国。从1793年起,俄国就深深地感受到了来自法兰西第一共和国的威胁,便派出强大兵力援助奥地利。得到了俄军援助的奥地利计划在莱茵河和阿迪杰河向法军发动攻击。除了普鲁士,神圣罗马帝国各诸侯国普遍同意战争,英国也欢欣鼓舞地加入了战争。仍然沉浸在上次胜利中的督政府对反法同盟的挑衅嗤之以鼻,自信地期望着新一轮的胜利。最近发生的一件事给奥地利王室蒙上了一层黑暗的阴

拿破仑的舰队在尼罗河战役中被霍雷肖·纳尔逊摧毁

第9章 远征埃及与雾月政变

影。法兰西第一共和国全权代表在拉施塔特被谋害,引起了广泛的民族愤慨,给了法兰西第一共和国政府以力量。可以说,法兰西第一共和国几年前就通过著名的全民动员措施进行了征兵,如今,这个措施成就了欧洲大陆上最庞大的军队的基础,为战争做好了最全面的准备。

从战术角度来看,接下来的一系列战役没有太大的例证意义。阵地规模巨大,双方在战场上表现怯懦,一遇到障碍就止步不前,战争策略过于陈旧。除其他原因外,将瑞士作为主战场的主要原因是瑞士的山脉地形是胜利的决定性因素。然而,这种论断完全不合理。反法同盟军尽管总的来说指挥不力,但几个月以来,却获得了比法军更大的优势。如果反法同盟军的指挥官真正有能力有技巧的话,反法同盟军可能早就侵入法兰西第一共和国了,甚至可能占领了巴黎。事实是,那不勒斯军队在台伯河上被轻而易举地击败。在法军的推动下,那不勒斯变成了帕珀共和国①,撒丁国王则被赶出了皮埃蒙特。不过,最重要的一点是,战争气运早已不再青睐法军。法军尽管最终从极端危险中逃脱,但已经失去了1796年战争的光荣成果。在士瓦本的阿尔卑斯山和康士坦茨湖之间的地区,让-巴普蒂斯特·儒尔当遭受重创,损失惨重。卡尔大公卡尔·路德维希·约翰·洛伦茨如果没有在军队或维也纳宫廷会议的强迫下将力量浪费在乌里山地区,那就极有可能越过莱茵河,侵入阿尔萨斯,并在瑞士击败法军。同时,奥地利军队几乎没有遇到任何反抗,就穿越了阿迪杰河这个巨大的天然障碍。不久之后,曼图亚和里沃利的士兵们途经明乔河、跨越阿达河,遭到之前的手下败将苏沃洛夫——一位凯瑟琳统治时期的著名老将——率领的俄军的追击。让-维克多·马利·莫罗曾因与让-查尔斯·皮舍格吕有共谋嫌疑而一度声名下跌。然而,

---

① 帕珀共和国是第一个在那不勒斯王国领土上建立的由法兰西第一共和国支持的共和国,是斐迪南四世逃亡后在法军的推动下建立的。该共和国建立于1799年1月21日,结束于1799年6月13日。——译者注

1797年果月18日，让－查尔斯·皮舍格吕事件真相大白后，让－维克多·马利·莫罗被提拔为驻意大利法军的指挥官，努力实现了与从南部穿越亚平宁山脉而来的雅克·麦克唐纳部队的会师。苏沃洛夫虽然没有高超的战争技巧，但在史上著名的特雷比亚河河岸地区彻底击败了两位法军将领。之后，法军在诺维再次失败。虽然意大利人民仍然忠于共和

雅克·麦克唐纳

第9章 远征埃及与雾月政变

国事业,但反法同盟军已经占领了意大利半岛。除了热那亚和其他一些要塞,法军在意大利的失败速度比获胜的速度更快。如果反法同盟国全力以赴,这场战争原本可以很容易地蔓延到法兰西第一共和国本土,但一个致命的错误导致气运转向。在著名的约克公爵弗雷德里克·奥古斯都的指挥下,英国和俄国同盟军在荷兰海岸发动了攻击。而身在莱茵河

苏沃洛夫

下游的卡尔大公卡尔·路德维希·约翰·洛伦茨奉命与这支部队远程合作。这一操作违背了奥地利首脑的意愿,削弱了瑞士境内对抗法军的力量。安德烈·马塞纳在1796年的战争中学到了丰富的经验,是拿破仑手下最得力的干将,他抓住了面前的有利时机,从天而降,来到了被称为"虚构症患者"①的俄军将领所率领的俄军前方,并在第二次苏

安德烈·马塞纳

---

① 即俄军将领亚历山大·科尔萨科夫（Alexander Korsakov, 1753—1840）。——译者注

第9章 远征埃及与雾月政变

黎世战役[①]中将其击败。苏沃洛夫试图向这位"虚构症患者"提供援助却无功而返,并且损失了四分之三的军队。这次失败与之前一样,引起了反法同盟的内部分歧。约克公爵弗雷德里克·奥古斯都在挺进荷兰时遭遇了惨痛的失败,而卡尔大公卡尔·路德维希·约翰·洛伦茨的部队却根本无法提供有效援助。这一事件加剧了这种分歧。英俄盟军的进攻行动被放弃了。虽然反法同盟军占领了意大利并在普罗旺斯的边界设立了警戒部队,但法兰西第一共和国领土仍保持完好。

同时,因国内纷争不断,督政府迅速衰弱。共和国的状态变得令人惋惜。1797年果月18日政变给极端的共和党带来了胜利,雅各宾派残余再次抬头,充满威胁性。督政府和议会变得十分警惕,激烈地反对令

在第二次苏黎世战役中,法军将领安德烈·马塞纳成功击败俄军将领亚历山大·科尔萨科夫

[①] 1799年6月,安德烈·马塞纳与奥地利的查尔斯大公率军在苏黎世展开第一次苏黎世战役,奥地利军队在这次战役中取胜;1799年9月,安德雷·马塞纳与俄军将领亚历山大·科尔萨科夫率军在苏黎世展开第二次苏黎世战役,法军在这次战役中大获全胜。——译者注

人生畏的雅各宾派。几个雅各宾派的"爱国者"已经通过1798年的选举回归，督政府采用了雅各宾派曾经采取的鲁莽措施，宣布这几位代表的席位空缺。宪法再次遭到蔑视。尽管统治阶层的行为并没有看上去那么糟糕，但法兰西第一共和国却沦为分裂的寡头政治，完全依靠军事力量维持现状，督政府变得比以往任何时候都更软弱，更不受欢迎。尽管如我们所见，拉施塔特全权代表的命运激起了愤怒的风暴，1798年的新战争极度侵犯了富有阶层的利益并再次激起了反共和主义的希望，督政府再次向富人强制征税并声明清除剩余的大部分债务。这些愚蠢的冒险措施引起了众怒。在这场危机中，1799年的逆转激起了盛怒，新的压迫再次出现，原本就岌岌可危的国家因此加速衰落。在失败和恐惧引起的恐慌中，所有党派都因特有的民族激情而联合起来抵制督政府。督政府推出了两名官员顶罪，但根本不可能解决实质问题。同时，被击败的军队指挥官们早已对平民统治心怀蔑视，愤怒地发泄着不满。而受欢迎的领导人再次现身，呼吁人们重拾1793年的精力，迫使政府使用法律、军事和财政手段来抵制祭司和移民贵族。得知反法同盟军胜利的消息后，旺代露出起义的迹象。国内收入来源迅速枯竭。军队离开了曾经生活的肥沃的土地，被派往边疆，待遇骤减，物资匮乏。国家在反革命的恐惧和恐怖统治复兴之间徘徊，所有温和派人士急切地渴望一个能捍卫国家、拯救革命成果的强大政府。在危及法兰西第一共和国的毁灭性事件发生时，执政的五人中最有远见的西哀士预言"我们必须有一个首领"。立法机构、军队和人民对制度变革的呼声越来越高，很快便凝聚成了一股不可阻挡的力量。

这就是当时法兰西第一共和国和欧洲其他地区的局势。拿破仑却并没有因为身陷危境而泄气，一直在受困的非洲角落里继续大胆的事业。通过恩威并施的政策平息埃及后，拿破仑跨越海峡进入叙利亚。接着，他又凭着非凡的智慧一路向前，按照周密的计划到达波斯，并通过幼发

第 9 章 远征埃及与雾月政变

拉底河进入印度。然而，当企图占领海岸上的一个要塞时，拿破仑被英国的力量牵制了。令他极其失望的是，他不得不在解除了阿卡围困之后退兵埃及。随后，土耳其宫廷派出的土耳其游牧部落对拿破仑发动袭击，以确保将他彻底摧毁。但拿破仑残忍地屠杀了他们。当回到那个离他 12 个月前被迫登陆的地方不远的海岸时，拿破仑第一次收到了关于 1799 年大逆转的消息。拿破仑尽管充满了执政的野心，但绝不是胆小背信之人，于是，他当机立断，做出了决定。拿破仑把权力交给训练有

西哀士

素的副将克勒贝尔（克勒贝尔的军队目前安全无恙，周围也没有敌人），然后立即出发回到法兰西第一共和国。正如拿破仑所预料的一样，那里正需要他，正期待着他的到来。拿破仑幸运地从英军舰队中蒙混过关，并于 1799 年 10 月在普罗旺斯的海岸上登陆。拿破仑归来的消息散播开来，引起了全民族热烈的欢迎，揭示了法兰西人民的本性。在通往巴黎的每个驿站，蜂拥而至的人们欢迎他的到来，将他视为不幸的国家最后一线希望。这位著名的将领眼光所到之处，全是情绪激昂的士兵。首都的兴奋情绪更加高涨，民众和驻军公开呼吁这位意大利的征服者成为国家的主人。就连议会和督政府也顺应激烈的舆论浪潮，表现出或假装表现出崇敬和欢喜。

在这种情况下，现有政府难以为继。短短几天时间，拿破仑就成了真正的政治权力中心。除了极端共和党人尤其是新晋的富有贵族本能地认为拿破仑是一个可怕的敌人之外，所有党派都信心满满地围绕在他身边。陆军的首领们虽然彼此嫉妒，但也一致赞同此事。包括西哀士在内的两位开明的温和派督政官，也赞成即将到来的革命。元老院的大多数人也支持发动政变以便让拿破仑成为国家的主人。这位具有真知灼见的领导人看似远离喧嚣、静候时机，实际上此刻已经为当前的危机做好应对准备。这次行动即使诡计多端、暗箭难防，但也绝不像前一时期面对类似变化时那样充满残酷与血腥，结果迄今仍受耻笑。针对在巴黎出现的关于雅各宾派行为的指控，元老院于雾月 18 日，也就是 1799 年 11 月 9 日，投票决定元老院和五百人院都应该转移到圣克劳德去，镇压立法机构并将其悄悄解散。同时，首都的驻军力量得到了加强。为了防止暴动，国民自卫队和长期无权的革命政府首脑已被监视起来，三位督政官保罗·巴拉斯、路易-杰罗姆·戈叶和让-弗朗西斯-奥古斯特·莫林的居所也已被军队公开包围，西哀士和他的同事罗杰·杜克正式从他们所领导的部门辞职，从而导致了政府解散。拿破仑在一夜之间

拿破仑屠杀袭击他的土耳其游牧部落

拿破仑企图占领海岸上的一个要塞时,遭到英军的牵制

拿破仑成功解除阿卡之围

成了巴黎的主人,军人和将领都忠心为他效力。由于拿破仑所做的一切都受到绝大多数公民的欢迎,因此他似乎总能轻松获胜。在当时的所有社会力量中,有一个组织极受欢迎,那就是五百人院。五百人院激烈反对拿破仑,认为其行为无礼。虽然五百人院的大部分成员暗自希望国家发生变革,但当发现自己只是被拿破仑的诡计欺骗和引诱时,他们产生了强烈的抱怨,散发出危险的信号。1799 年 11 月 10 日,拿破仑出现在圣克劳德,按照约定来"解释自己的行为",但迎接他的是人们厌恶和恐惧的叫喊声。一时间,由于大会的守卫动摇,拿破仑的处境变得非常危险。不过,毁灭已然注定。吕西安·波拿巴——既是五百人院的议长,也是拿破仑的弟弟——宣布五百人院合法解散。五百人院被支持拿破仑成为国家主人的武装分子清理一新,只留下足够数量的代表来批准这业已完成的权力移交。随后指定的临时政府由三名执政官组成。虽然其中两名是西哀士和另一位温和派成员,但拿破仑作为第一执政官,地位当真是至高无上的。

保罗·巴拉斯的居所被包围后,等待着他的是被逮捕

第9章 远征埃及与雾月政变

这就是法兰西大革命时期的主要事件之一，现代欧洲史册中称之为雾月18日政变。正如罗马元老院在《内战记》中所记载的那样，法兰西第一共和国的名字也将在历史上留名。尽管真相被掩盖在体面的形式下，但自始至终新上任的恺撒①才是一切。不久之后，历史即将重演，再次见证一个恺撒帝国②的崛起。在推翻法兰西第一共和国现行政府的过程中，拿破仑行事之果敢丝毫不逊其雄心。他为五百院布下陷阱的欺骗行为着实不明智，激起了那些原非敌人的人们的愤怒。由此，我们看到了拿破仑对民众情绪及与民众力量相关的一切的轻蔑态度。这是他性格中的一个独特标志，也是一个显著的缺陷。但谴责雾月18日政变是"暗杀法兰西自由"的犯罪行为的人们确实歪曲了事实，没有完全理解法兰西大革命的本质。拿破仑打倒了督政府的官员们，真正让法兰西安于自己的领导，这只是加速了长期以来军事统治的进程。历史证明，拿破仑实施的专政是法兰西所需，是法兰西人民的选择。正如拿破仑本人吹嘘的那样，这次事变的成功"不费一滴鲜血"。至于有关摧毁了"自由"的指控，那只是无中生有。如果"自由"真正在国民心中生根，那拿破仑就不可能打倒法兰西第一共和国。实际上，整个革命对于真正意义上的民权和共和制度的发展来说，都没有促进意义。革命的性质和法兰西人的性格共同作用，令事态发展为军事专政，而拿破仑恰好是其中最杰出的代表。在君主立宪制的腐败废墟之上建立自由等任何东西都是非常艰巨的任务。制宪议会的立法机构和随之而来的战争，只会导致无政府主义和暴政相结合。至于法兰西第一共和国，那只是激情的产物。经历了恐怖统治后，反抗行动随即产生。尽管督政府发挥了一些作用，但这些反抗行动是社会发展的必然。此外，在法兰西和欧洲其他地区当时的情况下，一个需要以和平来维护的共和国是很难稳定长久地存在的。

---

① 这里是指拿破仑，此处将他比喻为恺撒。——译者注
② 这里是指法兰西第一帝国，也称拿破仑帝国。——译者注

拿破仑本想在圣克劳德解释他的行为,却因众人的厌恶陷入危险处境

面对其哥哥拿破仑的危险处境,五百人院的议长吕西安·波拿巴宣布五百人院合法解散

短命的法兰西第一共和国是在军队力量的影响下匆忙建立起来的。由于与民族气质和历史传统严重不符，它只能以失败告终。当民族危机出现时，法兰西人向权力低头并崇拜军事辉煌，这加速了现有革命的进程。当这一时刻到来时，必然会有一个人应运而生，并且能够满足国家的愿望、希望和一切想象。尽管革命的爆发再次证明法兰西人性格多变易移，但在当时的情况下，雾月十八日政变是势在必行的。

第 10 章
马伦戈战役、《吕内维尔条约》与《亚眠条约》

拿破仑的权力几乎马上就达到了顶峰。这位法兰西第一共和国新统治者所做的第一件事就是下令在一定程度上恢复已经变得相当糟糕的国家财政。为了达到这个目标,第一执政表现出了坚定的意志和毋庸置疑的智慧。他建立的一个具有绝对权威的组织机构令没落了的政府望尘莫及。曾在将拿破仑推上执政地位的革命中给予支持的富有阶层,自愿提供大量资金来满足空虚的国库需要。而且由于法兰西的资源丰富、基础雄厚,法兰西财政状况在命令颁布之初就已经有所改观:贸易恢复了,收入也增加了。此外,政府还依靠其他手段更好地发展了经济,并在一定程度上改善了政府信用。曾拒绝在督政府任职的马丁-米歇尔-查尔斯·高丁现在深受拿破仑重用。在马丁-米歇尔-查尔斯·高丁的精心管理下,国家推行了一系列令人赞叹的财政体系改革。对富人强行征收的不公平税赋被废除了。1789 年以来,一直是唯一普通税务来源的直接税被公平地分配并提高了,还有一些在革命激情时期被鲁莽废除了的间接税也得到了恢复。这些措施一开始只是试探性的,最终却取得了显著的成果。同时，曾经极具破坏性和攻击性的税款收取模式发生了彻底的变化。新模式在一定程度上借鉴了旧君主制的做法，但也经过了现代经验的修改和完善。税款一旦被名为"收税员"的新官员收缴上来之后，能够确保更迅速地用于回报社会及公共服务。马丁－米歇尔－查尔斯·高丁还设立了一些拨款项目，专门用于偿还政府债务，这些债务已经有相

马丁－米歇尔－查尔斯·高丁

第10章 马伦戈战役、《吕内维尔条约》与《亚眠条约》

当长的时间不偿还了。不久之后,国家就脱离了破产状态。无疑,有一些残存的雅各宾派和极端的共和党人抱怨说,这些措施中有很多与旧秩序的措施大同小异。然而,对于第一执政来说,这些争议毫无意义,因为只有改革才是最明智的做法。于是,第一执政实施了一系列的措施来满足国家最迫切的需要,特别是解救那些处于水深火热中的军队,从而

时任第一执政的拿破仑

奠定了金融秩序的基础。第一执政看得更深也走得更远。手握大权之初，他就致力于抚平国家的创伤，消除一切妨碍财政发展的因素。他的地位和一生的经历为此目标的达成做出了巨大贡献。他虽然手握实权，却没有进行革命，而是在一个相对平静的环境下，实行了一项更平稳、更坚定、比督政府或国民公会时期更具调解性的政策。从一开始，他在这方面给法兰西第一共和国带来的好处就是确定无疑的。接下来，第一执政的注意力首先放在了神职人员身上。正如我们看到的那样，神职人员多年来一直饱受嫉妒、遭到严酷压制，虽然有一小段时间得以喘息，但后来又受到了更加严酷的迫害。直到第一执政彻底取缔了革命时期最严厉的反天主教律法，能永久解决教会事务的那一刻才真正到来了。第一执政取消了国民议会曾强制推行的阻碍措施，令各类神职人员宣誓对国家效忠，从而削弱了国家对教士的仇视。1789 年以来，成千上万的神职人员自始至终都在利用自身的影响力来反对革命。这项明智的政策令神职人员的切身利益得到了保障。随着各级教士被接受甚至受到鼓励，良知和自由得到了长足发展，宗教领域的激烈分歧在某种程度上减弱了。第一执政的另一项令人宽慰的措施是废除那些不分青红皂白就强加给大量贵族移民的残酷法令，并对一些贵族移民实行了大赦政策。这样一来，一些曾经帮助过外敌的流亡贵族陆续回到法兰西，脱离了波旁王朝并开始支持新政府。最后，通过采用更坚定也更温和的方式重新启用霍赫的明智政策，第一执政在一定程度上平息了旺代的麻烦。虽然也有少数严酷的事件发生，但新制度总体上是温和的。

  通过这些审慎而公正的措施，原本前途无望的国家又迅速恢复了生机和活力。几个月内，法兰西第一共和国恢复到了意想不到的程度。同时，作为革命中众多制度建设者中最能干的一位，西哀士接受了为名存实亡的法兰西第一共和国制定新宪法的任务。如果不是《共和八年宪法》反映了法兰西第一共和国智者中的各类流行思潮，掩盖了新国家元首的

第10章 马伦戈战役、《吕内维尔条约》与《亚眠条约》

权力,从而令人们产生了错觉,也就没有必要研究这部宪法的意义了。这部宪法导致了1789年法兰西王国最大的、最无法挽回的变化,即用一个新国家机器取代了被清理掉的旧国家机器。

制定新宪法时,西哀士的真正目标是在表面上维持和谐的现状,实质上是遏制民众权力的滥用,既要立即建立强大的政府,又要防止他曾经历过的那种可怕暴政再次出现。因此,《共和八年宪法》保留了民权思想,宣称主权属于人民,这与前几年的统治思想形成了鲜明的对比。但同时,这部宪法将整个国家的行政权甚至是最低级的行政权都集中在某些特定公民的手中。国务院和护民官瓜分了国家的立法权和行政权,它们各自独立,分别提出和讨论一切措施。立法机关只负责颁布法律,不参与法律的讨论与制定。参议院负责提名所有的高级官员。大选帝侯和两位执政负责实施政务管理,但要受到各种制约。巧妙的设计师[①]希望能通过这些手段调和民主与稳定、秩序和自由之间的关系,但显而易见,西哀士的完美构想并未获得统治者的青睐。拿破仑允许继续限制民众在官员选择与任命方面的权力,赞同立法机关不参与制定法律,也同意关于国务院与护民官的分工。因为他清楚地看到,这样的安排可以削弱以上这些机构可能拥有的任何影响力。但拿破仑坚持削减参议院的特权,减弱大选帝侯和两位执政的行政权力。他自居为第一执政,对整个政府体系具有绝对控制权,取代了大选帝侯与两位执政。第一执政的专政要持续十年。第二和第三执政徒有虚名,其存在只是为了掩盖一人专政的事实。

如此一来,"一人专政"在法兰西第一共和国完全建立起来了。针对第一执政的所谓的权力限制措施有名无实。拿破仑至高无上的地位已然通过法律的形式得到了认可。宪法得到了民众的热烈支持,完美地体现了法兰西第一共和国的民族特性。不久之后,两位新执政官上任,取

---

① 这里是指宪法的制定者西哀士。——译者注

代了西哀士和另一位执政官。新上任的两位执政官虽然能力超群,但也只是拿破仑意志的传递者。此时,相比于第一执政,督政府的权力已经微不足道。第一执政必须尽一切可能修复战争所带来的创伤,并将边境上的反法同盟军击退。当然,当大权已然在握时,拿破仑日思夜想的就是在强大的民族情感和得力的副将的支持下,运用绝对的权威和精湛的战略,利用不断壮大的国家资源,重新组合破碎的军队,恢复法兰西的军事实力。苏黎世战役失败后,沙皇亚历山大一世命令苏沃洛夫撤回。这让拿破仑欣喜不已。这样一来,反法同盟军就失去了一支由坚韧的士

沙皇亚历山大一世

第10章 马伦戈战役、《吕内维尔条约》与《亚眠条约》

兵所组成的强大力量,其力量将被严重削弱。然而,神圣罗马帝国和英国仍在继续与法兰西交战。当西巴伐利亚境内的一支庞大却羸弱的反法同盟军向阿尔萨斯发出威胁时,为了保卫自己在意大利的战果,奥地利募集了一支非常强大的力量,逐步捣毁仍被法兰西小分队占领的要塞,并侵入多芬和普罗旺斯的边境。在这种情况下,第一执政制定了一个行动计划。人们普遍认为,这个计划展示了拿破仑的军事理念中最光辉耀眼的精华之处。根据这个计划,身处巴伐利亚的反法同盟军不得不面对整个战场,因而远不如之前那么强大。而占领着意大利西部边境的奥地利在次要前沿上暴露在了危险之中。利用瑞士这个巨大的天然堡垒,反法同盟军向奥军的侧翼和后方发动了攻击。相应地,拿破仑在巴伐利亚预备了一支实力远超反法同盟军的部队。由让-维克多·马利·莫罗指挥着这支部队从莱茵河源头迅速发动袭击,迫使反法同盟军向反方向撤退。同时,拿破仑还秘密准备了第二支军队,并隐瞒了这支军队的部署。直到最后一刻,他才决定率领第二支军队穿越雄伟的瑞士阿尔卑斯山,向奥地利军队发动攻击,切断奥军的退路。

1800年春,双方开始实施军事行动,拉开了战争的大幕。奥地利驻意大利总司令梅拉斯与彼得·卡尔·奥特·冯·布托克兹兵分两路。梅拉斯对热那亚发动围攻,并且用大量的零散兵力隐藏了自己的撤退路线,最终兵至瓦尔,迅速占领尼斯。同时,让-维克多·马利·莫罗的军队也开始有所行动。他虽然因怯懦而不敢执行从沙夫豪森横渡莱茵河源头到达敌人后方并发动攻击的计划,但成功侵入了巴伐利亚,逼退了比自己更加弱小的对手保罗·克雷,并能够如约派出一支相当强大的部队穿越圣戈塔德以呼应第一执政的战略。其间,伟大的指挥官逐渐从法兰西第一共和国各地集结部队以便进行决定性的攻击。第一执政极其巧妙地掩盖了这个行动的真实目的,让奥地利军队相信这只是普通的预备征兵。到1800年5月中旬,有五万法军在瑞士边境集结,随时准备战斗。

第一执政派遣一支部队像平常一样穿越塞尼山口,以尽可能长时间地蒙蔽敌人,同时指挥大部队穿过大圣伯纳德山口。1800年5月16日至5月19日,广袤寂静的山区回荡着战争的喧嚣声,法军横扫高地,到达了波河和伦巴第平原。长期以来,这座山丘般的堡垒阻止了大胆的侵略者,却败给了一个巧妙的计谋。不久之后,第一执政带着热切的希望,从米兰的皮埃蒙特边境到达都灵,并组织了一次佯动以掩盖他的真实目的。到1800年6月2日,在让-维克多·马利·莫罗派出的部队的增援之下,法军占领了伦巴第首府,堵截了敌人的撤退路线,圆满完成了其伟大领袖的精彩战略的第一篇章。

拿破仑指挥军队穿过大圣伯纳德山口

第 10 章　马伦戈战役、《吕内维尔条约》与《亚眠条约》

当拿破仑翻越阿尔卑斯山时，奥军指挥官一直致力于热那亚围攻和瓦尔行动。然而，安德烈·马塞纳在热那亚顽强坚持。路易-加布里埃尔·叙谢以高超的战略技巧以少胜多，坚守着普罗旺斯的隘口，令奥军动弹不得。当得知可怕的敌人在后方集结时，梅拉斯认为这是不可能的事情，故而并不相信。但等他不得不相信时，法军在塞尼山口附近的行动和攻击都灵的行动又羁绊着他，令他犹豫不决。然而，当梅拉斯看清了第一执政的真实意图之后，这位勇敢的奥军将领决心不惜一切代价强行前往阿迪杰河，同时命令彼得·卡尔·奥特·冯·布托克兹包围热那亚，并留下一支分队牵制路易-加布里埃尔·叙谢。梅拉斯开始把分散的奥

拿破仑率军翻越阿尔卑斯山

军集合在一起,若在撤退途中遭遇法军,便可与敌人进行殊死一战。然而,彼得·卡尔·奥特·冯·布托克兹攻击热那亚的行动耽搁了一些时间。热那亚在进行了一场铭记史册的保卫战后沦陷了。1800年6月12日,五万法兰西士兵在著名的亚历山德里亚要塞周围集结并发动进攻,将奥军打得四分五裂。同时,第一执政撤出米兰。不知是由于对敌人的计划

路易-加布里埃尔·叙谢

第10章 马伦戈战役、《吕内维尔条约》与《亚眠条约》

一无所知,还是由于担心梅拉斯会在热那亚陷落后向南逃跑,第一执政率军离开了他所占领的位于提契诺、阿达河和波河之间的军事要地,并穿过斯克里维亚河进入马伦戈平原。如此一来,拿破仑的部队就变得极其分散了。梅拉斯大胆地抓住机会,趁机突破包围网的薄弱点并成功逃脱。梅拉斯在1800年6月14日早上对拿破仑发动了声势浩大的袭击,为自己赢得了名誉。这场混战持续了好几个小时。当法军已经开始撤退逃跑时,法军的一个师和一支小骑兵队意外地加入了战斗,法军转眼间就反败为胜了。由此可见,拿破仑所占据的位于敌人后方的优越军事位置确实非常重要。奥军的撤退路线被切断,不得不在失败后做出让步,签订停战协议。根据停战协议,从意大利至明乔河的地界重归法兰西第一共和国统治。于是,1799年的危机就这样被消除了。

在这位高明的策划者①的所有成就中,这次的成功被认为是最辉煌的。然而,在最高超的军事技巧指导下,虽然大胆通过阿尔卑斯山成就

法军在马伦戈战役中反败为胜

---

① 这里是指第一执政拿破仑。——译者注

了最优军事整合，但拿破仑在这次战役中的表现很难与其在 1796 年取得的成就相媲美。马伦戈行动也证明了过度自信和盲目乐观是拿破仑在战争中失败的主要原因。虽然意大利被一举夺回，但与神圣神罗马帝国的战争却进展缓慢。让－维克多·马利·莫罗虽然在实力上有优势，却在乌尔姆附近的多瑙河上不止一次遇到挫败。保罗·克雷的防守虽然巧妙，但仍无法减轻马伦戈战役的影响。战场形势发生了巨大的逆转之后，奥地利努力与这位可怕的征服者进行谈判。不过，拿破仑一直贯彻执行着自己的原则，且他的原则已经被奉为政策准则。他决定只要一有机会就将反法同盟分裂，除非万不得已，否则绝不与英国一起对付奥地利。休整几周后，战争重新开始并且更激烈。此时，法军已经获得压倒性的优势。当纪尧姆·布鲁尼向阿迪杰河进军时，第一执政已经回到法兰西第一共和国重掌政府。让－维克多·马利·莫罗的军队在阿尔卑斯山和多瑙河之间巡逻，犹如守卫着奥地利君主制。此时，理应统率军队的卡尔大公卡尔·路德维希·约翰·洛伦茨因在王室失宠而被免职，约翰大公约翰·巴蒂斯特·约瑟夫鲁莽地攻击了让－维克多·马利·莫罗。不久之后，在霍亨林登的伊瑟尔和因河之间的地区，让－维克多·马利·莫罗赢得了伟大的胜利。至此，法军获得了完整的、决定性的成功。事实证明，这最后的灾难极具压倒性意义，奥地利帝国及其附属国被迫服从于拿破仑制定的条款。1801 年 2 月，法兰西第一共和国与神圣罗马帝国签订了《吕内维尔条约》。它是对《坎波福尔米奥条约》的认可和扩充，并且更倾向于法兰西第一共和国的利益。法兰西第一共和国再次实施了"自然边界"原则，得到了比利时和莱茵河西岸的疆土。除了罗马和那不勒斯外，法兰西第一共和国再次在意大利创建了年轻的、忠诚的法属共和国。尽管奥地利对革命和失败深感不满与愧疚，但仍承认了这些法属共和国是合法的。此外，奥地利王子托斯卡纳大公斐迪南·约瑟夫·约翰·巴蒂斯特被剥夺了公国领地，这些领地被封赏给了西班牙

第10章 马伦戈战役、《吕内维尔条约》与《亚眠条约》

的一名婴儿。西班牙如今是一个完全依附于法兰西第一共和国的大国了。第一执政制定了所谓的伟大的神圣罗马帝国主教还俗制度,以满足普鲁士的贪婪并使之更紧密地与法兰西第一共和国结盟,从而有效地分化了神圣罗马帝国。然而,由于深知拿破仑迫切地需要教皇的支持,神圣罗马帝国召回了教皇庇护七世。在俄国的调解下,那不勒斯得以保留。被废黜的撒丁国王也重拾希望。《吕内维尔条约》不仅将法兰西第一共和国的边界扩张到了垂涎已久的莱茵河,而且令它掌握了欧洲大陆大半地区的控制权。在这项条约的谈判过程中,拿破仑再次展现了1796年所展现出的雄才大略,同时表现出了对革命原则的蔑视。拿破仑采用了更独裁的方式,即使在其权力尚不确定时,也几乎没有一点缓和的余地。欧洲旧势力的代表们逐渐察觉到了这位统治法兰西第一共和国军事天才

让-维克多·马利·莫罗在霍亨林登战役中赢得了伟大的胜利

的野心和手段，甚至比法兰西第一共和国所宣传的自由更危险。英国现在再次被孤立，与曾经两次击败反法同盟的法兰西第一共和国单打独斗。在现实面前，英国曾不止一次地想要放弃抵抗。正如法军在陆地上的优势一样，英军在海上的优势已经非常明显。英军在大洋上横扫法军舰队，征服了大部分的法属和荷属殖民地。但就目前的状况而言，英法两个交战国一时间尚且找不到合适的场合一决胜负。小威廉·皮特先生已经退位，而英国人厌倦了战争，即使是两院的大多数保守党也认为有必要停战休整。后来发生的一些事件加速了事态的发展。一支英国军队登陆埃及，一雪前耻。久经沙场的法军经过一番英勇的战斗后被迫投降。但埃及最终还是被法军占领了。同时，第一执政集结了一支强大的力量，由北方的海上强国领导，以抵抗英国。虽然这个联盟很快就被解散了，但由于霍雷肖·纳尔逊没能将一支法军小舰队从布伦海岸驱逐出去，所以这个联盟对英国的威胁丝毫未减。经过长时间的交涉后，1802年3月，英法在亚眠签署了和平条约。法兰西第一共和国保留了它在欧洲大陆掠夺的所有领地，还恢复了一些殖民地。英国则保留了锡兰和特立尼达岛。虽然政治家们觉得这只是一个休战协议，但两国却很高兴，因为他们的剑终于入鞘了，战争终于结束了。条约中有一项条款经过反复讨论才得以定论，并且不久就显示出了重要性。马耳他被法军舰队夺走了，而条约规定大堡垒要归还原有者。然而，所有国家都心如明镜，法兰西第一共和国并不希望在欧洲继续扩张。

如此一来，法兰西第一共和国最可怕的敌人英国退出了为期九年的战争，而法兰西第一共和国在欧洲大陆的霸主地位也得以确立。《亚眠条约》带来了欧洲的整体和平。在全世界人眼中，法兰西第一共和国的统治者被荣耀和名望的光环环绕着。在一年半的时间里，这个绝妙之人把法兰西第一共和国从无望的虚幻和无政府状态中解救出来，消除了社会弊病，恢复了秩序，击退了敌人，并通过一系列条约巩固了法兰西第

1802年3月,英法代表在亚眠签署和平条约

一共和国的胜利果实，使之成为欧洲的主宰者。虽然前景一片光明，但那个在革命暴风雨中将力量集中并掌握在手中的勇士，是否会在令人陶醉的胜利中停顿下来呢？欧洲的混乱和变化是否会给他的野心提供一个尽情发挥的空间呢？败北国家是否会因为他的威严统治和他希望建立的秩序而联合起来，再一次结成强大的同盟呢？他在法兰西第一共和国实施的专政也许在当时是不可避免的，但这是否会加速法兰西多年来所表现出来的对外征服的倾向呢？

第 11 章
执政府与战后重建

《亚眠条约》签订后,第一执政得以从容地改革法兰西第一共和国内政,实行重建政策,缓和调解1799年雾月18日之后的派系争端,同时巩固自身的统治权力并削弱一切可能危害它的事物①。尽管改革措施取得了良好的效果,但国家的许多机构及部分地区的社会框架在革命的可怕冲击下已经变得破败、扭曲和混乱。在这种和平状态下,第一执政得以从多方面重建永久的国家政治体制,以国家利益的名义有力地影响国家生活并向自己的目标迈进。正如我们所说的那样,由于第一执政的

---

① 梯也尔先生在《法兰西执政府和帝国的历史》中详细巧妙地描述了拿破仑的国内外政策。这部作品内容丰富,极具研究价值;但无论是对战争的描写还是对和平的描写,都过于夸张。朗弗雷在《拿破仑史》中的评价恰恰相反,他以高超的手法描绘了拿破仑专制的缺点和危害,以及他本人性格的缺点。《评论》特别是拿破仑的《书简》展示了作为统治者、管理者和士兵的拿破仑。比尼翁和费恩的作品也可以作为参考。格伦维尔男爵、阿瑟·韦尔斯利勋爵、西德茅斯子爵和卡斯尔雷子爵的通信,威廉·皮特先生和查尔斯·詹姆斯·福克斯先生的通信,以及哈登贝格亲王的《回忆录》,显示了英国和德意志的政治家眼中的拿破仑的制度;而艾利森的《历史》尽管被政党观点所迷惑,却充分评价了政府的领事制与帝制。——原注

军事经历和对自身权力的坚守，没有人比他更适合统治法兰西。第一执政不仅能力超群，还占尽天时地利，没有人比他更有资格坐上统治者的位置。如今，革命解放了土地，解除了贸易限制，打破了法兰西的封建枷锁，确保了比《人权宣言》更真实、更普遍的平等权利，为未来的繁荣发展与稳定奠定了坚实的基础。曾经的破坏有多严重，这些事件就有多伟大，而且注定经久不衰。但当政府的最高统治机构刚从长期的软弱和压迫中走出来，并由强大却沉重的军事专政掌控时，仍有相当一部分国家组织处于混乱之中。国家的行政体制、长期混乱不安的教会甚至社会团体，都需要秩序、安宁和改革。同时，曾经的敌意逐渐沉淀下来。随着政治激情的消失，渴望安宁已成为主流意识。在革命中获益的不同阶级产生了一个共同的想法，那就是即使无视理想，也要在基于稳固的政府和法律的政权中获益。除了一小部分保皇党和极端无政府主义者，所有党派都接受了现状。整个法兰西第一共和国带着盲目的信心仰望拿破仑，陶醉在他的荣耀中，对他的伟大付出深怀感激。举国上下无不期待他大展宏图，听从他指挥。

拿破仑首先将注意力放在了整个国家的内部管理上。财政改革恢复了国家信誉，保证了税收，而经济虚假繁荣和真正疲软的原因尚未发挥作用。尽管如此，其他领域仍然混乱不堪。第一执政所做的一切遭到了有才识的思想家的谴责，但他独创的许多政策都获得了国家的认可并将延续下去。第一执政最关心的事情之一就是改变法兰西第一共和国的司法制度。根据现有的陈旧制度，国民议会需经普选产生，但现在拿破仑要彻底改变这种制度。第一执政决定效仿英国，即法官由政府任命，并且通过增加低级法官的人数让越来越多的法兰西人获得公正的待遇。他还通过建立一系列的上诉法庭，实现权力均匀分布。在旧高等法院的基础上，这些上诉法庭采取了更优化、更现代的程序。这次重要的改革改良了古代君主制，却也因为针对政治犯的特别法庭制度而名誉受损；

第 11 章 执政府与战后重建

但事实上,特别法庭制度在法兰西一直存在,而且在法兰西大革命时期曾被严重滥用。

制宪议会曾提出制定一部法典的计划,国民公会也已经开始为此行动。而第一执政的下一项重要工作就是为国家制定这样一部法典。几个月后,在第一执政的积极推动下,盘根错节的惯例和风俗得以通过文字展现出来,并融合成了一个和谐的法律体系,成为法兰西第一共和国的法律标准。尽管这部法典在很多方面具有专制成分,但其真正的价值在

拿破仑不仅能力超群,还占尽天时地利,
没有人比他更有资格坐上统治者的位置

欧洲大部分地区都有所体现。这份崇高的工作通常是由专业律师负责，但拿破仑自称是法典的主要制定者，甚至法典中的有些地方也体现了他的敏锐与智慧。然而，这一时期最显著的内政变化也许是第一执政关于附属国地方权力的安排，以及附属国与中央权力之间的关系方面的改革。正如我们所看到的，制宪议会赋予了地方政权过多的权力，而国民公会却限制了这些在大革命中表现出极大危害的过度权力。拿破仑则将国民公会这种限制和压缩的原则放大到了极限。省市级议会的权力几乎被全面压制。先前已经被削弱了的革命政府的影响力如今几乎消失殆尽。国民自卫队变成了军队的附庸。总督与副总督对地方事务进行官僚统治，与中央政府关系密切，在很多方面与波旁王朝的皇家督察官非常相似。

第一执政接下来的伟大措施是在新条件下重建自黑暗时期以来就存在的国家与教会之间的联盟。在他掌权时期，国家对神职人员的迫害已经结束。但由于这几年事故频发，教会各部门变得混乱不堪，不仅与人民和政府的关系不够和谐，而且职能不够明确和规范。对1790年宪法进行了宣誓的与拒绝宣誓的神职人员之间因长期不和而分裂。这种不和在全国各地的神职人员中普遍存在。绝大多数主教是移民贵族，而他们的辖区已然空虚。所有教区都缺乏主教的统领，而主教统领是罗马天主教纪律的一个重要组成部分。此外，由于教会的财产被清理，加之主教的职责也因制宪议会的法律而改变，所以法兰西第一共和国一直处于教权停止的状态。罗马教廷的公开不满加剧了教会的混乱，成为国家教会虚弱的真正根源，唤起了数百万法兰西人的良知。在这种情况下，在与当前支持他的天主教最高法院进行了长期谈判后，第一执政取得了所谓的《罗马协定》。《罗马协定》一定程度上调解了法兰西第一共和国的教会和公民权利，解决了教会的许多问题，并将教会与新秩序直接联系起来，令教会接受政府控制。通过这个著名的和解协议，所有教派的自由得到了绝对的保证，主教辖区数量大幅减少，辖区教众与所有的神职人员的薪资由国家发放,国家统治者对教会事务拥有绝对权威。但同时,等级森严的天主教被宣布为国教,其组织得到了法律的支持。如果教会最终失去了原先的地位,并与革命国家联系在一起,那它就会得到支持与帮助,从而令它的内部状况相对安全。而且不管曾经经历了什么,教会内部冲突也会因教士们得到了平等对待而大大减轻。拿破仑出席了庆祝法兰西教会重建和重归地方的宗教仪式。于是,这个时代出现了精彩的一幕。几年前,"理性女神"在巴黎圣母院的走廊上与革命崇拜者们极尽放纵;现在,在这位革命士兵的命令下,基督教信仰最神秘的庆祝仪式在这里重现。

当《罗马协定》使教会和所有的精神事务顺从世俗管理时,有关它最终是否能在法兰西第一共和国推行宗教信仰的疑虑出现了。但《罗马协定》倾向于恢复秩序,消除不和,促进和平。如果《罗马协定》扩大了新统治者的影响力,那么这位统治者肯定还有别的动机。继《罗马协

巴黎圣母院里的"理性女神"

定》之后，公共教育体系的改革也开始了，教育改革同样实行国家垄断政策，从而把政府的权力扩大到全国。其实，第一执政的目标绝不仅限于此。我们只是大体描述了这些措施。有些改革，特别是地方政府回归中央集权的改革，尽管已经显现出了一些恶果，但它们确实从整体上极大地改善了事务管理模式，维护了社会稳定，为国家的福祉做出了贡献。尽管专制主义色彩越来越浓烈，但这些改革一直持续到今天，而且满足了法兰西人民的需要。不过，我们必须注意到，第一执政还采取了其他手段来巩固自身统治。他要巩固权威，就离不开那些曾助他取得权力的手段。他不仅改善了军队的纪律和组织形式，还在很大程度上改变了军队精神，消除了将领之间的猜忌，并将军队民族的、革命的本能转变成了对他本人炽热的忠诚。如同所有士兵出身的、有才华的政治统治者一样，第一执政将刀剑那无所不能的力量隐藏在了国家治理中，并努力争取国民对政府的支持，还把这些支持和他所创造的或依赖他而存在的大量利益紧密联系起来。为了这个目的，第一执政虽然在法律上规定法兰西人生而平等，但也逐渐建立了一个官僚阶级，并将这一官僚阶级扩大为一个新型的贵族阶层。他尽其所能地把这个新型贵族阶层和在大革命中残留下来的贵族融合在一起。为了达到这个目的，他再次启用了社会生活中最引人注目的等级区分制度，也就是荣誉军团勋章制度，并冒险重新启用头衔。通过这些手段，那些通过革命而增加了自身影响力的法兰西人形成了新贵族阶层，并越来越强烈地依赖第一执政。但事实再次证明，这个新贵族阶层是个可悲的产物，是不稳定、不可靠的，根本不会受到尊重。不久之后，第一执政又将自己的十年执政任期变成了终生执政。这表明了当时法兰西第一共和国的发展态势。由第一执政指派的新元老院的权威立即增强了，并更多地依赖于第一执政的意志。尽管西哀士对民众声音的限制从名义上减轻了，但曾多次表示反对独裁者的护民官仍然被仔细地清理了，实际上都被并入了毫无发言权的立法机构。

第 11 章 执政府与战后重建

尽管这次《共和八年宪法》的改革像之前一样,是由绝大多数法兰西人民普选产生的,但这一改革却更完美地体现了恺撒式的专制主义。

至此,拿破仑政府基本上成了由一人统治的政府,秩序井然,其权力遍布全国,聚集了国家的所有力量,塑造和控制着民族生活,获得了有力的支持,具有相当强大的影响力。尽管国家新出台的制度中有相当一部分与制宪议会试图摧毁的古代制度存在着共同之处,但拿破仑的统治在很多方面仍与波旁君主制大不相同。新制度尽管相对更专制而且有时更具压迫性,但也更民族化、更公正了。而新制度的致命弊端就是一切权力与事务都基于某个人的意志,从而完全违背了自由理念。这样一来,即使这一制度存在明显的优势,也仍会或多或少地削弱国家的意志。总之,无论它如何耀眼夺目,都终究会带来贻害无穷的专制主义。第一

官僚阶级荣升为贵族,并接受拿破仑授予的荣誉军团勋章

执政的独裁政权注定会以可怕的不幸为结局，但的确也有它的好处。它为法兰西建立了各种各样的经得起时间考验的机构，保证了国内的稳定。它不仅保护了革命时期建立起来的秩序，还在一定程度上与过去的秩序接轨——这也是法兰西人民至今珍视它的原因之一。由于拿破仑在这个时期的内政管理是适度的，所以新制度带来的好处是纯粹的。事实上，第一执政难以容忍雅各宾派的残余势力，并不止一次地以暴力对待那些他所谓的"九月大屠杀之人"，但调解各党派之间关系的工作正稳步进行着。第一执政销毁了移民贵族名单，并允许大量的流放人员回国为国家服务。同时，极具时代特征的公共工程已经正式启动。多年来日渐残破的运河和道路得以重建，新兴城镇在旺代的土地上如春笋般拔地而起，精心布置的军事线路遍布阿尔卑斯山……这些都证明了法兰西第一共和国的命运掌握者的统治能力。

　　拿破仑身上渐渐有了"王冠的影子"。第一执政采用间接手段，小心翼翼地加强他所建立的统治，并加速朝君主政体发展。第一执政拒绝了纪念处决路易十六的仪式，庄严地将蒂雷纳的遗体移至荣军院，并为其举行了隆重的埋葬仪式。蒂雷纳是路易十四辉煌时代的伟大英雄，就连恐怖统治时期亵渎了波旁王朝的雅各宾狂热分子也对他礼敬有加。拿破仑将居所设在杜伊勒里宫，并抹去了革命激情或共和派狂热分子在这里留下的痕迹。他在那个没落但没被遗忘的王室宝座上建立了真正的王朝，虽有繁文缛节，却也壮丽辉煌。同时，拿破仑在与外国势力的交往中表现得大方慷慨。第一执政尽管在与附属国的交往中保持平等的态度，但每次出现在巴黎时都带着大量的随从，以庄严的姿态取悦民众。第一执政鼓励恢复波旁王朝时期的奢华和品位，还私下蔑视那些革命的野蛮行径和共和主义的荒谬言行。第一执政经常认真深入地讨论近几年使人们的思想摇摆不定的哲学理论，并轻蔑地称之为"他们的意识形态"。第一执政还谈及了国家机构的不稳定性和在一个古老的国家建立稳定政

蒂雷纳

府的必要性。无论是在发表意见时，还是在实践过程中和个人感情上，他都明显地表达了这种观点。法兰西人对这位"社会秩序的新救世主"极尽阿谀奉承之态。即使是之前处于无政府和野蛮状态、如今受警察控制的新闻界，也对这位"终结了可怕的革命时代"的统治者极尽溢美之词。首都的沙龙不久前还在模仿共和党风格，如今已经销声匿迹。关于自由的话语不再出现。女士们换下了希腊时代阿斯帕西娅和弗兰尼斯穿的爱奥尼亚式的服装。在巴黎和法兰西高级阶层的化装舞会上，我们再次看到了军事的辉煌、衣着华丽的侍从、优美的气质、华贵的服饰及奢华却透露着轻狂。第一执政已然成为绝大多数法兰西人心中的"行为模式"，其影响力令所有法兰西人心悦诚服。

身穿爱奥尼亚式服装的女士

第 11 章　执政府与战后重建

在扩大自己在国内影响力、重组和改造法兰西第一共和国的同时，拿破仑在国外也表现得极其活跃。他在这一时期的外交理念与 1789 年截然不同。至此，拿破仑在对外关系中追求的是外交技巧和利益相结合的政策。这个政策反映了他早期的努力，表现了他专横的意志和贪婪的野心。但如果我们要寻找这种对权力和统治的欲望将以破产告终的线索的话，那我们应该回顾一下当时的形势，以及助他坐上这个位置的其他大国的行为。似乎是为了表现对共和党的蔑视，拿破仑任命一个专门选出来的西班牙婴儿为托斯卡纳大公国的君主。就这样，他在可怜的西班牙波旁王室的脖子上戴上了一个难以忍受的枷锁。同时，拿破仑以国王已经放弃王位为借口吞并了皮埃蒙特。拿破仑尽管扼杀了意大利的革命思想，但保留了教皇和那不勒斯国王，并让他们感到这是自己的恩惠。同时，拿破仑还加强了法兰西第一共和国对新征服地区和其他附属共和国的控制权。而且正如人们预料的那样，法兰西第一共和国把所有儿童都塑造成对他绝对服从的人——正如他们的父母一样。拿破仑统治着奇萨尔皮尼共和国。奇萨尔皮尼共和国是意大利境内所有共和国的总称，因《吕内维尔条约》的签订而得到了极大的扩张。第一执政还利用一部与法兰西第一共和国当时的宪法相似的宪法管理着荷兰。尽管瑞士在名义上是自由的，但事实上却像法兰西第一共和国的一个省一样被控制着。由于神圣罗马帝国统治阶层之间发生内讧，拿破仑干预了神圣罗马帝国事务，并因此显著提高了自己在欧洲各国的地位。作为《吕内维尔条约》的和平原则之一，"主教世俗化"引起了神圣罗马帝国议会的激烈争论，每个人都渴望获得更多利益。奥地利和普鲁士更是提出了过分的要求，要求弱小国家的君主可以向强大的法兰西统治者请求援助。第一执政很乐意成为调解人，又获得了包括巴伐利亚、巴登和符腾堡在内的大片领土。而令普鲁士政治家极其满意的是，第一执政还进一步扩大了普鲁士的边界，以增强普鲁士的实力去对抗奥地利，从而遵循他以自己特殊的方式所制定的传统法兰西政策。这样一来，法兰西自黎塞留时代以来就在神圣罗马帝国所具备的强大影响力再次得到了极大的提升。但如果拿破仑的政策是经过了深思熟虑的，而神圣罗马帝国人也学会了审视结果，那么，当因为法兰西侵略而一筹莫展时，他们才可能会意识到是谁召唤来了这位"保护者"。

这样一来，在一片安静祥和的气氛中，法兰西第一共和国的统治范围扩大了，而且它的统治者无可争辩地成了从波罗的海到地中海的欧洲仲裁者。这种权力的增长无疑会使唯一一个至今仍与法兰西第一共和国抗衡的国家感到恼怒和警觉。从一开始就认为《亚眠条约》所带来的和平不能长久的英国政治家们开始意识到战争即将到来。一个在国外具有强大的武装和影响力但在国内却虚弱分散的国家的存在对其他国家来说始终是危险的。一个在法兰西和欧洲其他地区都具有巨大权力的天才军事指挥家及其领导的强大专制主义国家，就是这样一个危险的存在。辉格党和保守党也同样认为，对英国来说，欧洲大陆目前的状况极具威胁性。在这种情况下，导致两国分歧的原因迅速出现了。英国的政客们公开抱怨法兰西第一共和国的权力和势力的巨大扩张，而拿破仑则抨击英国对法兰西第一共和国叛国者的庇护及英国媒体对法兰西表现出的敌意。英国媒体的自由言论对于拿破仑的专制本能来说极具威胁性。同时，由于拿破仑的勃勃野心违反了《亚眠条约》，马耳他并未按计划割让。这个问题最后以暴力方式得到了解决。不知是真的还是假装的暴怒，第一执政恐吓了我们[①]在巴黎的使臣。法兰西第一共和国官方报纸的出版，揭露了收复埃及的计划，从而增加了不和谐的因素。另外，拿破仑带着一贯地对民众的蔑视态度向英国发起挑战，引起了持续的愤慨。关于马耳他的谈判毫无结果。尽管这次谈判是引起冲突的主要原因，但也只是众多因素之一。总之，英法之间的战争又开始了。1803年5月，西方

---

① 即英国。作者是英国人，所以"我们"指英国。文中其他地方也有类似用法。——译者注

英国政治家们从一开始就不认为《亚眠条约》会带来长久的和平。漫画中的法兰西军官对英国女王说:"请允许我向您致以深深的敬意,在您的香唇上印上我永恒的眷恋。"英国女王回答道:"你真是个有教养的绅士,你的吻如此美妙,我真是无法拒绝。可我也更加确定,你会再次欺骗我。"

大国之间再次走向了殊死斗争的境地。鉴于法兰西第一共和国当时的扩张态势,保留马耳他并不违背《亚眠条约》的真正精神。尽管在抵制英国的自由意志这件事上,第一执政犯了错误,体现了他作为政治家的一个主要缺陷,但研究是谁挑起了战争是无意义的。上一次英法战争爆发的原因是法兰西第一共和国对英国造成了极大的威胁,那我们可以说英国政治家是无辜的。然而,接下来的这场新的战争原本可以避免却发生了。这不禁让人感到惋惜。新的战争将法兰西带到了荣耀的顶峰后,又令它在可怕的不幸中跌落。战争将给英国带来不朽的声誉,但也将给它带来可怕的危险,令其社会发展停滞数年,并令它建立了一个人民不赞同的政治体系。

第 12 章

《提尔西特和约》签订前的法兰西帝国

    由于双方士气高涨,从开战伊始,英法之间的新战争就是一场殊死搏斗,战况无比激烈。几年前,第一执政认为入侵英国的海岸为时过早;如今,他却心心念念地准备实施这件事。为了发动一次有力的袭击,第一执政花了几个月时间精心策划,充分利用了自己的指挥才能。与他建议督政府暂停该计划时相比,这个计划现在已不再具有冒险性了。他对法兰西第一共和国、荷兰和意大利的海军资源拥有绝对的控制权。西班牙的海军资源也将很快加入,助其一臂之力。第一执政的军队实力之强大震撼了欧洲。对于那些久胜不败的士兵来说,一切似乎都轻而易举。很快,在从拉罗谢尔到安特卫普的沿海地区,一支由配备了重型枪支的轻型舰艇和两千多艘船组成的舰队建成了。在延绵数英里的炮兵队的保护下,这支骇人的舰队逐渐汇集到皮卡第海岸,聚集在英吉利海峡最狭窄的地方,与多佛尔海峡的白色悬崖遥相眺望。同时,数以千计来自法兰西第一共和国各地的士兵也正在集结。不久之后,从敦刻尔克到伊塔普雷斯,整个国家到处都是为了伟大的远征而搭建起来的士兵营地。拿破仑将布伦和几个相邻的小港口选为登陆地点。他的安排极其完善，以至于整个舰队及其庞大的物资只需几个小时就可以在选定的地点登陆，甚至小舰队可以在一次潮汐后就做好出征准备。然而，这位伟大的司令官没有预料到，他的舰队尽管规模庞大、装备精良，但缺少足够的掩护，很容易暴露在英国舰队面前。为了完成目标，第一执政又精心策划了一套成熟的战略，可以说是他所有战略中最出色的了。据他推算，英国海军上将认为自己会派出装备强大的舰队单独出击，因此，英国海军上将定然会仅派一小队船守卫英吉利海峡。如果真是这样，即使英国海军力量再强大，第一执政也很有可能率领主力舰队成功地进入英吉利海峡和爱尔兰海，并在掩护下找准时机安全通过这条危险的通道。为了从欧洲的水域中引开英国的舰队并在英法两国之间的海峡上集中部署五十支军舰，第一执政设想了许多计划。最终实施的一组计划尽管失败了，但比一般将领的计划更接近成功。

拿破仑在岸上观察到，法兰西舰队因为暴露在英国舰队前而遭到重创

第 12 章 《提尔西特和约》签订前的法兰西帝国

正当拿破仑竭尽全力去征服英吉利海峡这条他所谓的"大水沟"时,一个恐怖事件发生了。这给第一执政的职业生涯留下了难以抹去的阴影,并引发了众多其他事件。我们看到,第一执政对移民贵族表现出了极大的慷慨和宽容。大部分移民贵族已经回到法兰西第一共和国,基本上都在为第一执政效力。但还有一些移民贵族仍在流亡,并与西方叛乱分子中的个别首领相互勾结,企图暗中谋反,推翻第一执政。其实早在 1801 年就有人试图暗杀拿破仑,在他前往剧院的途中引爆诡雷。尽管拿破仑将这一罪行加之于无政府主义的残留分子,但这无疑是保皇党所涉及的阴谋。战争再次爆发时,这些从未停止过的阴谋活动变得更活跃了。一个暗杀第一执政并摧毁其政府的计划在英国出现了。尽管该计划的动机是荒谬的,但英国政客都默许了。据说,长期以来不受信任的阿图瓦伯爵查尔斯·菲利普有暗杀第一执政的倾向,甚至参与了这个计划。虽然拿破仑曾是布列塔尼王党队伍中的一员,但 1797 年果月 18 日后被放逐的让-查尔斯·皮舍格吕也在一定程度上做了帮凶。而对拿破

拿破仑在前往剧院的途中被引爆的诡雷袭击

仑一直怀有敌意的让－维克多·马利·莫罗尽管没有任何暗杀动机，却也不明智地参与其中。目的尚未达成，这次阴谋的头目就与让－查尔斯·皮舍格吕和让－维克多·马利·莫罗一起在巴黎被捕了。一名囚犯作证称："波旁王朝的王子也参与了这个计划。"愤怒的拿破仑将注意力转向昂吉安公爵路易·安托万。昂吉安公爵路易·安托万是波旁王朝的后裔，曾出现在黑森林山脉的边境。虽然他前往此地是基于其他原因，但这仍引起了拿破仑的怀疑。这位不幸的王子虽然身处神圣罗马帝国境内，却突然被捕并被匆匆押往巴黎。他并没有犯下任何实质性的罪行，但被特别军事法庭极不公正地判处枪决。随后，一些真正的阴谋者得到了公正的判决，让－维克多·马利·莫罗被驱逐，让－查尔斯·皮舍格吕在囚禁地自杀①。这场悲剧终于落幕。

昂吉安公爵路易·安托万在没有犯下任何实质性的罪行的情况下被判枪决

---

① 没有依据证明让－查尔斯·皮舍格吕是被第一执政下令勒死的。——原注

第 12 章 《提尔西特和约》签订前的法兰西帝国

尽管专制主义制度在很大程度上对国家有利,而且总体温和、鲜有恶行,但昂吉安公爵路易·安托万被枪决却是一个罪行。它显示了专制主义制度对法兰西第一共和国的恶劣影响。然而,将这个行为的性质定义为谋杀实为不公,毕竟对波旁王子的怀疑是有一定依据的,何况这个行为的性质比在拉施塔特屠杀法兰西第一共和国特使的事件要轻得多。我们必须考虑到,即使是智慧超群的人,也会因暗杀事件而心生恐惧并导致判断失误。而拿破仑则有权力警示那些觊觎他生命的移民贵族,只不过他不幸地选择了一个无辜的受害者。如果一定要给这件事加一个

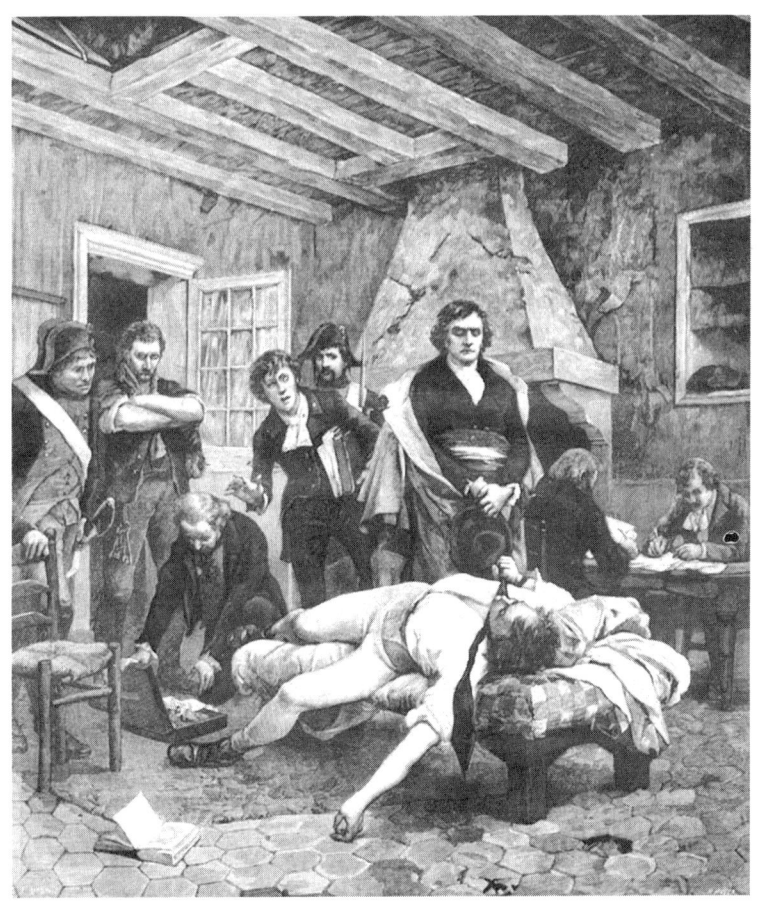

让－查尔斯·皮舍格吕在囚禁地自杀

冠冕堂皇的正当理由，那就是时代需要暴力和愤怒。这场悲剧直接加速了君主化运动，似乎一切都开始向君主制倾斜了。人们开始讨论拿破仑突然死亡的可能性，考虑拿破仑消失之后法兰西第一共和国的结局可能就是可怕的君主制复辟。但如果拿破仑马上登上宝座并采用世袭制度，这种情况出现的可能性就会减小。民众渴望其统治者能登上国王的宝座，尊享君主的地位。第一执政自然支持这些想法。但不管是为了区分自己与波旁王朝的地位，还是渴望新的特有荣耀，拿破仑都拒绝接受国王的称号。最后，按照查理曼大帝时代流传下来的古老封号，拿破仑于1804年5月在热烈的欢呼声中成为法兰西皇帝。根据以基督教名字命名的加冕惯例，他被命名为拿破仑大帝。其世袭制度一部分借鉴了神圣罗马帝国模式，一部分沿袭了法兰西古代国王建立的模式，备受政要的支持。军事方面，法兰西第一共和国部队的领导人中有十六名被任命为元帅。同时，西哀士建立的虚幻机构[①]中也有了新的变化。元老院扩大，而护民官被进一步削弱并最终被彻底压制。当然，除了专制权力的转移之外，更引人注目的是皇帝的就职典礼及新贵族与残存旧贵族的争相谄媚。

  1804年12月2日，巴黎民众蜂拥而至，目睹加冕典礼。为了祝贺法兰西第一帝国宗教仪制的恢复，教皇庇护七世自罗马赶来，为盛会增加了神圣色彩。盛会仪式摒弃了前任教皇们对高傲的神圣罗马帝国皇帝所使用的那些惯例。教皇参加了游行。队列中主教们头上所戴的高冠与十字架和帝国卫队的军刀与旗帜混合在一起，形成了非常奇怪的画面。队伍沿着塞纳河来到了古老的大教堂巴黎圣母院。这个教堂由圣路易建造，历经数百年风雨和无数次革命的破坏仍高耸不倒。巴黎圣母院的墙壁上挂满了挂毯，而挂毯上面满是象征新皇帝的金黄圆环。国家权贵和主要城镇的代表及外国代表都按顺序站在队伍中。人们的身影在中殿和

---

① 指根据西哀士制定的《共和八年宪法》而成立的新的元老院等政府机构。——译者注

过道的昏暗灯光中摇曳,显得无比尊贵有序。随着神圣的队伍进入巴黎圣母院,管风琴奏出雄伟的乐曲,合唱团唱起庄严的歌声,改革后的法兰西教会的高级教士们虔诚地下跪祈福。这时,在新国家军官的护送下和元帅们的陪同下,拿破仑离开杜伊勒里宫。当他沿着在恐怖统治时期曾发生过最可怕事件的道路上缓缓前行时,欢呼声从人群的各个角落爆发出来,像欢呼自由般为新的君主欢呼。拿破仑抵达教堂的时候,在神圣的音乐声和吹角的嗡鸣声中,教堂里的人全部起立相迎。人们既好奇又敬畏地看着这位能征善战的新君主。拿破仑头戴恺撒的金桂冠,向耶稣的传道者们致敬。仪式开始了,教皇庇护七世将神秘的圣油洒在跪拜于地的君主身上,将象征权力的圣剑和帝国权杖交到君主手中。但当教

教皇庇护七世

皇准备完成仪式的最后一个步骤时，拿破仑从教皇手中取过了皇冠，并且以庄严的姿态亲自将它戴在头上，意在说明："我在国家和人民心中的至高无上的地位是我本人赋予的。"随即，拿破仑登上宝座，身边围绕着追随者们，包括波旁王朝时期的一些名人和法兰西第一共和国的将帅与政治家。当曾经在查理曼大帝时期赞美西方帝国的赞歌响起时，巴黎圣母院里响起了欢呼声。院内的欢呼声、外面人群的喝彩声与轰鸣的礼炮声相互交织，震耳欲聋。反对者也许会对这一场景中出现的任何不和谐因素横加指责，但历史记载了它更多深层的意义——在拿破仑的

拿破仑手持象征权力的圣剑和帝国权杖，登上宝座

第12章 《提尔西特和约》签订前的法兰西帝国

手中,革命是如何变成过去式的,又是如何向王权、旧秩序和古老的传统靠拢的。可以这样说,拿破仑是通过奴役制和军事专制的形式来体现自己的权威的。

然而,这种盛况很快就被激烈的战争场面取代了。由于昂吉安公爵路易·安托万被处死,加之神圣罗马帝国领土遭到侵犯,欧洲列强本能地感受到了挑衅。当拿破仑将意大利共和国转变成了一个由自己统治的君主制附属国家并将热那亚并入法兰西第一帝国时,拿破仑的权力性质发生了转变。于是,引发混乱的新刺激因素出现了。随着英国面临的危险日益增加,小威廉·皮特重回政坛,为重新组织反法同盟以对抗共同的敌人而不懈努力。1805年夏,英国与奥地利、俄国、瑞典及那不勒斯王国形成了紧密的同盟关系。英国甚至希望普鲁士也能加入同盟,因为法兰西第一帝国压倒性的优势已经开始影响英国的政策并危及英国的安全。反法同盟军的将领们设计了四条进攻路线:第一条是北德海岸,第二条是多瑙河谷,第三条是阿迪杰河至意大利,第四条是那不勒斯海

拿破仑加冕礼的盛况

岸。其中，反法同盟军只在第二条路线实施了大规模的进攻，但实施这一进攻的奥地利军队和俄国军队因巴伐利亚和加里西亚边界之间的战线过长而彼此分离。这些伟大的将领曾多次击败那些分裂的、指挥不力的敌人，很少会犯战略性的错误。拿破仑制定了一个计划以击败奥俄盟军。这个计划可以说是一个"天才计划"。拿破仑忽略了那些相对次要的进攻，下定决心以不可抗拒的主要力量迎击第二路线的进攻，并在俄国军队赶来援助之前粉碎奥地利军队。当确定自己庞大的舰队无法抵达海峡以发动袭击时，拿破仑便与位于布伦的大军兵分两路，快速向莱茵河进军。同时，来自荷兰和汉诺威的强大法军在分队袭击了曼恩省后也加入了战斗。1805 年 10 月的第二个星期，奥军鲁莽地进入了乌尔姆，法军在高超的指挥下集结于奥军后方。几天之内，这支注定失败的仍不知所以的奥军被钢铁般的拿破仑大军包围。卡尔·马克·冯·莱贝里希将军被迫率军投降，于是，反法同盟军的整个先头部队惨遭歼灭。在英国军队在梅茨战役和色当战役中投降之前，欧洲从来没有出现过这种场景。

卡尔·马克·冯·莱贝里希率军投降

第 12 章 《提尔西特和约》签订前的法兰西帝国

然而，这一伟大的胜利很快就会因一场巨大的灾难而发生变化。这场灾难将导致法兰西第一帝国的所有努力付诸东流。我们已经提到，拿破仑努力在英吉利海峡组建一支势不可挡的舰队。1804 年秋，当西班牙海军加入拿破仑麾下时，这支舰队的力量达到了顶峰。1805 年春，庞大的法军舰队从土伦起航，在加迪斯与一个西班牙舰队重组后，安全抵达西印度洋，其目的是将霍雷肖·纳尔逊从欧洲或英国海域引开，然后与布雷斯特的一个舰队会合，尽快到达布伦，进而实施袭击计划。拿破仑通过假装追击霍雷肖·纳尔逊引开了兵力，顺利完成了该计划的第一部分。法军的海军上将皮埃尔·查尔斯·维尔纳夫离开了西印度群岛，

霍雷肖·纳尔逊

开始了与可怕对手之间的漫长战斗。尽管布雷斯特舰队并没有与拿破仑会合,但正如拿破仑所预计的那样,如果他径直开进防守松懈的英吉利海峡,那他将所向披靡。但事实上,皮埃尔·查尔斯·维尔纳夫因怯懦而向南倾斜了。霍雷肖·纳尔逊派出一艘轻型军舰,在西班牙海岸缓慢前行,诱使法军朝费罗尔进军。尽管西班牙舰队的加入使法军舰队力量倍增,但原本胜算很大的皮埃尔·查尔斯·维尔纳夫却选择了退缩,撤到了加迪斯。短短几个星期内,拿破仑的整个舰队在现代历史上最伟大的海战中被完全摧毁。英国海军赢得了压倒性的胜利。这次胜利虽然付出了极大的代价,却令进一步侵略英国的所有企图胎死腹中。

虽然特拉法加海战的胜利使英国逃脱了即将来临的危机,但不得不承认,拿破仑的作战策略几乎是成功的。皮埃尔·查尔斯·维尔纳夫如果拥有一丝霍雷肖·纳尔逊的指挥天分,那就极有可能成功地完成这次袭击。英国获救是因为英国舰队在士气上碾压了对手,而不是因为英吉利海峡的防守,因为它此时已经不堪一击。拿破仑如果能更充分地考虑到这些内在因素,那将毫无疑问地成为胜者。实际上,拿破仑完全低估

拿破仑的整个舰队在特拉法加海战中被彻底摧毁

第 12 章 《提尔西特和约》签订前的法兰西帝国

了袭击对手时可能会遇到的阻力,过分忽视了英军在某些特定条件下所具有的强大力量。所以,即使拿破仑占领了伦敦,也很有可能最终身陷困境。很快,特拉法加海战的教训在一系列的胜利中被拿破仑遗忘。乌尔姆战役粉碎了反法同盟的进攻计划。派出的法军分队征服了提洛尔后,拿破仑和"大军"在奥地利首都的多瑙河上行进。之所以称之为"大军",是因为拿破仑所指挥的军队是法兰西有史以来最好的军队:士兵们在布伦的营地接受过最好的耐力和精力的训练。"大军"拥有严格遵守的军队制度,被编入大陆军团后还有了独立的后备队。"大军"的编制中虽然也有几支神圣罗马帝国小分队,但并没有过多的闲杂人员。"大军"尽管在后期的战事中遭受了巨大的损失,但仍表现得雷厉风行、所向披靡。法军以征服者的姿态迅速前进,一些已经抵达莱茵河的奥地利军队和俄国军队在它面前节节败退。途经多瑙河的毫无防守的支流后,法军于 1805 年 11 月中旬占领了维也纳。同时,注定后来声名鹊起的俄

法军在乌尔姆战役中大胜,接受敌军投降,阻止了反法同盟的入侵计划

军上尉米哈伊尔·库图佐夫已明智地率军撤退到摩拉维亚，因为对抗远征的敌军需要审时度势，争取更多时间和空间。不久之后，在几个奥地利支队的帮助下，俄军在斡勒木志周围驻扎下来。拿破仑占领了维也纳的几座桥梁，依靠地理优势大胆用兵，勇敢地穿过多瑙河登陆北岸。直到1805年11月末，"大军"才在下摩拉维亚的布隆一带和奥斯特里茨附近集合起来。"大军"的状态虽然非常松散，但仍在拿破仑的掌控之中。现在，拿破仑的处境变得异常艰难。因近期发生的事件而心生恐惧

俄军上尉米哈伊尔·库图佐夫

的普鲁士已经开始武装起来，而且正准备穿过波希米亚，在法军的撤退线上发动袭击。卡尔大公卡尔·路德维希·约翰·洛伦茨和他的弟弟约翰大公约翰·巴蒂斯特·约瑟夫则正率一支强大的军队从匈牙利迅速赶来。如果反法同盟军只采取兵来将挡的等待策略，那么面对如此强敌，拿破仑可能会撤退。然而，沙皇亚历山一世不顾米哈伊尔·库图佐夫的劝告，决定攻击拿破仑，并在1805年11月的最后几天，从斡勒木志出发进军奥斯特里茨。拿破仑故意表现出怯懦来欺骗敌军，引诱敌军对自己进行侧翼包抄并在维也纳拦截自己的退路，从而削弱俄军的精力。拿破仑预见到并抓住了机会，经过激烈的杀戮斗争后，直击打散了反法同

卡尔大公卡尔·路德维希·约翰·洛伦茨

盟军的中心,最终一举打败俄军。正如征服者自豪地宣称的那样,奥斯特里茨的太阳见证了反法同盟军的失败。

　　这一伟大的胜利是拿破仑在战场上的战术杰作。几天后,《普雷斯堡和约》达成了。沙皇亚历山大一世的军事名声一落千丈,奥地利被迫割让威尼斯作为新意大利王国的附属,奥地利将提洛尔割让给巴伐利亚并承认选帝侯是独立的君主。巴登和符腾堡的规模扩大了,而且符腾堡的选帝侯被封为国王,法兰西第一帝国的老对手奥地利被贬为二级大国。而加强法兰西第一帝国对神圣罗马帝国诸侯国的影响力的政策得以继续

第12章 《提尔西特和约》签订前的法兰西帝国

推行。不久之后,过去的反法同盟成员那不勒斯国王被废黜了,而奥地利皇帝不失尊严地改变了立场,放弃了对神圣罗马帝国的要求。拿破仑将巴伐利亚、巴登、维也纳和一些较小的州组成了所谓的莱茵邦联。那些在后来的战役中显示出了一定战斗力并且愿意投靠法兰西第一帝国的神圣罗马帝国诸侯国,成了法兰西第一帝国的附庸,其军事力量也掌握在拿破仑手中。在这种情况下,普鲁士被完全孤立了。普鲁士很快就得面对它那始于侵略终于贪婪的政策所带来的后果。我们发现,无论是出于恐惧,还是因为受法兰西人指控,普鲁士都已经处于危险的状态,但

拿破仑在奥斯特里茨战役中经过激烈的斗争,最终一举打败俄军。如他所说,奥斯特里茨的太阳见证了反法同盟军的失败

它仍然准备从后方袭击拿破仑。奥斯特里茨战役后,这种背信弃义的行为不只会被人民公然谴责,而且也会引起拿破仑的蔑视。然而,普鲁士政府恢复了原来的方针,接受了被法军占领了一段时间的汉诺威,以此作为与法兰西第一帝国重新结盟的代价。普鲁士企图染指英国王室财产,这使英国立即向普鲁士宣战。而普鲁士一直致力于秘密组建一个新反法同盟,同时抓住机会与英国维持和平,并且由于查尔斯·詹姆斯·福克斯先生的支持,普英之间的和平唾手可得。拿破仑运用以其人之道还治其人之身的方式处理了普鲁士,并提出把汉诺威划归英国。这件事与

查尔斯·詹姆斯·福克斯

第 12 章 《提尔西特和约》签订前的法兰西帝国

其他两个类似事件超出了普鲁士王室的忍耐范围。于是，1806 年 9 月，还没从洛伊滕会战和罗斯巴赫战役的胜利喜悦中走出来的普鲁士不顾一切地与法兰西第一帝国开战了。普鲁士开始大胆进攻。1806 年 10 月初，普鲁士军队毫无防备地越过了易北河，其队伍从下萨勒河一直延伸到图林根森林，看上去极其壮观。奥斯特里茨战役以来，法军主力一直在神圣罗马帝国的曼恩河接受训练。如今，法军主力奉命通过了弗兰克尼亚隘口，从上萨勒河的山谷下行，来到了行动草率的普鲁士军队后方，并在耶拿战役中及同一天发生的奥尔施塔特战役[①]中沉重打击了普鲁士军队。虽然拿破仑不再像以前那样精于战略，但这场胜利是决定性的。几天之内，跨越了易北河的普鲁士军队要么消失了，要么变成了一群士气低落的俘虏。柏林向征服者敞开了大门。法兰西第一帝国的旗帜已经推

法军在耶拿战役中沉重打击了普鲁士军队

---

① 奥尔施塔特战役因与耶拿战役发生在同一天，且背景、战争目的及战争结果与耶拿战役基本是一样的，所以常与耶拿战役放在一起，称"耶拿－奥尔施塔特会战"。——译者注

至奥得河，在三个星期的时间内就推翻了腓特烈大帝所建立的军事君主制度。

这场突如其来的伟大胜利是拿破仑迄今所取得的最大成就，促进他确定了新的目标。耶拿溃败前，俄国已经对法宣战，并派军队跨越了边界。仅剩几千人的普鲁士败军逃到了普鲁士北方边境。胜利者拿破仑不顾冬季出兵的危险，决心向前推进并迅速结束战争。很快，拿破仑率军来到维斯瓦河，并穿过了这道巨大的河流障碍。拿破仑试图将敌人带入他的陷阱——由布格河、纳雷夫河、乌克拉河和波兰西部其他河流形成的广阔沼泽和森林地带。然而，由于自然环境恶劣，拿破仑的入侵计划和就地获取物资的军队受到了阻碍。由于贫瘠的湿地极度缺乏物资，大军的行程不得不被拖延。经过一系列无果之役后，大军从普图斯克回到维斯杜拉河。现在，拿破仑将士兵安置在从华沙到索恩和波罗的海沿线的冬季营地，并准备围攻格但斯克。但法军并没有像预想的那样得到良好的休整。俄军指挥官莱温·奥古斯特·冯·本宁森因成功抵制征服者而无比自豪，企图袭击拿破仑的兵营。俄军来到纳雷夫与帕萨格之间的湖泊这一天然屏障后，到达了位于普鲁士东岸的法军的正左方。然而，拿破仑预料到了这次攻击。于是，1807年2月8日，进攻者被迫撤退，而拿破仑乘胜追击并在埃劳沉重打击了俄军。这场战斗非常激烈和残酷，尽管俄军失败了，但法军的损失也很惨重。拿破仑现在远离法兰西，处于真正的危险中。神圣罗马帝国虽然被征服了，却愤怒地阻断了拿破仑的退路。但拿破仑坚定不移，集中全力去修整部队。拿破仑从法兰西第一帝国各地征集了成千上万的军队，并运用超群的指挥才能统领着"大军"。几个月内，战争造成的破坏得到了修复，"大军"也比以前更强大了。1807年6月，法俄战争再次开始。莱温·奥古斯特·冯·本宁森不慎向比他强大的对手发起了进攻，于是，俄军很快被赶出了帕萨格。为了回到边界，莱温·奥古斯特·冯·本宁森草率地越过了阿勒河。就

耶拿战役后,普鲁士军队伤亡惨重、士气低落

耶拿战役后,拿破仑率法军抵达柏林

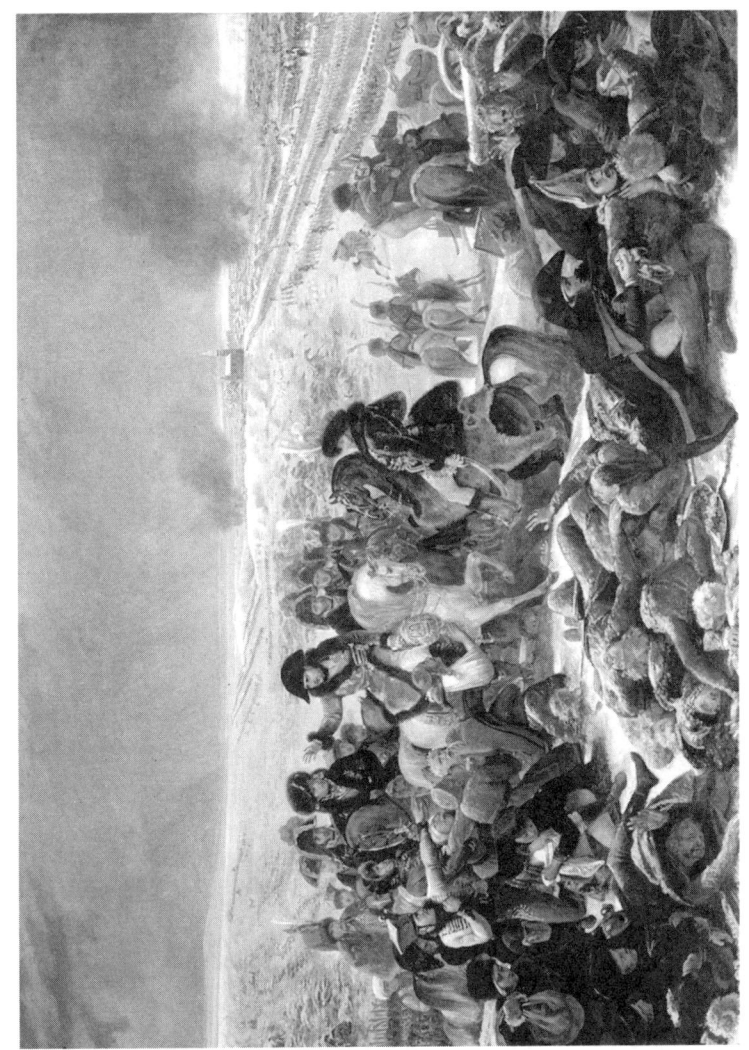

拿破仑在埃劳艰苦沉重打击俄国军队

在这时，拿破仑的大军全力袭来，将他逼至阿勒河边，并于 1807 年 6 月 14 日把他赶到了离弗里德兰镇不远的地方。这次战斗是决定性的。一个星期内，大军到达尼曼河畔，普鲁士剩余的所有省份与但泽一同落入了征服者手中。在不到两年的时间里，从不列颠的海上到横跨德意志，再到遥远的俄国边境，法军的鹰旗四处飘扬。由于战争规模空前宏伟，大部分人被胜利迷了眼，只有一些睿智的思想者注意到，拿破仑的作战并非没有风险。

莱温·奥古斯特·冯·本宁森

第12章 《提尔西特和约》签订前的法兰西帝国

在这一系列的胜利中,1796年的战略被大范围地重复运用,并取得了骄人的成果。抓住战场的关键点、投入优势力量、分裂敌人并迅速各个击破,是拿破仑战略战术的主要特征。拿破仑通过大胆的攻击和令军队急行至敌军战线最脆弱的位置,取得了这些战役的胜利。同时,拿破仑也充分利用了敌人的失误,总是能对敌军进行毁灭性的打击。而正如我们所看到的,拿破仑的战争艺术在自然障碍的压力下已经显示出衰败的迹象,但由于他所领导的军队在各个方面比反法同盟军都要好得多,所以也许不如在曼图亚和阿迪杰河所获得的功绩那么出彩,但他还是胜利了。于是,欧洲的将领们抛弃了过时的作战方法——行军缓慢、行动怯懦、战线绵长、从不越过未占领的堡垒等。如此,与在其他领域一样,

拿破仑在弗里德兰战役中取得决定性胜利

法兰西大革命引起了战争领域的变化,开创了世界史上的一个新时代。拿破仑的战略在某些方面表现了法兰西大革命所产生的能量及引起的后续影响。法军在弗里德兰取得胜利后,欧洲局势不再像从前那么死板,而是充满了奇特的浪漫气息。沙皇亚历山大一世无力抗拒,只好呼吁和平。拿破仑视沙皇亚历山大一世为朋友,希望沙皇亚历山大一世践行自己的政策。在法俄军队的见证下,两位君主在尼曼河上的船中进行了几次会谈后,在普鲁士北部边境的提尔西特签订了著名的《提尔西特和约》。根据和约,普鲁士一半以上的疆土被剥夺,成为法兰西第一帝国的附庸国。在易北河省成立的威斯特伐利亚王国被归入莱茵邦联。波兰领地则以华沙公国的奇怪名义被划归萨克森州,并在后期的战役中加入法军。同时,法俄结为亲密盟友。沙皇亚历山大一世承认法兰西第一帝国,承诺维护它的权力,保证调解英法两国的关系,一旦被拒绝就与英国交战。这个合作似乎能为拿破仑在西方的统治权提供保证。作为回报,拿破仑承诺协助俄国在北方和东方的野心计划,支持俄国吞并芬兰及多瑙河以北的土耳其各省,但仍坚持认为君士坦丁堡应无可争议地归俄国所有。通过引用1792年的《不伦瑞克宣言》,拿破仑合理地瓦解了普鲁士。

拿破仑制定这个条约是为了在欧洲大陆建成一套完整的、持久的法兰西第一帝国霸权统治体系,彻底分裂神圣罗马帝国,并在各方面加强法兰西第一帝国的影响,形成一股对抗英国的新势力。如果不存在民族激情和统治者间的嫉妒等扰乱的因素,那《提尔西特和约》无疑展示了拿破仑非凡的治国艺术。此时,由于拿破仑的力量正处于巅峰,几乎无人发现隐藏在欧洲版图新布局下的法兰西第一帝国的战后危机。拿破仑统治之下的疆域不断扩大,从赫拉克勒斯之柱一直延伸到神圣罗马帝国东部最远的边境。英国尽管仍然以武力表示反对,但在欧洲大陆上已经没有公开的盟友。法兰西第一帝国的强大实力不断吸引着北方大国与之结盟,形成了神圣罗马帝国沦陷以来范围最广、最稳固的统治,从而威

第12章 《提尔西特和约》签订前的法兰西帝国

胁到整个文明世界。法兰西第一帝国统治着从斯凯尔特河到比利牛斯山脉的地区,而意大利统治着从阿尔卑斯山到台伯河的地区。这样一来,拿破仑直接控制着欧洲大陆最有价值的土地,而这还只是巨大权力的中心。拿破仑的四弟路易·波拿巴统治着巴达维亚共和国,也就是后来的荷兰王国。他的长兄约瑟夫·波拿巴成为古老的那不勒斯王国的国王。

路易·波拿巴

他最年轻的弟弟杰罗姆·波拿巴则坐上了威斯特伐利亚国王的宝座。随着西班牙被降为附属国、奥地利变得微不足道、普鲁士被分割,在从莱茵河到维斯瓦河的德意志地区,法兰西第一帝国成了至高无上的存在。这个庞大的帝国及其附属国依靠强大的常胜军队,拥有了从尼曼河到阿

约瑟夫·波拿巴

第 12 章 《提尔西特和约》签订前的法兰西帝国

迪杰河和加伦河的每一寸优沃的土地，证明自己是无法抵抗的。随着神圣罗马帝国、荷兰、波兰和意大利的大规模部队的加入，法兰西第一帝国的实力迅速膨胀，整个征服体系似乎已经坚不可摧。当然，法兰西第一帝国也不仅仅是靠纯蛮力和刀剑创建起来的，在某种程度上，拿破仑

杰罗姆·波拿巴

试图通过更好和更持久的影响力来巩固它。的确，拿破仑压制了法兰西人民 1789 年的思想，将《拿破仑法典》和大规模的社会改革引入大多数附属国和同盟国。他完成了由法兰西大革命大胆破坏封建主义的使命，在欧洲历史上留下了无数物质繁荣的永久印记。这些影响力远比法兰西第一共和国的影响更加深远。因此，拿破仑创立的很多事情都超越了他短暂的统治时代而长留于世。拿破仑的影响力也许要归因于他所建立的社会体系，即使是那些因忌惮他的实力而奋起反抗其统治的国家，也不得不对这位"现代恺撒"的统治心怀敬意。

无论是在国外还是在已经成为欧洲大陆主人的本土境内，此时的法兰西第一帝国的统治基础看起来似乎已经非常稳固。法兰西第一帝国的大部分地区日趋繁荣。国家财政由于战争的贡献似乎充沛且不断增长。即使偶尔有不满的声音出现，也会被湮没在对伟大的国家创建者、社会秩序和财富的重建者的普遍赞誉声中。由于雅各宾派已经销声匿迹很长时间，关于大革命和恐怖统治的记忆似乎成了一场愚蠢的噩梦。在法兰西第一帝国的辉煌时代，社会安定，人民安居乐业，过去的敌意和分歧都消失了，呈现出一派民族大团结的态势。尽管法兰西第一帝国为征服欧洲付出了血的代价，但法军所获得的军事荣誉也闪耀着光芒。法军在马伦戈、奥斯特里茨、耶拿和弗里德兰取得的胜利让这些地方的人们津津乐道。军人成了光荣的职业，即使军人职业生涯短暂，人们也踊跃参军。军队的将领们因其征服的省份和臣属国而财富骤增，并被授予了崇高的、响亮的头衔，忘却了先前的竞争，对伟大的主人顺从而尊敬。在这一时期的统治中，拿破仑建设了出色的公共工程，为国家增添了不少宏伟色彩。正是在这个时期，玛德莲教堂的前门得以重新建成，其中的柱子是由缴获的炮弹铸成的——几个月前，愤怒的雅各宾派在外敌的嘲讽声中将这座教堂拆毁了。巴黎像曾经的古罗马一样，收集了附属民族的丰富战利品。凯旋门、荣耀的庙宇和庄严的街道随处可见。此时，法

第12章 《提尔西特和约》签订前的法兰西帝国

兰西第一帝国政府已经变成纯粹的君主制形式。执政府废除了所有共和国的痕迹,甚至废除了1793年的历法,并且在新时代的领袖人物中封赏了众多公爵、伯爵、男爵。执政府尽管显示出了集权制度的缺陷,但本质上仍然是坚定的、专制的国家执政政府。执政府调和了政党之间的关系,抵制了无政府状态,深受人民欢迎——即使人们已经忘了什么是自由,也忘了去争取自由。执政府的伟大改革获得了大量的有益成果。宗教激情已经完全消退。国家管理展示出了前所未有的能量、纪律和公正。

这个四处征服的帝国表面看似强大,实则力量薄弱、极易衰败。武力和新政权违背了自然规律,与民族传统、大众本能和道德力量相冲突。这呼应了将皮利翁山垒在阿萨山上的泰坦族被奥林匹斯山的弩箭击败的古代寓言。《拿破仑法典》所带来的物质效益和社会效益及对暴行的改革,都无法弥补被迫屈服的战败民族所承受的痛苦和屈辱。除了商业压

玛德莲教堂前门

迫之外，来自法兰西第一帝国官员的压力、法军的暴行及严酷的征兵都引起了受压迫的附庸国的不满。于是，德意志地区、莱茵邦联甚至意大利的人民都或多或少地对这个陌生人的统治心生敌意。那时，由于一系列事件导致了奥地利和普鲁士臣服于法兰西第一帝国，再加上法兰西第一帝国在德意志地区至高无上的地位，欧洲列强暂时忘记了彼此之间的旧分歧。作为一个反对分裂的明显标志，新成立的华沙公国不能解散而辜负沙皇亚历山大一世。而且《提尔西特和约》令反法同盟再次萌芽，并比之前更加强大。同时，拿破仑赖以保持权力的执政府的真正力量正在逐渐被削弱。法兰西第一帝国的军队里充斥着越来越多无经验的新征士兵和心有不服的反法盟军士兵——随着拿破仑统治的持续，他们的规模越来越大，并且他们身上唯一能让法兰西第一帝国信赖的品质正在消失、耗尽。何况，在这个君主制从根本上走向衰落的时代，法兰西第一帝国主人的实力却一直在不断增强，增强的速度太快以至于不可能稳固持久。随着拿破仑征服圈的扩大，法兰西第一帝国将领的野心似乎也越来越大。反对法兰西大革命的旧反法同盟正在逐渐发生变化，我们除了知道它是由各国组成的反对军事暴君的同盟之外，至今对它一无所知。法兰西第一帝国威震欧洲的表象之下到底潜藏着什么样危机，也由此可见一斑了。

在本土境内，法兰西第一帝国仍然摆脱不了各种不稳定和衰落的因素的影响。经营得当的国家财政因为战争而负担过重，以至于只能通过征服扩张来维持。国家尽管表面看起来蓬勃发展，可事实上其财政情况经常极其紧张，而且无法承受任何灾难的冲击。海港的贸易也开始因抵制英国的政策而备受压力。尽管拿破仑不断努力为英吉利海峡行动[①]做准备，但这些努力最终不约而同地失败了。同时，拿破仑利用自己在军队中的影响力，不断地鼓励国家的年轻人参军，加入永不停息的战争。

---

① 这里是指拿破仑对英国实施的大陆封锁政策。——译者注

第12章 《提尔西特和约》签订前的法兰西帝国

虽然预先征兵这一权宜之计极具破坏性，但埃劳战役之后，拿破仑已经不得不采取这一措施。尽管法军人数众多，但军队中有大量与残酷的战争不相称的身单力薄的孩子。尽管民众对这一事实的抱怨还不多，但这已经引起了国内外的注意。毫无疑问，这个出色的专制主义制度的道德弊端与其糟糕的物质成果别无二致。也许有很多问题是政治腐败造成的。新政府尽管深受其害，但似乎不比堕落的君主政体更糟糕。拿破仑统治下的法兰西第一帝国并没有出现法兰西第一共和国时代标志性的无节制行为和社会恶习。1789年到1815年，法兰西的艺术和文学成果极度匮乏，但这不全是专制主义制度的责任，主要是由于法兰西第一帝国将精力集中在了外国臣民身上。最终，拿破仑为消除贫困而做出的努力适得其反。即使在巅峰时期，为了让人民安于现状，法兰西第一帝国也不可避免地削弱人的意志、美德和独立精神，甚至束缚人心。它已经开始显露出比恺撒时代更严酷的专制主义特征。得出此结论不只是因为法兰西第一帝国的专制行为，更体现在法兰西第一帝国对任何不受自己控制的力量和影响持多疑、忌讳的态度并对社会生活的各个细节进行干预上。人们对这些事实闭口不谈，实际上却早已心生不满。

然而，导致法兰西第一帝国陷入危机的最重要的因素是它的存在不仅完全依赖其创建者的治国能力，更依赖他的意志。也就是说，从国内的大革命中崛起的、在国外没有坚实基础的法兰西第一帝国是一个人的杰作。与它的快速崛起一样，它可能会随着拿破仑的死亡而迅速灭亡，也可能会随着拿破仑所设计与实施的宏大计划的失败而毁于一旦，毕竟拿破仑的权力高度集中，无人敢阻拦。而拥有这份巨大权力的君主，是一个几乎从未尝过失败滋味的士兵。他利用庞大的军队展示了他的雄心和远见。他推翻欧洲的旧秩序，并将脚踏在被征服国家的脖子上，掌握着被征服国家的命运。然而，他的支持者均来自近期遭受革命践踏的动荡国家，以及一切不平衡因素已经被各种可能的手段所刺激的国家。这可能会让热情的奉献瞬间变成蔑视与憎恨,也可能使人们在危局中从奴隶状态中清醒过来,而毅然决然地否定曾经敬仰的东西。法兰西第一帝国面对着整个欧洲的敌意。法兰西第一帝国与拿破仑之间仅存的纽带就是那脆弱的胜利。在各种可能发生的危机中,跃跃欲试的雄心壮志会不会遭到打击,灾难会不会意外降临到这个骄横的幸运儿身上,实施专制统治对他来说会不会变成过于沉重的负担?

第 13 章
1813 年前的法兰西帝国

《提尔西特和约》为战争画上了句号。在这场战争发生以前，拿破仑的很多行为都展现了一个伟大而睿智的统治者应有的风范。即使如此，拿破仑也毫不掩饰地表现出了对权力的贪婪和勃勃的野心。他想进一步扩大法兰西第一帝国在欧洲大陆的霸权统治的目的昭然若揭。为了刺激和对抗英国，他公然处决昂吉安公爵路易·安托万，引起了众怒，犯下了严重的政治错误。他的行为虽然很大程度上会受外部环境的影响，但从根本上说，乃是天性使然。其实，他的天性贯穿其一生，且从未改变。不过，在评判国家领导人时，历史很难进行细微的探究。当反思拿破仑在其精彩职业生涯前期的公共生活时，相比于他那些值得谴责的行为，历史更愿意呈现给世人的是拿破仑的优点，况且他的优点比不足更多。第一执政的许多改革措施作为他天才般的统治的不朽印记而长存于世。拿破仑的专制统治尽管很严酷，但也给法兰西第一帝国带来了巨大的益处。他吞并了意大利的半臣属省份①，增强了法兰西第一帝国在德意志

---

① 1796 年拿破仑在意大利上建立了意大利王国。意大利王国实际上被法兰西控制，故为半臣属省份。——译者注

的影响力，沉迷于与英国未完成的战争，甚至以不公平的方式处死了波旁王子。这些具体事件大都事出有因，或许是因为时代的特殊性、欧洲的特定形势或法兰西长期以来的传统，或许是因为极具侵略性的法兰西第一共和国的先例及革命时代的暴力和混乱。事实上，真正影响这位非凡人物的是征服的野心，以及欧洲一些尚不明确的神秘力量。这不仅开阔了他的眼界，激励了他的壮志，还让原本就自信满满的他越发坚信自己会无往而不利。于是，拿破仑做出了一系列鲁莽、失策的行为，以至于极有可能在多年以后加速其统治的灭亡。当然，拿破仑的统治原本也不可能持久。我们已经看到，《提尔西特和约》具有联合德意志甚至普鲁士的倾向，对法兰西第一帝国采取敌视态度。从《提尔西特和约》签订之时起，拿破仑开始致力于实施一系列计划和政策。从这些计划和政策中，尽管我们还能看到拿破仑的军事天赋和管理国家事务的能力，但更多的是他一味动用武力和过度攻击，以及狂傲偏激的性格。

在弗里德兰战役之后，拿破仑最关心的一件事情就是慎重地制定一套征服英国的计划，迫使其接受屈辱性的和平。这种和平在拿破仑的脑海里谋划了很久，这就是后来众所周知的大陆封锁政策。督政府多年前就曾企图通过禁止英国及其殖民地的产品进入法兰西第一共和国及其盟国的港口和领土，来损害英国的商业。而英国则采取了严厉甚至不甚合理的措施予以报复。然而，相比拿破仑在1806年7月所构想的通过贸易来破坏英国的宏大计划，这些措施是微不足道的。而这套计划是专制主义对抗历史发展规律的最引人注目的一个事例。作为欧洲大陆六分之五领土的主人和控制者，拿破仑决定沿英国周边封锁欧洲大陆。为此，拿破仑颁布了《柏林敕令》和《米兰敕令》，宣布在法兰西第一帝国或其盟国的任何地方，一旦发现英国及其殖民地的商品都尽数没收，甚至将任何接近英国港口的船都视为敌船。由于法兰西第一帝国控制着从波

拿破仑虽然有着过人的军事天赋和治国能力,但他的性格却狂傲偏激

罗的海到地中海的所有海岸，加之俄国也参与了这个计划，所以如果大陆封锁政策能完全实现，那英国将会失去一切优质市场，资源会被削弱，产业也将枯竭。虽然这个政策并未得到真正的实施，但给英国造成了很大的伤害。并且这个政策对法兰西第一帝国及其附属国造成的后果也是毁灭性的[1]。短时间内，大陆封锁政策给从里加到阿姆斯特丹和威尼斯的每个沿海城镇都造成了可怕的灾难，并通过破坏和妨碍贸易严重阻碍了这些沿海城镇的繁荣与发展。人们的生活因此变得极其困苦；法兰西

大陆封锁政策实施后，阿姆斯特丹至威尼斯的沿海城镇深受其害，不得不通过偷运的方式继续发展贸易

---

[1] 朗弗雷在他的《拿破仑史》第三卷第十章中对大陆封锁政策在削弱帝国和推动拿破仑进行新的征服方面的破坏性影响进行了精彩的论述。——原注

第13章　1813年前的法兰西帝国

第一帝国的所有盟国和附属国甚至本土一些地区普遍表示不满。法兰西第一帝国官员们在执行这一政策时既严厉又不公平，令商业和制造业遭到严重的压迫和制裁。事实上，这种无理取闹的暴政造成了严重的、广泛的危害，让无数的家庭忍饥挨饿，加剧了不甘臣服的欧洲大陆列强的愤怒与憎恨。然而，这还不是大陆封锁政策最主要的结果。除了在法兰西第一帝国境内，拿破仑的商业政策中的不公规定基本上无法发挥作用。拿破仑希望进一步扩张本就过度扩张的帝国疆界，继续吞并和征服。不断增长的野心对拿破仑的最终覆灭起了很大的推动作用。

大陆封锁政策实施后，法兰西官员查验货物过于苛刻，商人们压力很大

大陆封锁政策实施后，拿破仑马上把目光转向了西班牙和它的邻国葡萄牙。虽然这两国名义上仍是独立的国家，但已经或多或少地臣服于法兰西统治者了，尤其是西班牙。1807年秋发生的事件促使拿破仑加速实施早已成形的计划。他决心把半岛上的君主们赶下王座，将其领地变成法兰西第一帝国的附属省。《提尔西特和约》签订后，俄国曾按照约定向英国提出调解，并在被拒绝后对英宣战。征得沙皇亚历山大一世的同意后，拿破仑提议英俄共同攻占并控制丹麦。此时，英国方面已经预计到拿破仑这一计划。最终，由于丹麦舰队英勇抵抗，哥本哈根遇袭。

哥本哈根遇袭

此举的后果远比当时的情况严重得多。紧接着,拿破仑进军里斯本,并宣布布拉干萨王朝灭亡。不久之后,拿破仑率大军进入西班牙,占领边境要塞,并最终越过了马德里。愚蠢的西班牙波旁王朝竟在此时出现了内部分歧,这无疑助长了拿破仑原本就肆无忌惮的野心。名义上的西班牙国王查理四世拒绝退位,而西班牙王子企图篡位,于是,拿破仑诱使西班牙王室接受自己成为权力仲裁者。拿破仑把西班牙王室召集到巴约讷,令老国王查理四世放弃了王位。拿破仑却随即把王位交给了自己的长兄约瑟夫·波拿巴。这一背信弃义的行径虽然为西班牙带来了新的宪

西班牙国王查理四世

法，并结束了许多恶劣的暴行，但导致了许多意想不到的严重后果。西班牙人深受刺激，便团结一致，武装起来抵制这个陌生人的令人厌恶的枷锁。西班牙人在各省组织起义，一遇到入侵者，就用尽浑身解数将其包围。一时间，大量西班牙起义军像正规军一样勇猛，其规模远超在山区一无是处的法军。起义得到了英国的大力支持，其影响力很快变得不容小觑。平时对民众情绪嗤之以鼻的拿破仑对此感到十分惊讶。西班牙境内的法军如同一盘散沙，根本无力打败西班牙起义军。尽管法军在平原上轻而易举获得了几次胜利，但法军中尉杜邦却不得不在莫雷纳山口率大军投降，而另一个法军将领则被屈辱地赶出了卡斯提尔。同时，注定名震四方的阿瑟·韦尔斯利率领一支英国军队在葡萄牙击败了一支法军，并迫使法军投降。一支位于加迪斯湾的法军舰队也被迫投降。1808年秋到来之前，损失惨重的"帝国之鹰"[①]被迫朝着本土进行大规模的撤退，消失在埃布罗河以南。

至此，拿破仑愤慨不已，而欧洲其他国家的人民则非常震惊和兴奋。拿破仑非常清楚，军事名声是自己权力的支柱。于是，他继续派遣部队前往西班牙，去镇压所谓的"暴民的暴动"。训练有素的法军将企图冒险通过法军阵线的西班牙军队打得四散逃窜。顺利通过索莫谢拉山隘口后，拿破仑在马德里为他的长兄约瑟夫·波拿巴举行了盛大的任命仪式。然而，西班牙的民族抵抗依然存在。于是，在这个非常适合打游击战的国家，野蛮的游击战争爆发了。萨拉戈萨的成功防御为其他城市树立了榜样，成了其他城市竞相模仿的对象。然而，拿破仑固执地继续着镇压活动。当拿破仑从里昂进军西班牙时，就有一小支英国军队威胁着他的退路。不久之后，拿破仑再次越过瓜达拉马山脉并最终以压倒性优势逼退了英军。就在这时，奥地利态度大变的消息传来，打断了拿破仑的进

---

① 这里是指拿破仑的大军。——译者注

西班牙人抵御法军

杜邦在莫雷纳山口率大军向西班牙军队投降

萨拉戈萨成功防御法军入侵

军。于是,拿破仑退出半岛,回到了法兰西第一帝国。他本以为能够摧毁英军,不料反被英军逼到了海里,而且强有力地牵制了法军最优秀的中尉杜邦。所谓"屋漏偏逢连夜雨",另一场战斗又拉开了新战争的序幕。受西班牙近期事件的鼓舞,奥地利在英国的财政支持下突然起义,对法宣战。1809年4月,卡尔大公卡尔·路德维希·约翰·洛伦茨率奥地利军队从因河行至尹瑟尔河,奥军遍布多瑙河两岸。然而,从巴黎赶来的拿破仑预测到了这个行动。他精准、迅速、极具技巧地将分散的法军聚集到一起,并从奥军左翼直捣其中心。这是拿破仑战争生涯中最精彩的一个战术。奥军被彻底击败,被迫躲在波希米亚附近的山里。法军再次以胜利姿态从多瑙河谷流域倾泻而下,用不到一个月的时间再次控制了维也纳。然而,拿破仑并没有像1805年那样掌握住西班牙首都附近的桥梁。他跨越多瑙河北岸,试图将对手引入早已设置好的陷

法军在阿斯佩恩遭遇重创

第13章 1813年前的法兰西帝国

阱中,但在阿斯佩恩遭遇重创。法军在河上分散开来,就连法军建造的人造通道也被突如其来的洪水冲走了。尽管如此,拿破仑坚韧不拔的毅力和高超的战术技巧弥补了这场灾难。到1809年7月5日,一部分从意大利和莱茵河派出的法军已经越过多瑙河,经过一座岛屿①进入了马奇菲尔德的广袤平原。随之而来的战斗血腥而可怕。卡尔大公卡尔·路德维希·约翰·洛伦茨成功打击了法军左翼,但奥地利军队的中心和右翼也被破坏了。这场孤注一掷的战斗共有三十万士兵参战。最终拿破仑以胜利的姿态站在了瓦格拉姆山头。虽然法军在这次战役中的表现不如奥斯特里茨战役、耶拿战役和弗里德兰战役那样势不可挡,但还是给奥

拿破仑以胜利的姿态站在瓦格拉姆山头

---

① 大军在此安营扎寨并修筑了防御工事。——原注

地利带来了无法承受的沉重打击。1809年秋季,法奥两国通过土地割让的方式在维也纳达成了和平。

　　法军实力通过这次战争得以恢复,并因随后的事件而越发强大。在瓦格拉姆战役中获胜后,拿破仑与多个附属国王室进行政治联姻。约瑟芬皇后没能为拿破仑生下孩子,于是,为了巩固和延续法兰西第一帝国,拿破仑与约瑟芬皇后离婚,不久后就与奥地利女大公玛丽·路易丝

约瑟芬皇后

第13章 1813年前的法兰西帝国

结婚了。这次婚礼庆典盛况空前，似乎令拿破仑的伟大形象更深入人心了。目前，因反复失败而疲惫不堪的奥地利倾向于同法兰西第一帝国结盟，因此，拿破仑在这一时期的光环并非虚幻。在西班牙起义的支持下，英国现在再次成为这位拥有三十多个军团的主人的唯一公开敌人。如果此时拿破仑将全部武装投入西班牙，那西班牙必然会俯首称臣并摆脱英国的控制。然而，拿破仑却忽略了西班牙，因为他还沉浸在1809年数次击败西班牙军队的喜悦中。法军尽管在波尔图被英军阻截，但在塔拉

拿破仑和奥地利女大公玛丽·路易丝的婚礼庆典

韦拉的一场战争中却迫使英军撤退到葡萄牙。虽然法军规模极其庞大，但随着征服范围的扩大，大军被分散地派往不同地点，并没有实施任何有决定意义的行动。这一态势被一位指挥官看得非常透彻，他的聪明才智将对未来的时局造成极大的影响。他不仅深刻地洞悉了拿破仑战争体系中的薄弱环节，还提出了最佳的应对策略。他就是阿瑟·韦尔斯利。因为在波尔图战役和塔拉韦拉战役中战功卓著，阿瑟·韦尔斯利被封为威灵顿公爵。他清楚地看到，法军的迅速入侵行动缺乏足够的补给物资，终将令法军陷入困境。由于半岛上的法军看起来不太可能会合在一起，所以威灵顿公爵阿瑟·韦尔斯利确信自己能找到办法来对付任何可能来袭的法军或者在任何形势下重新召集一支部队。为此，威灵顿公爵阿瑟·韦尔斯利在葡萄牙边境塔古斯河与大海之间的一处地方建了一个隐秘的堡垒。他下令，如果法军来袭，英军应该撤退到这个有利的地方并在撤退的同时摧毁附近地区。这些巧妙的安排将永留史册。拿破仑对

法军在塔拉韦拉的一场战役中迫使英军撤退到葡萄牙

第13章 1813年前的法兰西帝国

英军的作为毫不知情,并于1810年夏指示安德烈·马塞纳"把英国军队赶到海里去",但法军太过弱小,根本不可能完成这项任务。在萨科受阻后,安德烈·马塞纳狼狈地穿越了荒芜地带,却再次遇到难以逾越的路障。这就是著名的托里什韦德拉什防线。安德烈·马塞纳多次尝试引诱威灵顿公爵阿瑟·韦尔斯利进入陷阱,却无功而返,最终被迫撤退。当到达葡萄牙边境的据点时,安德烈·马塞纳所率领的法军早已被疾病和饥饿折磨得惨不忍睹。

威灵顿公爵阿瑟·韦尔斯利

这次意义重大的战役直接引起了欧洲反法同盟的骚动，点燃了他们的希望。拿破仑在西班牙境内的军队固然强大，但在关键时刻被一小支军队打败了。重要的是，英军指挥官似乎已经找到了对付拿破仑的方法。反法同盟开始研究威灵顿公爵阿瑟·韦尔斯利的战略，就像之前研究拿破仑的战略一样。"托里什韦德拉什防线"这个词就像曾经的里沃利和阿尔科莱一样，频繁地出现在人们的口中。同时，法兰西第一帝国与德意志的同盟极不稳固。欧洲反法同盟内部兴起的秘密团体令爱国主义死灰复燃，激励人们报复残暴的入侵者。尽管怯懦的奥地利王室和普鲁士王室远离是非，莱茵邦联各诸侯国继续阿谀奉承，但被分裂的大日耳曼家族成员①因共同的民族感情和对压迫的憎恨而逐渐汇聚到了一起。因大陆封锁政策而奄奄一息的荷兰也发生了多次骚乱。意大利的不满情绪也日益高涨。拿破仑和教皇庇护七世之间的激烈争吵加剧了欧洲的困局。法兰西第一帝国本土也出现了很多令人担忧的状况。波尔多、马赛和海港城镇里到处充斥着愤怒和痛苦的声音。西班牙战争的持续消耗使征兵变得不得人心。税收骤增致使商人的破产率持续走高。一度受严格管控的媒体和国家机构不再默不作声或阿谀奉承，而是越来越勇敢地发出心声。一场暴风雨即将来袭。法兰西第一帝国军队的真正实力越来越弱。来自瓦格拉姆的士兵比从布伦营地出来的士兵逊色得多。脆弱的新兵和倦怠的辅助人员不断加入队伍，加快了军队衰弱的速度。一言以蔽之，1807年本可以被注意到的、预示着危险的迹象，在1811年变得更显著了。此时，拿破仑的儿子降生了。几年前，继承人的降生被认为是巩固皇位的保障，但如今境况大不相同了。狂妄自大的拿破仑此时正处于人生巅峰，根本看不到正在蔓延的阴影。就在欧洲其他各国畏怯却愤愤不平时，拿破仑吞并了罗马、荷兰和汉萨同盟诸城，以便实现自己对意大利的统治并更彻底地实施大陆封锁政策。

---

① 指奥地利、普鲁士和莱茵邦联各成员国，它们曾是古代日耳曼联盟成员国。——译者注

拿破仑与玛丽·路易丝皇后的儿子虽然降生了,但不再是巩固皇位的保障

拿破仑的不断吞并给欧洲蒙上了一层阴影。这种扩张必然会引起欧洲大陆上唯一一个保持独立的国家的反感。不久之后，拿破仑拒绝保证解放波兰，也拒绝保证不会增强华沙公国的力量。沙皇亚历山大一世为此愤恨不已并撕毁了《提尔西特和约》。沙皇亚历山大一世抗议法兰西第一帝国吞并汉萨同盟诸城，反对法军自弗里德兰战役以来一直占领着普鲁士。拿破仑坚持认为实施大陆封锁政策是必要的。于是，纷争由隐晦的变成了公开的。沙皇亚历山大一世出于自卫放宽了一些严厉的限制条件。1811 年，拿破仑决定次年入侵俄国。拿破仑为这次行动做了全面的准备工作，超过了过去的任何一次行动。奥地利和普鲁士被迫为法军提供支持。莱茵邦联的诸侯国也奉命准备好特遣队。北德要塞建造了庞大的军备仓库，积累了大量的战争物资，以供五十万大军消耗。这样做的原因显而易见，寻常的战争策略在俄国难以顺利执行。按照拿破仑的伟大构想，整个西欧的军事力量都被联合起来了，无与伦比的远征部队建成了。缓慢渐进的庞大军队由意大利人、德意志人、荷兰人、波兰人，甚至是西班牙人和葡萄牙人与法兰西第一帝国统治者一起构成。他们从大陆的各个角落汇集在一起，组成了一个多民族和多语言的集体。1812 年初春，拿破仑的军队在德意志北部的平原上汇集。1812 年 5 月，拿破仑离开巴黎抵达德累斯顿。在这里，古代欧洲的那些谦卑落魄的国王在革命的"恺撒"面前屈尊行礼。1812 年 6 月 24 日，拿破仑率领四十五万大军和六万骑兵，携一千二百杆枪，从普鲁士边缘穿过尼曼河，进入俄国境内。法军虽然在几天之内就占领了维尔纽斯，但已经感觉到这一宏大计划所面临的重重困难——士兵逃跑、疾病频发、行军因途中的各种障碍被严重拖延。最终，在俄国的边境，俄军从拿破仑精心设计的战术布局中逃脱，并缓慢退回遥远的内陆。拿破仑迫不得已，也只好停下来长期休整。

现在，拿破仑想出了一个既能沉重打击俄国又不会招来任何危险的

第13章　1813年前的法兰西帝国

办法。其实，他本可以宣布归还波兰民族自由。但相比波兰人民，他更偏爱奥地利王室和普鲁士的王室。虽然法军里有大量波兰士兵，但拿破仑曾向维尔纽斯的一个代表团暗示，他必须实施这项可耻的分裂工作。1812年7月中旬，拿破仑将大部分法军留在维尔纽斯，率小部分法军追击撤退的俄军。俄军在巴克莱·德·托利和巴格拉季昂的指挥下分

巴克莱·德·托利

成两大阵营,并在立陶宛边境形成了绵长的战线——从德维纳河的德里萨到第聂伯河的源头。拿破仑的行动由于道路不畅和缺乏补给而变得缓慢,从而给法军造成了巨大的损失。巴克莱·德·托利小心翼翼地躲避开拿破仑,在维捷布斯克成功地与巴格拉季昂会合,集结起了一支由约二十五万精兵强将组成的团结大军。此时,拿破仑的大军已经损失了超过三分之一。尽管剩下的全是毫无经验的年轻士兵和辅助兵,但拿破仑希望以战术取胜。于是,拿破仑向斯摩棱斯克进军,企图改变俄军阵形

巴格拉季昂

第13章 1813年前的法兰西帝国

或者迫使俄军参与战斗。然而，已经成为俄军最高指挥的巴克莱·德·托利模仿威灵顿公爵阿瑟·韦尔斯利的防御方式，一击败拿破仑就撤退，以自己的方式摧毁了斯摩棱斯克。拿破仑只是进行了一场出拳却总也打不到对手的战斗，斯摩棱斯克就变成废墟了。于是，拿破仑决定继续追击。但拿破仑却为自己预留退路，派出军队去掩护和保护自己的侧翼和后方。拿破仑下令从德意志调来大量后备军。在拿破仑的指挥下，斯摩棱斯克和维尔纽斯等地建成了大量的军备仓库。如设想的一样，拿破仑的进军是安全的。他率领约一万六千人从斯摩棱斯克出发，穿过俄国的广阔地域，希望能够节节获胜。然而，尽管法军变得越来越虚弱，巴克莱·德·托利仍然坚持撤退策略。最后，俄军长时间撤退令沙皇亚历山大一世震怒。巴克莱·德·托利被撤职。曾在1805年战争中表现出色的米哈伊尔·库图佐夫奉命出战。1812年9月7日，在前往莫斯科

俄法两军在斯摩棱斯克展开战斗

的途中，法俄两军在博罗季诺相遇，并展开了史无前例的惨烈战斗。最终，俄军痛失阵地，拿破仑也没能获得实质性的胜利。不过，米哈伊尔·库图佐夫明智而谨慎地撤退了。1812 年 9 月 15 日，法军进入莫斯科，这是三色旗到过的最远的地方。

尽管法军遭受了严重的损失，但向俄国心脏地区大胆推进的举措看起来并没有错。现在，拿破仑渴望和平。然而，爱国主义和仇恨情绪导致了一场巨大的灾难。莫斯科州长下令向莫斯科开火，以切断法军的物资补给。由于莫斯科的建筑物主要由木头建造，所以很快就被火焰吞噬了。尽管如此，拿破仑仍然在周围徘徊，相信沙皇亚历山大一世还会与他谈判。此时，谨慎而机敏的米哈伊尔·库图佐夫将自己分散的力量集合起来，严重威胁着拿破仑的退路。谈判无望，法军于 1812 年 10 月 19 日离开了已经成为废墟的莫斯科。拿破仑打算向南行进，在途经国家添补后勤补给，然后到达立陶宛。然而，由于满载在莫斯科掠夺的战利品，法军行进速度非常缓慢。小雅罗斯拉维茨战役令拿破仑陷入了左右为难的境地。之后，拿破仑放弃了原先的计划，改为原路撤回。在这片荒凉的地区，饥饿与寒冷摧毁了数千名法军士兵，再加上米哈伊尔·库图左夫紧随法军侧翼，还有一群愤怒的哥萨克人也不断骚扰法军，法军陷入了深重的苦难。离开莫斯科前，法军尚有十万多名强壮士兵，但到达斯摩棱斯克废墟前，法军仅剩约四万名残兵。就在此时，军备仓库没能建成的不幸消息传来。两支俄军赶在法军前面拦截了拿破仑留下来保护自己侧翼的法军部队，截断了他的退路。这样一来，法军唯一的出路就是向前推进，开出一条通往维尔纽斯的路。随后，法军的残兵败将与曾试图保护它的侧翼的部队会合，沿着立陶宛的废墟无力地前行，且一直被无情的敌人追击。经历多次失败后，遭受巨大损失的法军来到了别列津纳河，遭到俄军的攻击，几乎被包围。原本会全军覆没的法军因拿破仑高超的作战技术获得了自救。法军逐渐接近俄国边境，途中死伤无

俄法两军在博罗季诺相遇,并展开了史无前例的惨烈战役

面对莫斯科的大火,拿破仑犹豫不决,仍然相信沙皇亚历山大一世会跟他谈判

小雅罗斯拉维茨战役

法军在撤退过程中由于饥寒交迫，行动非常缓慢

法军在别列津纳河遭遇敌军攻击,几乎被包围

数。在斯莫戈尼，拿破仑将指挥权交给了自己的妹夫，也就是那不勒斯的新国王若阿尚·缪拉，然后立刻赶回法兰西去征集新兵——对这一行为，后世的评判各有不同。拿破仑走后，原本七零八落的军队解散得更快了。庞大的后备军赶到，拯救了这些从莫斯科归来的幸存者。掠夺了维尔纽斯的军备仓库后，曾经不可一世的法军的残余部队陆陆续续地重新取道尼曼。其中有些部队是在维斯瓦河以北汇集起来的。当初进入俄国时，包括辅助军在内的法军人数逾五十五万人；如今，"帝国之鹰"仅剩不足五万人。

若阿尚·缪拉

第13章 1813年前的法兰西帝国

这次失败拉开了拿破仑没落的序幕。无论是军队人员构成存在弊端、行军作战受极寒天气影响,还是斯摩棱斯克战役后巴克莱·德·托利的战斗和撤退期间米哈伊尔·库图佐夫的战术,都是造成战败的原因。坚韧不拔的俄国人炮轰莫斯科,这让法军失去了冬季营地。在马洛斯拉夫茨等地,拿破仑没能表现出正常实力。尽管天才般的战术展现了他的作战能力,但最终他还是失败了。实际上,这场灾难的最根本原因是拿破仑的入侵规模过于庞大。在采取了一些错误的行动后,拿破仑遭遇了俄军。而当时正是俄军指挥官如鱼得水之时。在战斗之初,拿破仑设计了多种手段以确保军备充足,但均以失败告终,这导致饥饿的法军在贫瘠的土地上跋涉数百英里。于是,原本胜算很大的战术瘫痪了,战争也没能尽快结束。虽然威灵顿公爵阿瑟·韦尔斯利的托里什韦德拉什防线

法军撤退至维尔纽斯时,掠夺了那里的军备仓库

对拿破仑的败落贡献巨大，但拿破仑绝不是那些肤浅的批评家所称的疯子。不过，如果莫斯科没有突然被摧毁，拿破仑是否能取得胜利就不得而知了，毕竟这是任何一位领导人都无法预料的事情。拿破仑虽然过度自信，但在整个军事生涯中始终是一位伟大的指挥官。尤其在1812年，他实施这个宏伟计划时所犯的主要错误并非源于军事，而是源于政治，因为他拒绝占领波兰来解除沙皇的警备心。

第 14 章
拿破仑大势已去

离开法军残部的拿破仑满怀希望地以为维尔纽斯的将士们会团结一致。他取道波兰和德意志的冰封平原，乔装回到了巴黎。拿破仑这次归来与1799年作为一名勇士归来时所受到的待遇完全不同。尽管法兰西第一帝国的贵族通过卑躬屈膝来掩盖自己的恐惧，但人民仍然是沉默的，这往往是不祥之兆。拿破仑在外征战时所发生的一件事揭示了他的皇位是多么岌岌可危。一个名叫马莱的不起眼的共和党人散布了拿破仑死亡的谣言，并成功欺骗了法兰西第一帝国高层。拿破仑又听说即使是国家政府也从来没有想过让他的小儿子做继承人，这让他既惊讶又愤怒。为了巩固自己的王朝，拿破仑宣布在他死后实行皇后摄政制度。随后，他不得不把全部精力放在其他更棘手的事情上。"大军"中的普鲁士军刚进入库尔兰，还没走多远就完好无损地顺利撤退了。指挥官约克公爵弗雷德里克·奥古斯都因战争问题而受到评判，于是公然背弃法兰西第一帝国，率军投靠了俄军。这次叛逃犹如雪山崩塌，严重改变了当时的局势。德意志北部勇敢地武装了起来。耶拿战役之后，普鲁士开始重新建立军队且成果显著。尽管只是一支小小的常备军,但它完全有能力进行大型扩张,甚至向法兰西第一帝国宣战。汉萨同盟诸城爆发了起义。在萨克森州和莱茵邦联各国,伟大的法兰西第一帝国的统治动摇了,甚至在处于绝对统治之下的奥地利都变得动荡不安。跟随米哈伊尔·库图佐夫一同出兵的沙皇亚历山大一世支持对法战争。1813年的头几个月里,在战争形势的推动下,俄军和普鲁士军队席卷了北德平原,削弱了法兰西第一帝国的统治。若阿尚·缪拉率领大军逃离,放弃了对意大利总督欧仁·博阿尔内的统领。欧仁·博阿尔内不得不放弃驻守在奥得河和维斯瓦河的堡垒里的法军,不畏敌人洪水般的蹂躏,艰难地抵达易北河。

意大利总督欧仁·博阿尔内

第 14 章 拿破仑大势已去

听到这个情报后,拿破仑既鄙视又愤怒,暗自决心要化险为夷。与对西班牙起义的态度一样,他对德意志起义无比蔑视。他警告附属国国王要警惕这场所谓的"雅各宾运动",并在春天到来之前准备好特遣部队。他写信给他的岳父,也就是奥地利皇帝,表明希望得到奥地利的援助并对此满怀信心。但其实,在奥地利皇帝的心中,与法兰西第一帝国联盟的想法已经开始动摇。不过,拿破仑仍然掌握着法兰西第一帝国的实权。他竭尽全力弥补 1812 年的损失,为新的战争做好准备。他召集老兵加入"帝国之鹰",将国民自卫队编入正规部队,并提前进行下一年的征兵。短短几个星期内,拿破仑就召集了一支五十万人的部队,甚至赋予了它军事组织的形式。然而,新部队虽然仍顶着"大军"的辉煌

拿破仑的岳父奥地利皇帝腓特烈二世

名号，却与奥斯特里茨战役时的法军判若云泥。每位士兵都很弱，尤其是骑兵。尽管在伟大指挥官的领导下，这支军队表现出了一定的战斗力并获得了几次胜利，但仍有很多地方亟待完善。1813年4月的最后几天，拿破仑占领了易北河地区。很快，从易北河向埃尔斯特河和萨勒河撤退的若阿尚·缪拉率领的残余部队与拿破仑率领的部队在萨克森会合。在伟大领袖的领导下，这支新的部队迅速成长起来。这时，俄普同盟军已经越过易北河上游，暴露在了拿破仑的打击范围内，希望获得南德诸侯国的支持。俄普同盟军穿过吕岑广阔的平原，在莱比锡行军的过程中，袭击了法军。战争虽然残酷，但法军最终以智取胜。尽管法军的胜利实在有些微不足道，但反法同盟军里训练有素的士兵却被迫退伍，如此一来，反法同盟军的主力就是年轻的应征士兵了。拿破仑的辉煌似乎再次柳暗花明。巴伐利亚国王和萨克森国王匆忙交出自己的部队，供拿破仑驱使。几天后，拿破仑胜利攻入德累斯顿，并一路追击俄普同盟军至西里西亚边境，然后在包岑战役中击败了俄普同盟军，建立了赫赫战功。现在，拿破仑已经逼近奥得河和维斯瓦河。如果继续行军，他肯定会顺利解救出法军驻军，也许还会暂时镇压德意志的起义。但他认为，暂停行军几个星期将会大大改善军队的松散状态。他坚信自己将取得决定性的胜利，再加上奥地利的外援部队，他一定会让敌人臣服于自己脚下。然而事实证明，这是一个重大的、令人匪夷所思的政治错误。

　　随后的谈判鲜明地显示出，雄心和骄傲可能会让天才失去判断力。显然，奥地利目前在德意志参战国之间保持了平衡。尽管在奥地利境内的德意志军队希望与法军交战，但在吕岑战役和包岑战役之后，奥地利内阁却将与拿破仑保持和平作为重要目标，并提出了一些条款。根据这些条款，拿破仑将仍是法兰西第一帝国、意大利、荷兰和比利时的主人，而条件仅仅是实现德意志独立和镇压莱茵邦联。然而，拿破仑并不渴望和平，不肯接受奥地利内阁的提议。拿破仑在易北河沿岸加强军队实力，

俄普联军在莱比锡行军的过程中向法军发动袭击

拿破仑胜利攻入德累斯顿

拿破仑在包岑战役中击败俄普联军

希望在这里重现 1796 年的辉煌。他甚至希望在自己的军事力量足够强大时，能傲视全欧洲。显然，无论是奥军的援助、法军中德意志士兵愈加明显的背叛趋势，还是已经构成全面威胁的愤怒的民族起义，对拿破仑来说都变得无关紧要了。在这种情况下，奥地利政府无法继续顾及与法兰西第一帝国近期的关系，只好屈服于民主舆论，逐渐向反法同盟靠拢，但并没有参与实质性的战斗。直到遥远的战场上发生了一件事，奥地利才下定决心彻底与法兰西第一帝国割裂。托里什韦德拉什防线建成后，威灵顿公爵阿瑟·韦尔斯利立下了不少战功。接下来的一年里，他加强军队建设，不仅收编了葡萄牙的新征部队，将其训练成精锐部队，还削弱了从俄国归来的法军的力量。1812 年 7 月 22 日，威灵顿公爵阿瑟·韦尔斯利在托尔梅斯河畔的萨拉曼卡战役中赢得了重大胜利。尽管最后不得不撤退，但他解放了半岛的很多地方。1813 年，威灵顿公爵

威灵顿公爵阿瑟·韦尔斯利在萨拉曼卡战役中赢得重大胜利

第14章 拿破仑大势已去

阿瑟·韦尔斯利发动了决定性的袭击。在西班牙新征军的支援下，他率领着首次在人数上超过了法军的大部队从葡萄牙出发，在维特多利亚击溃法军。他迅速抵达比利牛斯山，站在那个几个月前还似乎无懈可击的强大帝国的边境。这一辉煌的战绩令奥地利下定决心，彻底倒向反法同盟。而以法兰西第一帝国为中心的最强大的联盟，如今已是千疮百孔。

很明显，拿破仑犯了一个致命的错误，那就是他拒绝接受奥地利的条款。拿破仑尽管已经看透奥地利的虚伪面目，但仍然狂妄傲慢。1813年8月10日，战争开始了。这次战争的战线拉得很长。从奥得河到易北河，从波希米亚地区到波罗的海，到处弥漫着硝烟。战场的中心位于萨克森和普鲁士南部的平原上。正如我们所看到的，拿破仑占领了易北河，在桥上投入了大量兵力，将次要力量派往易北河和奥得河的对岸。拿破仑据守这个军事要地，希望用曾经击败维尔姆泽和约瑟夫·阿尔温奇的战术击败反法同盟军，再创辉煌。然而，战争形势发生了变化。相比提洛尔和阿迪杰河之间的狭窄地区，在奥得河和易北河之间的广阔空间内追击敌人分散的兵力要难得多。反法同盟军指挥官对拿破仑的战术风格了如指掌。最重要的是，法军的兵力远不及反法同盟军。反法同盟军主要由经验丰富的将士组成，而且满怀民族仇恨情绪。反法同盟军的总体方案是避开拿破仑所率大军的袭击，转而攻击由其他军官率领的较远的分支部队，逐个击破，待拿破仑的力量彻底受损时再发起围攻。最终，反法同盟军以五十五万对三十六万的人数优势如愿获胜。然而，反法同盟军的首次行动由于计划不当，让拿破仑获得了辉煌的胜利。拿破仑在上西里西亚抵抗普鲁士军队，施瓦岑贝格亲王卡尔·菲利普趁机统领奥俄盟军穿过德累斯顿的波希米亚山脉。但他们行动缓慢，给了拿破仑足够的时间赶回来。在这场激战中，奥俄盟军不幸战败，因仇视法兰西第一帝国统治者而加入这场战斗的让-维克多·马利·莫罗也不幸战死。

拿破仑以为现在已经压制住了反法同盟军的力量，但他即将在一场袭击中明白，眼前的对手是多么坚韧不拔。拿破仑派出一支队伍穿过波希米亚的通道拦截反法同盟军的退路。这个策略如果放在马伦戈和里沃利时代可能会取得成功。然而，不知是由于过度自信，还是由于拿破仑的副将们的失误，这支士气不振的法军最终没有取得胜利。在库尔姆，反法同盟军并没有像预料的那样弃甲投降，而是坚决地、士气激昂地向法军发动了攻击，并将其一举歼灭。如果说反法同盟的这次胜利重新平衡了双方的战争气运，接下来的事件则彻底扭转了局面。反法同盟军愈挫愈勇，按计划向远离拿破仑的两支法军支队发起了攻击，一支位于西里西亚的卡茨巴赫，另一支位于普鲁士的格洛贝伦和德里维兹。反法同盟军逐渐缩小巨大的包围圈，将法军团团围住，取得了压倒性的胜利。同时，法军的力量因战事失利、疾病和物资匮乏而大大削弱。莱茵邦联首领们的立场越来越不坚定，逐渐变得具有威胁性。数千名辅助军逃离了法军，而大批起义军紧咬日渐衰弱的法军不放，不断发动破坏性的攻击。最终，发动总攻的时候到来了。1813 年 9 月的最后几天，普鲁士最勇猛的将领格布哈德·列博莱希特·冯·布吕歇尔与让 - 巴普蒂斯特·朱勒·伯纳多特一起渡过易北河。同时，施瓦岑贝格亲王卡尔·菲利普也再次从波希米亚出兵。反法同盟军的目标是在莱比锡会合，联手打败对手。而拿破仑如果行动顺利，也许会迷惑对手，但他不信任自己的后备部队，逐渐被困在莱比锡，不得不在非常不利的情况下进行战斗。1813 年 10 月 16 日，第一场战斗打响，尽管反法同盟军至少有二十三万人，法军不超过十五万人，但拿破仑凭借超强实力使这场战斗难分胜负。到了 1813 年 10 月 18 日，反法同盟军获得了大批援军的支援。萨克森部队在战场上倒戈，猛烈地攻击法军。一场殊死决斗后，身陷绝境仍英勇战斗的法军被迫离开莱比锡。埃尔斯特河上唯一的一座桥是撤退的必经之路，现在却被毁坏了，这令法军一片混乱。大部分法军士兵

反法联军在卡茨巴赫向法军发动攻击

反法联军在格洛贝伦向法军发劲攻击

反法联军在德里维兹向法军发动攻击

战死沙场,曾在多场战斗中取得胜利的法军被驱赶到莱茵河边。驻守奥得河和维斯瓦河的法军则被抛弃了,只能听天由命。败退的拿破仑仍有一线微弱的希望。巴伐利亚已经加入了反法同盟,它的其中一支队伍鲁莽地将自己暴露在拿破仑大军面前,任其摧毁。然而,1813年11月的头几天,四分五裂的反法同盟再次汇集力量,组成反法同盟军,横跨莱茵河,将军旗带到了岌岌可危的法兰西第一帝国。

萨克森战役的结果已然如此。尽管德意志军队的叛逃在很大程度上影响了最后的结果,甚至可能会令那些吹捧法兰西第一帝国军事荣誉的人缄口不言,但德意志最终摆脱了外国的入侵,其人民也表现出了强烈的爱国主义精神。在其他战场上,法兰西第一帝国的运势也开始走向低谷。奥地利从北部入侵意大利,在阿迪杰河沉重打击了欧仁·博阿尔内总督。在与法军中尉苏尔特发生了激烈冲突后,威灵顿公爵阿瑟·韦

苏尔特

第 14 章 拿破仑大势已去

尔斯利从比利牛斯山边境侵入法兰西第一帝国。于是，战争从四面八方朝法兰西第一帝国涌来；而庞大的法兰西第一帝国内部也显现出了覆灭的迹象。不久之前，莱茵邦联的首领们已经放弃了拿破仑。威斯特伐利亚王国已经灭亡。因大陆封锁体系而变得虚弱的荷兰，甚至比利时，已经或者即将起义反抗。而在遥远的南方，为了拯救那不勒斯，若阿尚·缪拉正在与奥地利周旋。用拿破仑的话来形容，若阿尚·缪拉是一个"战场上的圣骑士，议事厅里的傻子"。一时间，法兰西第一帝国的局势变得极度紧张，一切都预示着灾难的来临。1812年、1813年及与西班牙战争的这几年，国家的军事力量被严重消耗，留下的只有曾经践踏欧洲的骄傲军队的辉煌记忆。即使是在1812年以前，法军的战争物资也处于缺乏状态：要么在一百多场战斗中消耗殆尽，要么被运到了阿迪杰河和易北河。一度由战利品支撑着的国家经济也陷入了疲软状态，并最终完全崩溃了。1793年的热情已经消失。长期的战争和专制主义削弱了国家力量，使整个国家陷入困境。举国上下再也无法忍受继续扩张或失败，更失去了战胜眼前困难的勇气。许多利益阶层虽然依附着法兰西第一帝国，但大都在私下表达了不满。政府的奴性加重了由革命国家的不稳定性和民族性格的多变性所引起的危机。

尽管法兰西第一帝国四面楚歌，但拿破仑却一点儿也不悲观绝望。在关键时刻，他本可以通过割让莱茵河边境换来和平，但他一门心思要进行一场殊死的战斗。尽管他的本性是拒绝求助于民众，但他还不得不下令将所有在军中服过役的法兰西人召回战场。据拿破仑估计，反法同盟军到1814年春才会有所行动。于是，他准备为保卫法兰西第一帝国的大部分地区而战。他将部队分布在斯凯尔特河至阿迪杰河的绵长阵线上，相信有足够的时间来提升法军的作战能力。拿破仑尽管最终抛弃了西班牙，但下定决心为整个莱茵河和意大利而战。如果拿破仑能将这个计划制定得更完善，战争结果很可能会完全不同。但反法同盟军已经从

1793年的错误中学到教训且不会再犯。反法同盟军将领们的情绪与旧时的约克公爵弗雷德里克·奥古斯都所率军队和不伦瑞克公爵查尔斯·威廉·斐迪南所率军队的情绪截然不同。1813年12月末,反法同盟军开始迫使拿破仑调兵行动。格布哈德·列博莱希特·冯·布吕歇尔和施瓦岑贝格亲王卡尔·菲利普兵分两路,从科布伦茨穿过莱茵河到达巴塞尔。当让-巴普蒂斯特·朱勒·伯纳多特从北方入侵比利时之时,在南方的威灵顿公爵阿瑟·韦尔斯利已经推进至阿杜尔河。突如其来的入侵令拿破仑陷入困境。几个星期以来,在曾经最难攻克的地方,反法同盟军并没有遭到任何抵抗。格布哈德·列博莱希特·冯·布吕歇尔和施瓦岑贝格亲王卡尔·菲利普一边驱赶前方虚弱的法兰西小部队,一边占领沿途

格布哈德·列博莱希特·冯·布吕歇尔

第14章 拿破仑大势已去

的一些要塞，很快就通过了孚日山脉。1814年1月中旬，各路反法同盟军顺利会师，并到达了香槟地区广袤平原的尽头。这片平原中有许多跨越香槟地区的河流，这些河流从洛林和弗朗什·孔泰的西部山区一直延伸到法兰西首都。

此时，军事形势使拿破仑感到希望渺茫。他实际召集起来的军队只是预想中的一小部分，就算是加上西班牙的残余部队，也不超过二十五万人。他要靠这支部队去对抗人数多达五十万的反法同盟军及其数不胜数的后备军。从某种程度上说，法军纪律松散且士气低落，就连军官们也失去了从前的信心。而反法同盟军则屡战屡胜，士气大涨。法

施瓦岑贝格亲王卡尔·菲利普

军除了屈服似乎没有任何希望了。即使是谄媚的国家机关和革命新贵族也开始公开地表现出对拿破仑的不服和不满。尽管格布哈德·列博莱希特·冯·布吕歇尔和施瓦岑贝格亲王卡尔·菲利普各自率领着二十多万大军,且随时可能在香槟地区会合,而拿破仑手下还不足七万人,但拿破仑并没有气馁,而是准备背水一战。前几次行动不幸失败后,拿破仑企图大胆地分裂反法同盟军,便在布里耶纳展开了一场毫无意义的战斗,并在拉罗蒂埃遭受惨重的损失。反法同盟军如果乘胜追击或者采取普通的战略,就一定有机会赢得战局。但格布哈德·列博莱希特·冯·布吕歇尔和施瓦岑贝格亲王卡尔·菲利普却改变了路线,并因互相厌恶和嫉妒而产生了分歧。于是,在这个关键时刻,反法同盟军不仅不团结一致,反而分裂了。两位将领各自向巴黎进军,一支沿着马恩河,另一支沿着塞纳河。拦截在他们前进道路上的伟大士兵抓住机会,充分展示了自己战斗力。拿破仑完美地利用了这两条河流所形成的障碍,为自己争取了有利条件,留下一个支队来牵制施瓦岑贝格亲王卡尔·菲利普。1814年2月初,过度自信的格布哈德·列博莱希特·冯·布吕歇尔将军队分散在马恩河沿岸,而拿破仑抓住时机与格布哈德·列博莱希特·冯·布吕歇尔展开战斗。这次战斗的成果毫不逊于拿破仑1796年的伟绩。在攻击普鲁士军队侧翼的同时,拿破仑遭遇了普鲁士的其他支队。于是,拿破仑迅速发动了可怕的进攻,在尚波贝尔、蒙米拉伊和沃尚普将普鲁士支队一一击败。在不到一个星期的时间里,战败的格布哈德·列博莱希特·冯·布吕歇尔被拿破仑一路追击,并在沙隆被彻底击垮,人数仅剩原来的一半。随后,拿破仑从马恩河来到塞纳河,将注意力放在了第二号对手身上。不久之后,施瓦岑贝格亲王卡尔·菲利普也毫不谨慎地率军向前推进,在蒙特罗和南吉斯经历了两次失利,被迫撤退。反法同盟军损失惨重,施瓦岑贝格亲王卡尔·菲利普开始偃旗息鼓。1814年2月底,拿破仑再次回到一个月前曾占领过的香槟地区。

拿破仑在蒙米拉伊击败反法联军

沃尚普战役中的法兰西骑兵

法军在蒙特罗战役中大败奥军

这些行动虽然是因为对手的失误才能成功，却成了拿破仑军事生涯中的卓越范例。现在，谈判已经开始。如果拿破仑放弃比利时和意大利，那他还可能保留一部分战利品。但不仅是出于不屈不挠的精神，也是出于最近的胜利带来的自信，拿破仑拒绝放弃比利时和意大利。反法同盟军决定继续战斗，其他战场上的行动给反法同盟军指明了方向。威灵顿公爵阿瑟·韦尔斯利的队伍进军加斯科尼。欧仁·博阿尔内总督被逐出意大利。革命时代的不忠之徒若阿尚·缪拉正准备从那不勒斯出军，与反法同盟军合作。因此，英军将对抗法军的主力军队，并从东部发起新的攻击。在这个关键时刻，苏尔特的军队实际上比拿破仑的更具优势。虽然看似不可能，但反法同盟军确实即将粉碎无比强大的法军。1814

让-巴普蒂斯特·朱勒·伯纳多特

第14章 拿破仑大势已去

年3月初,战争重新开始。为了确保胜利,让-巴普蒂斯特·朱勒·伯纳多特被派往默兹河,否则施瓦岑贝格亲王卡尔·菲利普拒绝动兵。如果能与格布哈德·列博莱希特·冯·布吕歇尔联合起来,施瓦岑贝格亲王卡尔·菲利普的军事力量将远比拿破仑的军队有优势。拿破仑打算故伎重施,首先对付格布哈德·列博莱希特·冯·布吕歇尔。就在拿破仑快要抓住他那胆大却没什么头脑的宿敌时,格布哈德·列博莱希特·冯·布吕歇尔因苏瓦松的投降而获救,并率军加入了让-巴蒂斯特·朱勒·伯纳多特的先锋部队,再次以强大的战斗力投入战争。在拉昂经历了腥风血雨后,拿破仑不得不重新穿越亚辛。因为没有击败格布哈德·列博莱希特·冯·布吕歇尔,所以拿破仑认为自己同样无法战胜施瓦岑贝格亲王卡尔·菲利普。感受到反法同盟军的威胁后,拿破仑做出了一个决定。这个决定虽然致命,但作为一个军事计划,它展现了拿破仑无与伦比的战争艺术。若是在其他场合,这个决定也许会取得成功。奥得河和维斯瓦河的法军兵力早已消失,相当多的法军兵力却被围困在默兹和摩泽尔的堡垒中。于是,拿破仑决定撤回洛林,将这些驻军收入麾下,然后采

拉昂战役之后,拿破仑率大军撤退

用梅拉斯在马伦戈战役所采用的战术，率领这支精锐部队攻击反法同盟军后方，将其彻底击败。撤退途中与敌人发生短暂的冲突后，拿破仑从奥布继续出发，用马群掩盖这次行动的真正目的，以寻找通往摩泽尔的道路。

通常情况下，拿破仑的这次行动无疑会严重阻碍反法同盟军的进程，并可能向反法同盟军发动攻击。然而，尽管格布哈德·列博莱希特·冯·布吕歇尔和施瓦岑贝格亲王卡尔·菲利普遭受了沉重的打击，但反法同盟军仍紧紧地团结在一起，并且士兵们士气高涨。在1814年3月24日举行的一次战争会议上，反法同盟军决定不顾拿破仑的行动，直接进军法兰西首都，迅速结束战争。这个大胆的计划与巴黎人民的心声不谋而合，因为这个因战争而千疮百孔的民族已经厌倦了法兰西第一帝国的统治。许多大城市深陷危难之中，长期保持沉默的保皇党和共和党再度抬头。而在思想和意见高度集中的首都巴黎，拿破仑摇摇欲坠的宝座也已被阴谋破坏。无论是在拿破仑辉煌时期对他尊崇有加的富有新贵族，还是曾因无实权而遭到蔑视却又重获权力的政府机构，抑或因最近二十年里的事件而士气低落的鲁莽民众，都无比渴望回归和平、保存革命成果，甚至希望拿破仑退位。这段时间以来，巴黎一直是动乱和荣耀的焦点。因此，反法同盟军越来越相信巴黎的命运将决定局势的走向。反法同盟军迅速行动，聚集在毫无防御能力的巴黎周围。在反法同盟军前进的过程中，几支微不足道的军队企图阻止反法同盟军但都无功而退。反法同盟军很快抵达了巴黎周围的山丘。1814年3月30日，一场短暂而激烈的战斗后，巴黎投降了。很快，反法同盟的希望就实现了。为了保障自身的权力，曾经谦卑的参议院宣布废黜拿破仑，而代表民族或国家的其他机构也亦步亦趋。在欧洲列强的支持下，除了复辟波旁王朝别无选择。于是，路易十六的兄弟普罗旺斯伯爵路易·斯坦尼斯瓦夫·塞维尔即位。波旁王朝复辟后，人民举行了一些喜气洋洋的庆祝活动。无论是接受法兰西第

第14章 拿破仑大势已去

一共和国的灭亡，还是认可法兰西第一帝国的建立，法兰西人都坚决果断，尽管如此，他们仍然强烈地感受到了失败的屈辱，迫于无奈地接受了波旁王朝。在灾难面前，仍然有许多人没有忘记拿破仑，谴责他为毁灭的象征。

在这些铭记史册的事件发生的同时，拿破仑继续向东进军。但拿破仑得知反法同盟军的行动后，急忙从香槟地区折回。废黜拿破仑、复辟波旁王朝的协议正在签署时，拿破仑率领约七万大军到达了枫丹白露。他决定破釜沉舟，向反法同盟军发动攻击。此时的反法同盟军自信能确保胜利，便随意地将军队散布在塞纳河上。然而，拿破仑的副将们抗议

复辟波旁王朝的协议签署时，拿破仑尚在枫丹白露

这个可能摧毁巴黎的计划，甚至认为如果拿破仑坚持到最后，仍会有一线希望。一个叫马尔蒙的副将不赞同拿破仑的计划，率领自己的部队投靠了反法同盟军。伟大征服者的力量分裂了。现在，拿破仑被敌军团团围住，毫无防守之力。几天后，拿破仑退位了。尽管士兵们仍忠于这位领袖，但这位曾统治着占欧洲面积六分之五的国家和地区的主人，被那些曾经将他捧上神坛的人们孤立、嘲弄、漠视。我们不得不承认，人心是多变的，肆无忌惮的野心是会遭到惩罚的。拿破仑离开了法兰西王国，被放逐到厄尔巴岛。与法兰西第一帝国军队也就是"现代恺撒"第十军深情告别后，拿破仑出发前往他个那小小的王国。途中，沿海城镇的平民不止一次地围困他、咒骂他，这使他感受到了大陆封锁体系带来的苦难。就这样，近代世界史上最伟大的人物、19世纪初的激烈冲突和法兰西大革命的宏伟产物、曾在某种程度上被公正地称为"路西法"①的人，从最崇高的神坛跌落了。有些人视拿破仑为破坏性的、残忍的、不人道的、自私的暴君，那是因为他们只看到了他性格的一小部分，并将其错误地放大，以偏概全了。拿破仑尽管有很多缺点甚至罪行，但为法兰西带来的好处值得永恒记忆。且不看从一开始就充满邪恶并且注定带来灾难的专制统治，也不看总是蕴藏危机的勃勃野心，至少法兰西第一帝国的政府在某段时期内是稳健实干的，何况拿破仑沾满鲜血的征服事业也并非没有为欧洲带来好处。拿破仑的没落并非偶然事件，自古以来，所有掌握着无限权力之人的结局大多如此。《提尔西特和约》签订之后，这位君主违反历史规律，以卑鄙手段侵略西班牙，与欧洲列强一起密谋并侵入俄国的冰封沙漠地带，并以自身优势迫使他国臣服。相较于以德服人，他更喜欢以武力挑战全世界。与《吕内维尔条约》《罗马协定》《拿破仑法典》产生时的拿破仑相比，他已然判若两人。拿破仑在实现

---

① 路西法出自《旧约·以赛亚书》第 14 章第 12 节，意为"明亮之星"。此处指军功卓越耀眼但最终沦落的拿破仑。——译者注

拿破仑签署退位诏书，正式退位

拿破仑与帝国军队深情告别

自己的目标时毫无顾忌、冷酷无情，这在很大程度上是由当时社会的道德混乱造成的。无论别人怎么说他以个人为中心，他都将个人与国家伟业紧密联系在了一起。作为将军，拿破仑为近代军事的发展做出了巨大的贡献。作为军事首领，尽管战斗激情和大胆的想象力使他过于自信，但他超群的智慧是不可磨灭的。尽管他的入侵策略并不总是万无一失，但无论从哪个方面来说，拿破仑堪称军事艺术的大师。在解决最复杂的军事科学问题方面，他的能力少有人及。作为政治家，拿破仑所犯的最大错误就是蔑视民族感情和民族本能，以至于后来酿成许多失误。他也许并没有展示出作为高级政治家的天赋，但有充分的理由鄙视和不信任从前的法兰西人民运动。他拥有最高行政管理权，甚至政府权力。此外，他的专制统治在法兰西当时的条件下是不可避免的，并且多年来一直是法兰西人的荣耀。在某种程度上，崇高的制度和伟大的措施证明专制统治在某些方面是正确的，将永留史册。拿破仑既是革命的产物，也是革命的控制者。他被历史潮流推到崇高的位置上，成了那个美好时代里最出色的人物。随着时间的流逝，他与被统治地区的民族的相悖观点终将淡化，只有那个伟大的名字仍闪耀光芒。

法兰西人迅速无情地抛弃了拿破仑，再次印证了这个民族的性格。国家官员和政要抛弃了赋予他们所拥有的一切的主人，这与耶拿战役和奥斯特里茨战役后他们对拿破仑所表现出的忠贞及反法同盟军在1813年到1814年的团结一致形成了鲜明的对比。不过，我们在一致谴责法兰西人之前，必须考虑全面，而且一定要有理有据。法军虽然已经做出极大的努力——比欧洲任何其他国家所做出的努力都要多，但仍在入侵来临时彻底崩溃了。在这种情况下，法兰西人抛弃了君主，因为此时的君主是这个国家痛苦的源泉。对此，我们丝毫不感到奇怪。至于拿破仑的元帅和官员们在他遭遇不幸时弃他而去，这种行为对新"贵族"来说实属惯常，因为他们是新兴的权力政府，缺乏真正的贵族应该具备的传统精神和荣誉感。然而，除了削弱民族气质之外，革命的另一个必然结果就是切断了将国家和整个社会联系在一起的每一条纽带。因此，当拿破仑的权威突然崩溃、国家无法承受灾难的重压时，政府和人民迎来了真正的考验。我们不能认为所有阶层都对法兰西第一帝国的衰落漠不关心，至少军队的残余士兵为其首领感到难过。拿破仑的名字在法兰西王国的一些地方仍极具影响力。我们也不能把导致拿破仑的统治不稳固的原因全部归结于革命，因为波旁王朝被推翻时比法兰西第一帝国还要强大并且追随者更多。事实上，在 1789 年事件之前，旧秩序的腐败已经摧毁了法兰西人的忠诚和信仰。我们不应把在这个国家建立政权的一切困难都归咎于随后的混乱时代，尽管这确实是个主要原因。我们还必须补充一点，不仅是那些新阶层或新官员背叛或抛弃了拿破仑，就连他的皇后也轻蔑地甩开了他，犹如甩掉一个不愉快的噩梦。至于他那被贬为平民的妻子，一听到他被击败的消息后，就因伤心过度离世了。

第 15 章
百日政权与滑铁卢战役

　　巴黎投降后，整个法兰西王国受反法同盟摆布。不过，由于英国介入，这个被征服了的国家重获和平的过程并没有想象中那么复杂。尽管这个国家所有革命战争的成果都被剥夺了，但原有的疆土仍完好无损。尽管大国吞并小国的普遍趋势削弱了它的影响力，但它至少仍旧是路易十六时的法兰西。继巴黎和平后，1814 年秋，维也纳会议召开了，其任务是重建欧洲大陆。在这次伟大的会议上，北方列强表现出了不逊于拿破仑本人的政治野心。俄国扬言要吞并整个波兰。普鲁士对与法兰西第一帝国和盟国合作时所获得的利益仍不满足，希望获得德意志的大部分地区。各国代表的借口让人无法忍受，一场新的全面战争似乎迫在眉睫。在此期间，法兰西王国新国王路易十八竭力巩固自己的权力，却也面临着难以克服的困难。很快，波旁君主制被视为国家灾难和耻辱的象征。法兰西人迫切地渴望和平，却不得不承认自己已经战败的事实。于是，在法兰西人眼中，自己遭受屈辱和失败的罪魁祸首是统治阶层。路易十八的政府连续犯错，而它的下属机构的作为更加深了人们对它的警惕与怀疑。法兰西第一帝国的军队被拆散了，威名远扬的三色旗也被取缔了。新革命的许多成果不是被公开攻击，就是被暗中威胁。令人反感的阶层划分再次出现，令 1789 年赢得的民权平等得而复失。过去几年里基于大量充公没收的财物而形成的贵族阶层的根基动摇了。与路易十八一同归来的移民贵族幸存者的态度和行为引起了普遍的反感。对于这些令人憎恨的旧时代的代表，法兰西人认为"既不能忘却，也无法理解"。移民贵族极力呼吁恢复封建陋习，并计划适时地采取行动。这些地位尊崇的男人周围蜂环蝶绕，给整个凡尔赛蒙上了一层萎靡之风。

路易十八

第15章　百日政权与滑铁卢战役

于是，路易十八登上王位才几个月，法兰西人民就对他产生了敌意。在愠怒与不满的情绪中，人民开始希望发生某些变化。尽管在法兰西第一帝国时代受封的贵族和元帅们顺从或假装顺从复辟的波旁王朝，但愤怒的情绪很快在仍忠于拿破仑的军队中变得越来越激烈，就连年轻军官们也不例外。拿破仑一直在地中海的小岛上密切关注着法兰西王国的动态，并设计了一个出逃计划，企图逃离这个皇室囚禁地。1815年2月26日，拿破仑按照连自己也认为无比大胆的计划出发了。他要在全欧洲都反对他的情况下重建法兰西第一帝国。他率领着一支由几百名帝国卫队士兵组成的舰队。有人认为拿破仑的目的不只是对抗暗中迫害自己的路易十八，更是要挑战欧洲。这种观点显然是不公正的。1815年3月1日，这支小型远征队踏上了普罗旺斯的海岸，几年前，年轻的拿破仑从埃及归来时就是在这里登陆的。人们欣喜万分，热烈欢迎这支幽灵般突如其来的队伍，因为人们并没有忘记马伦戈战役是如何将自己从外国入侵中解救出来的。于是，这位被放逐者在几个小时内就穿越了多芬。他一路向前，并在途中不断呼吁爱国主义者加入。很快，拿破仑的军队散发出了强大的、看似势不可挡的力量。在曾经爱戴且不能忘怀的伟大领袖面前，奉命前来阻止拿破仑的一批又一批士兵无不丢盔弃甲。在极短的时间内，拿破仑原本微不足道的小队伍已经聚集成一股相当强大的力量，并且每经过一个地方人数都成倍增加。1815年3月9日，他抵达格勒诺布尔；1815年3月10日，他占领了里昂。随着拿破仑的不断推进，敌对势力似乎在他面前消失了。一时间，整个法兰西王国军队大范围造反。曾任拿破仑得力副将的奈伊也在战争洪流中倒戈，重新投靠拿破仑。波旁王朝的形势急转直下，路易十八逃出了边境。1815年3月20日，精力充沛的被放逐者再次回到杜伊勒里宫。两个星期内，王室发动的一场无力的反抗被悄然镇压。拿破仑曾生动地描述道："帝国之鹰带着三色旗，飞过重重塔尖，最终到达圣母院的塔楼。"重新将拿

1815年2月26日，拿破仑带着远大的计划从厄尔巴岛出发

法兰西人民欢迎拿破仑从厄尔巴岛归来

破仑送上皇帝宝座的主要功劳属于军队。尽管对眼前的景象深深着迷的法兰西人非常欢迎主人归来，但比起相信甚至希望法兰西第一帝国永垂不朽，真正让他们欣喜的是波旁王朝的远去。

重获皇位后，拿破仑向欧洲列强做出了和平保证。不久之后，他又提出制定一部比以往任何时候都更自由的宪法及双重议会和自由保障制度。拿破仑的行为是否真诚，我们不得而知。但事实上，没有人相信他是真诚的。拿破仑发现，无论自己如何努力地表达和平意愿，都无人相信。得知他从厄尔巴岛回来的消息后，反法同盟暂时停止了分歧。反法同盟宣布拿破仑即位为非法行为，同时出动军队入侵法兰西，企图镇压这位"篡位者"。于是，拿破仑面临着与整个欧洲的武装力量对抗的局面。他决定勇敢面对这即将到来的暴风雨。不管批评者们如何评判，他都做出了伟大的、名副其实的努力。他既没有向民众求助，也没有企图复苏1793年的记忆。面对这个千疮百孔的国家，拿破仑虽然早已没有了当年的激情，但仍然不遗余力。虽然他最终失败了，但那是因为这场战争的性质与国民公会时期获胜的那场战争的性质毫无共同之处。幸运的是，在上一次反法战争中被俘的成千上万的法军士兵回到了自己的国家。拿破仑利用这些老兵优化了法军资源，将势单力薄的法军变成了一支不少于六十万人的强大力量，而且其中二十万人已经准备好随时参加战斗。现在，拿破仑面前有两个计划：要么等待反法同盟军进攻巴黎，因为他早已加强防御；要么发动突袭，分散反法同盟军的兵力，并逐一击破。最终，他决定坚持一贯的战略思路，采取第二个计划。也许这个计划在当时看来并不明智，但它还是非常出色的。反法同盟军入侵的最前线是格布哈德·列博莱希特·冯·布吕歇尔和威灵顿公爵阿瑟·韦尔斯利率领的两支军队，他们在从斯凯尔特河到默兹河的比利时境内安营。当他们沿法兰西边境分散开时，法军就有机会向他们发起猛烈突袭。而此时，这两支反法同盟军的援军仍远在易北河和奥得河。因此，攻击和分裂敌对阵营的这支先头部队并逐个摧毁它们,这个目标是极有可能实现的。如果在这个决定性战役中取得胜利,谁又能保证接下来的历史会如何呢?尽管拿破仑的军队处于劣势,但许多著名的战役已经证明拿破仑有能力在危急情况下扭转运势。

1815年6月的第二个星期,拿破仑开始了这场破釜沉舟之战。法军各支队以精湛的战术实施佯动,从而隐藏了真实目的。法军各支队迅速从里尔赶到梅茨会合的同时,帝国卫队也从巴黎向前推进。拿破仑的目的就是将部队秘密集合起来,然后向比利时军队发动突袭。1815年6月12日,拿破仑率军离开首都。到1815年6月14日傍晚,整个法军在紧挨着桑布尔河岸的法兰西边境集合。法军大约由十三万人组成。虽然旺代的突然起义使拿破仑失去了两万多将士,而且格布哈德·列博莱希特·冯·布吕歇尔与威灵顿公爵阿瑟·韦尔斯利的军队人数达

拿破仑帝国卫队的骑兵

拿破仑帝国卫队的步兵

二十二万人之众，但拿破仑的成功经验令他相信自己有希望获得精彩的胜利。1815年6月15日上午，法军开始行动。法军的行动虽然被普鲁士军队的巧妙计策拖延了，但前进的速度仍旧很惊人。经过桑布尔和占领沙勒罗伊后，法军直奔反法同盟军中线，也就是从那慕尔到布鲁塞尔的大道。正如拿破仑预料的那样，此处的防守确实很薄弱。天亮之前，法军已经到达哥斯利，尽管没有达到拿破仑所期望的那么远，但也占据了最有利的位置，并能轻易到达敌人的前哨所在地——那里的敌军力量还不够集中，相当薄弱。1815年6月16日，法军再次前进。以勇猛著称的格布哈德·列博莱希特·冯·布吕歇尔急于战斗，尽管自身军队松散且威灵顿公爵阿瑟·韦尔斯利叮嘱他不要采取冒险行动，但他还是向在利尼附近的拿破仑宣战。这是有史以来最激烈的一次交战，战斗双方都士气激昂。最终，拿破仑智胜格布哈德·列博莱希特·冯·布吕歇尔。主力部队受到沉重打击的普鲁士军队损失惨重，被逐出了战场。同时，奈伊在夸特布拉斯以西几英里的地方袭击了威灵顿公爵阿瑟·韦尔斯利。尽管这位英军将领无法为格布哈德·列博莱希特·冯·布吕歇尔提供援助，但他却成功地牵制住了奈伊，并且保护了普鲁士军队的侧翼免受法军攻击，否则利尼可能会变成第二个耶拿。不过，一个意外事件破坏了这个圆满的结果。奈伊在后方留下了一部分力量。身在利尼的拿破仑得知奈伊所取得的进展非常有限，于是命令奈伊所留下的这一部分力量出击，协助奈伊完成任务，这才促成了格布哈德·列博莱希特·冯·布吕歇尔的失败。被威灵顿公爵阿瑟·韦尔斯利压制住的奈伊在这个关键时刻出乎意料地将这支部队收为己用。这一事件对战役的结果可能产生了决定性的影响。

这些行动使法军战胜了普鲁士军队，获得了辉煌的胜利。法军占领了反法同盟军的核心地带，阻止了格布哈德·列博莱希特·冯·布吕歇尔和威灵顿公爵阿瑟·韦尔斯利的会合计划。然而，普鲁士军队并没有

法军和普鲁士军队在利尼交战

像拿破仑所希望的那样一蹶不振。反法同盟军的将军们也许已经发现，他们若团结一致、合作行动，就可能一举消灭拿破仑。然而，利尼战役之后，拿破仑一度以为自己已经摆脱了被击败的普鲁士军队，并有足够的时间来对付威灵顿公爵阿瑟·韦尔斯利。如果是在以前的军事行动中，这个结论可能毫无悬念。但接下来的事件却显示了反法同盟军将领的能力和普鲁士军队的激情的力量。普鲁士军队虽然在利尼战败，但毫无退缩的迹象。能力不凡的格布哈德·列博莱希特·冯·布吕歇尔很快就集中了所有的力量，在离威灵顿公爵阿瑟·韦尔斯利仅有几英里的地方，为下一步行动做好了准备。这位英军指挥官计划采取行动向友军靠拢。因此，反法同盟军虽然被迫离开第一阵线，但其将领并没有真正分散，而是开始在第二阵线向彼此靠近。同时，因持续行军和战斗而疲惫不堪的法军奉命停止行军，不再监视普鲁士军队的撤退路线。1815年6月17日中午，拿破仑出兵袭击威灵顿公爵阿瑟·韦尔斯利。拿破仑完全不知道普鲁士军队就在不远处并正向英军靠近。拿破仑率七万二千名士兵离开夸特布拉斯时，指派格鲁希率领三万四千名士兵"牵制并击败普鲁士军队"。而此时威灵顿公爵阿瑟·韦尔斯利已经撤退并于傍晚时分占据了滑铁卢村外的一个位置，决意在此与拿破仑一决胜负。此时，格布哈德·列博莱希特·冯·布吕歇尔的部队位于十二英里外的瓦夫尔。格布哈德·列博莱希特·冯·布吕歇尔曾向威灵顿公爵阿瑟·韦尔斯利承诺将赶来支援英军。同时，格鲁希从利尼出发后只前进了很短的一段距离，因为他已经完全失去了普鲁士军队的踪迹，甚至找不到普鲁士军队的行军路线。和拿破仑一样，格鲁希认为格布哈德·列博莱希特·冯·布吕歇尔不会冒险与威灵顿公爵阿瑟·韦尔斯利会合。不知该如何排兵布阵的格鲁希在让布卢附近停了下来，与拿破仑和格布哈德·列博莱希特·冯·布吕歇尔相距甚远。

反法同盟军计划在滑铁卢会合，与法军进行一场持久战。如果身在

第15章 百日政权与滑铁卢战役

让布卢的格鲁希能够赶来阻止格布哈德·列博莱希特·冯·布吕歇尔的行动，反法同盟军成功的可能性微乎其微。然而，拿破仑坚信普鲁士军队离战场很远，并且格鲁希能设法牵制住普鲁士军队。拿破仑一心想把威灵顿公爵阿瑟·韦尔斯利引入陷阱。由于威灵顿公爵阿瑟·韦尔斯利只有六万九千名士兵，且其中一部分还是二等军队①，其马匹和枪支也都很逊色，拿破仑自然感到胜券在握。拿破仑本想在1815年6月18日黎明发动袭击，但当天晚上和第二天早上大雨瓢泼。为了等地面干燥变硬以便更有效地实施自己的战略，拿破仑将行动推迟了几个小时。这更说明他对格布哈德·列博莱希特·冯·布吕歇尔已经在他的侧翼集结之事全然不知。拿破仑对英军右侧的前哨基地霍高蒙特发起攻击，打响了

法军攻击霍高蒙特

---

① 这里指装备差、士兵的素质差、总体战斗能力较弱的军队。——译者注

这次战役，但这只是一次佯攻。实际上，威灵顿公爵阿瑟·韦尔斯利军队的左翼和左侧中心遭受了巨大的冲击。这次攻击行动恢宏而果断。这时，拿破仑得到一条情报。情报声称约三万人组成的格布哈德·列博莱希特·冯·布吕歇尔军队已经从瓦夫尔出兵，而且近在咫尺。因此，拿破仑尽管坚持认为这是一支迷了路的小分队而且击败它易如反掌，但还是在中午时分派出了部分军队去抵抗这支意料之外的敌军。拿破仑的作战计划虽然因此受到很大的干扰，但仍然继续猛击英军主力。经过一连串的猛烈袭击，法军成功占领了威灵顿公爵阿瑟·韦尔斯利前方的拉哈耶桑特村。法军不顾一切地向英军所在地发起攻击，一次比一次激烈。整个圣让山因此陷入枪林弹雨之中。但没有任何东西可以打破英军步兵的防守，他们阵形森严，"似乎扎根在土里"。在一连串徒劳的攻击后，法军骑兵被残酷地打散，被迫撤退。在此期间，普鲁士君队的支队一直不停地猛攻拿破仑军队的右翼，这让威灵顿公爵阿瑟·韦尔斯利得到了珍贵的喘息机会。后世作家对此事的意义强调得还远远不够。大约七次攻击后，法军的进攻似乎有点力不从心了。拿破仑抓住机会对英军的中心力量进行最后一击。帝国卫队中大部分身经百战的将士坚决地加入了这场新战斗，但威灵顿公爵阿瑟·韦尔斯利巧妙地强化了自己的阵线。短暂而惨烈的战斗后，帝国卫队被击退并缓慢地向后撤退。现在，轮到英军出动了。就在这时，格布哈德·列博莱希特·冯·布吕歇尔的大军出现在了战场上，撕裂了法军右翼，将其彻底击溃。除了坚持抗战到最后的帝国卫队之外，拿破仑的军队混乱不堪，四处逃散，被普鲁士军队穷追不舍。战败的拿破仑只有一个支队尚存几许战斗力。拿破仑向格鲁希下达支援滑铁卢的命令，但格鲁希抗命并很晚才从让布卢出发。当格鲁希率军到达瓦尔夫时，格布哈德·列博莱希特·冯·布吕歇尔早已拔军而去，他仅仅在拿破仑战败后俘虏了一万五千名普鲁士士兵。

众多史书都清楚地记载了这场令人难忘的战斗。拿破仑的一系列行

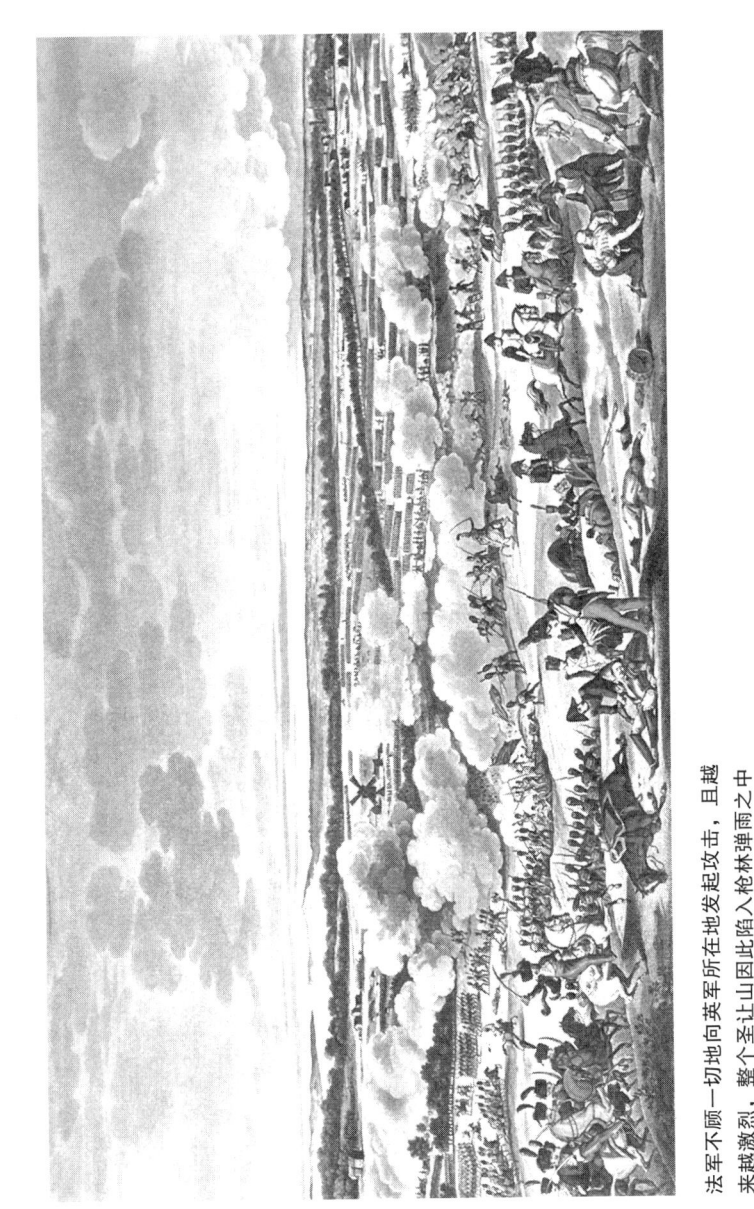

法军不顺一切地向英军所在地发起攻击，且越来越激烈，整个圣让山因此陷入枪林弹雨之中

英军顽强抵抗法军的进攻

威灵顿公爵阿瑟·韦尔斯利巧妙地强化了他的战线

动是军事艺术的杰作。格布哈德·列博莱希特·冯·布吕歇尔和威灵顿公爵阿瑟·韦尔斯利的军队尽管具有极大的优势，但仍在1815年6月16日陷入了危机。若不是因为一个意外事件，利尼战役对拿破仑而言原本将会是一场压倒性的胜利。拿破仑1815年6月16日之后的行动遭到了崇拜成功之人的谴责。拿破仑确实犯了一些细节上的错误，但作为一个统帅却不应该被指责。他做出的错误判断虽然在这次事件中是致命的，但这是正常现象。法军在1815年6月17日的延误应该归咎于部队的疲惫。如果说法军没有对普鲁士军队进行足够的侦察，这个失误的责任应该由法军士兵来承担。至于拿破仑关于格布哈德·列博莱希特·冯·布吕歇尔不可能很快与威灵顿公爵阿瑟·韦尔斯利会合的推测，在拿破仑早期战争中的类似事件中曾被证明是正确的。事实上，被击败的普鲁士军队在1815年6月18日出兵滑铁卢并进行关键一战，这是在当时的情况之下最不可能发生的事情。而这一行动之所以得以实施，很大程度上是由道德因素引起的——格布哈德·列博莱希特·冯·布吕歇尔军队的斗志被激起了。拿破仑派格鲁希前去牵制普鲁士军队，这就说明拿破仑并没有忽视普鲁士军队。尽管我们也认为让格鲁希用三万四千人去抵抗格布哈德·列博莱希特·冯·布吕歇尔所率领的九万人有些勉强，但这位中尉的表现比想象中更糟糕。1815年的拿破仑已经与之前大不相同。如果他在滑铁卢被消灭，那不是因为他的力量减弱了，而是因为他的对手们特别是行为准则被低估了的普鲁士军队比以往更团结了，当然还因为拿破仑在以往和现在的行动中所表现出的一如既往的过度自信。此外，不明推理和经验主义在真正的战争中是极不可取的，甚至是致命的。基于这个观点，拿破仑的失败很大程度上是由于他对那些能激发人的力量的强烈情感的蔑视。拿破仑作为政治家经常犯的错误影响了他作为军事领袖的才能。而反法同盟军指挥官的行为从一开始就把自己暴露在了危险之中。正如格布哈德·列博莱希特·冯·布吕歇尔不应在利尼作战，

第15章　百日政权与滑铁卢战役

这充分表明了分裂对反法同盟军而言常常是灾难性的。好在这一切都得到了巧妙的弥补。威灵顿公爵阿瑟·韦尔斯利在滑铁卢战场上的坚持及格布哈德·列博莱希特·冯·布吕歇尔在克服失败方面的英勇，都展现出了极高的军事素质。威灵顿公爵阿瑟·韦尔斯利尽管在滑铁卢获得了辉煌的胜利，但其名誉并不完全依赖1815年的这场战争。他真正的名誉来自他在分析拿破仑战略中的薄弱环节时表现出的令人钦佩的睿智，并且托里什韦德拉什防线令人难忘，也为他赢得了极高的赞誉。

滑铁卢溃败后，拿破仑退位。早已心生敌意的议会在这个灾难时刻站出来反对他。不久之后，拿破仑被流放到了圣赫勒拿岛，这成为他传奇人生的最后一幕。1815年，被反法同盟国踩在脚下的法兰西像一年前一样，再次接受了波旁王朝。尽管路易十八是个睿智的统治者，但这个王朝不可能持久，因为长期沉寂的革命力量并未消逝。一股革命力量

拿破仑被流放至圣赫勒拿岛

突然崛起，剥夺了查理十世的王冠，建立了君主立宪制，并推举1793年的雅各宾贵族奥尔良公爵路易·菲利普·约瑟夫·德·奥尔良的儿子路易·菲利普上位。这个波旁－奥尔良王朝政府的主要特征是腐败和软弱的议会制度，与它的前身命运一致①。紧随其后的是一个昙花一现的法兰西第二共和国，它在1848激怒了欧洲列强，于1851年不幸灭亡。法兰西第二共和国灭亡之前，拿破仑这个伟大的名字在法兰西重新获得了神奇的力量。拿破仑已经离世，这位征服者的后代，即拿破仑第一任皇后约瑟芬的一个孙子被推上皇位成为法兰西皇帝，称为拿破仑三世。这个没有军事天才作为首领的法兰西第二帝国只不过是法兰西第一帝国的再现，而且更加虚弱。1870年，普鲁士统治着统一了的德意志，不仅洗却了耶拿战役的耻辱，而且夺回了1814年和1815年被法兰西王国夺去的阿尔萨斯和洛林。至此，伟大的法兰西第二帝国灭亡了，同时，被认为不能长久的法兰西第三共和国成立了。在历史上，法兰西第二帝国最引人注目的是，它的国防与1793的一样坚固无敌。但由于它的灭亡和1871年席卷了欧洲的雅各宾骚乱，它并不受瞩目。这种安定注定是暂时的，因为法兰西革命掌握在一个士兵②而不是高级将领的手中，虽然他的确英勇，但革命摧残下的法兰西仍四分五裂。反观1789年到1815年发生的事件，法兰西的统治根基从未稳固，甚至国家公共利益的一些基本要素也受到了损害。18世纪的大动荡虽然不是导致这场灾难的唯一原因，但无疑是最主要的原因。封建主义制度没落后，法兰西虽然在物质方面获得了极大的发展，但在精神道德方面并没有相应的进步。在后人的记忆中，法兰西尽管统治着从塔古斯河到波罗的海的欧洲地区，但其军事运势从封建主义制度结束时起就已经变得很糟糕。而曾经飘扬在马德里和莫斯科的三色旗也已在梅茨和斯特拉斯堡被推倒。除

---

① 即第一次复辟时的波旁王朝。——译者注
② 这里是指拿破仑。——译者注

拿破仑三世虽为法兰西第二帝国的皇帝,却缺乏军事才能

了法兰西外，其他欧洲国家的革命成效都很显著。他们倾向于建设文明社会和推动国家进步。不过，在欧洲，可怕战争和普遍骚乱也不曾间断过。我们看到，欧洲近代政治的一个显著特征是漠视弱者、恭维强者。我们结束一个时代，同时开启另一个时代。我们深信，法兰西大革命所造成的危害远不及它所带来的好处多。1789年之前，英国的伟大历史学家爱德华·吉本[①]曾指出，战争时代似乎即将结束，欧洲将永远摆脱那些推翻了罗马帝国的野蛮部落的野蛮行为。如果爱德华·吉本能活着看到博罗季诺战役、莱比锡战役、滑铁卢战役、塞丹战役和恐怖统治时期的暴行及1871年的巴黎革命政府，不知道他会做何评论！

---

① 爱德华·吉本（Edward Gibbon, 1737—1794），英国历史学家、作家、议会成员。他的史学巨著《罗马帝国衰亡史》对基督教传统教义、信条等具有历史批判意义。——译者注

专有名词中英对照

Gaspard de Coligny	加斯帕尔·德·科利尼
Turenne	杜伦尼
Tagus	塔霍河
Volga	伏尔加河
Cossack	哥萨克人
Rivoli	里沃利
Areola	阿尔科莱
Jena	耶拿
Austerlitz	奥斯特里茨
Hohenlinden	霍亨林登
Friedland	弗里德兰
Reign of Terror	恐怖统治
Jean-Baptiste Colbert	让－巴普蒂斯特·柯尔贝尔
Houses of France	法兰西家族
Huguenots	胡格诺派
Voltaire	伏尔泰
Montmorencies	蒙特默伦西家族
La Tremouilles	拉特梅尔家族
Richelieus	黎塞留家族
Condes	孔代家族
Rocroi	罗克鲁瓦
Landen	兰登
Rousseau	卢梭
Brienne	布里安
Constitution of the Year VIII	《共和八年宪法》

法兰西大革命与法兰西第一帝国

Calonne	卡洛尼
St. Germain	圣日耳曼
Turgot	杜尔格
Marie Antoinette	玛丽·安托瓦内特
States General	三级会议
Versailles	凡尔赛
Bourbon Monarchy	波旁王朝
Jacques Necker	雅克·内克尔
National Assembly	国民议会
Grand Master of France	大管家
Jean Sylvain Bailly	让-西万尔·巴伊
Count of Mirabeau	米拉波伯爵
Duke of Orleans	奥尔良公爵
Tuileries Palace	杜伊勒里宫
Flesseles	弗莱塞尔斯
Invalides	荣军院
Saint Antoine	圣安东尼
Bastille	巴士底狱
Delaunay	德劳内
Count of Artois	阿图瓦伯爵
Charles X	查理十世
Edward Gibbon	爱德华·吉本
Commune of Paris	巴黎革命政府
Marquis of Lafayette	拉法耶特侯爵
Rhone	罗纳河
Loire	卢瓦尔
Metz	梅茨
Fontenoy	丰特努瓦
Pyrenees	比利牛斯山
Rhine	莱茵河
Assignats	指券
Jacobin Club	雅各宾俱乐部
Rohans	罗昂人
Mortemarts	莫特马尔人
Dragoons	龙骑兵团
Cazals	卡扎尔
Maury	莫里
Bouillé	布耶
Vosges	孚日山
Wurmser	维尔姆泽

专有名词中外对照

Lorraine	洛林
Châlons	沙隆
Varennes	瓦雷纳
Drouet	德鲁埃
Pétion	佩蒂翁
Barnave	巴纳夫
Jean Paul Marat	让-保罗·马拉
Danton	丹东
Robespierre	罗伯斯庇尔
Gironde	吉伦特省
Guyenne	吉耶纳省
Feuillants	斐扬派
Avignon	阿维尼翁
Cordeliers	科尔德利俱乐部
Pilnitz	皮尔尼茨
Alsace	阿尔萨斯
Russia	俄国
Sweden	瑞典
Piedmont	皮埃蒙特
Spain	西班牙
Philipp von Cobenzl	菲利普·冯·科本茨尔
Belgium	比利时
Dumouriez	迪穆里埃
Duke of Brunswick	不伦瑞克公爵
Moselle	摩泽尔河
Meuse	默兹河
Mandat	芒达
Vergniaud	韦尼奥
Champagne	香槟地区
Verdun	凡尔登
Orleans	奥尔良
Lamballe	朗巴勒
Louvain	卢万
Kellermann	克勒曼
Ardennes	阿登高地
Argonne	阿尔贡
Vacmy	瓦尔密
Abbé Edgeworth	埃奇沃思神父
Charles I	查理一世
Jemmapes	热马普

法兰西大革命与法兰西第一帝国

Savoy	萨伏依
Nice	尼斯
Custine	楚斯蒂纳
Palatinate	巴拉丁
Tory	托利党
Whig	辉格党
Pitt	皮特
Alps	阿尔卑斯山脉
Scheldt	斯凯尔特河
Battle of Neerwinden	内尔温登战役
Committee of Public Safety	救国委员会
General Security	公共安全委员
Burgundy	勃艮第
Franche Comté	弗朗什·孔泰
Dauphiny	多芬
Languedoc	郎格多克
Marseilles	马赛
Bordeaux	波尔多
Toulouse	图卢兹
Grenoble	格勒诺布尔
Toulon	土伦
Lyons	里昂
Poitou	普瓦图
Anjou	昂儒
Brittany	布列塔尼
War in the Vendée	旺代战争
Provence	普罗旺斯
Rousillon	鲁西荣
Valenciennes	瓦朗谢讷
Condé	孔代
Picardy	皮卡第
Somme	索姆河
Lazare Carnot	拉扎尔·卡诺
Jean-Baptiste Jourdan	让-巴普蒂斯特·儒尔当
Wattignies	瓦蒂尼
Lazare Hoche	拉扎尔·奥什
Vendemiaire	葡月
Baboeuf	巴勃夫
Loano	洛阿诺
Turin	都灵

专有名词中外对照

Jean-Baptiste Kléber	让－巴普蒂斯特·克莱伯
Battle of Cholet	绍莱战役
Savenay	萨沃奈
Napoleon Bonaparte	拿破仑
St. Just	圣茹斯特
Couthon	库东
Collot D'Herbois	科洛·德布瓦
Billaud Varennes	贝兰·热比洛
Barère	巴雷尔
Malesherbes	梅尔歇布
Tower of Siloam	西罗亚塔
Hébert	赫伯特
Bordeaux	波尔多
Arras	阿拉斯
Nante	南特
St. Bartholomew	圣巴塞洛缪
La Rochelle	拉罗谢尔
Jean-Charles Pichegru	让－查尔斯·皮舍格吕
Jean Victor Marie Moreau	让－维克多·马利·莫罗
Fleurus	弗勒吕斯
Charlotte Corday	夏绿蒂·科黛
Soubises	苏比斯
Noailles	诺阿耶
Condorcet	孔多塞
Du Deffand	杜德福
Germinal	芽月
Prairial	牧月
Scheldt	斯凯尔特河
Ems	埃姆斯河
Quiberon Bay	基伯龙湾
Prince of Cobourg	科堡公爵
Burke	伯克
Hegira	哈及拉
Camperdown	坎珀当
St. Vincent	圣文森特
Mediterranean Sea	地中海
Genoa	热那亚
Ligurian Republic	利古里亚共和国
Helvetian Republic	海尔维第共和国
Roman Commonwealth	罗马共和国

King of Sardinia	撒丁国王
Beaulieu	博利厄
Po	波河
Lodi	洛迪
Milan	米兰
Lombardy	伦巴第
Adige	阿迪杰河
Mincio	明乔河
Tyrol	提洛尔
Mantua	曼图亚
Vienna	维也纳
Lago di Garda	加尔达湖
Lonato	洛纳托
Castiglione	卡斯蒂莫纳
Brenta	布伦塔
Alvinzi	阿尔温奇
Grand Duke of Tuscany	托斯卡纳大公
Thuringian range	图林根山脉
Black Forest	黑森林
Upper Danube	多瑙河上游
Neresheim	内雷斯海姆
Swabian Alps	斯瓦比亚的阿尔卑斯山
Augereau	奥热罗
Fructidor	果月
Italian Peninsula	意大利半岛
Appenines	亚平宁山脉
Modenese	摩德纳人
Cisalpine Republic	奇萨尔皮尼共和国
Richelieu	黎塞留
Rastadt	拉施塔特
Cæsar	恺撒
Caesarian Empire	恺撒帝国
Gaudin	高丁
Council of State	国务院
Tribunate	护民官
Grand Elector	大选帝侯
Czar	沙皇
Peter Karl Ott von Bátorkéz	彼得·卡尔·奥特·冯·布托克兹
Paul Kray	保罗·克雷
St. Gotthard	圣戈塔德

专有名词中外对照

Malta	马耳他
Mame-luke	马穆鲁克
Cairo	开罗
Nelson	纳尔逊
Zuyder Zee	须德海
Straits of Messina	墨西拿海峡
Court of Naples	那不勒斯王室
Tiber	台伯河
Parthenopæan Republic	帕珀共和国
Lake of Constance	康士坦茨湖
Uri	乌里山
Adda	阿达河
Suwarrow	苏沃洛夫
Catherine	凯瑟琳
Macdonald	麦克唐纳
Trebbia	特雷比亚河
Massena	马塞纳
Sieyès	西哀士
Syria	叙利亚
Euphrates	幼发拉底河
Acre	阿卡
Paul Barras	保罗·巴拉斯
Louis-Jérôme Gohier	路易-杰罗姆·戈叶
Jean-François-Auguste Moulin	让-弗朗西斯·奥古斯特·莫林
Roger Ducos	罗杰·杜克
St. Cloud	圣克劳德
Roman Senate	罗马元老院
Lille	里尔
Imperial Guard	帝国卫队
Charleroi	沙勒罗伊
Namur	那慕尔
Gosselies	哥斯利
Ligny	利尼
Wavre	瓦夫尔
Hougoumont	霍高蒙特
La Haye Sainte	拉哈耶桑特村
Mont St. Jean	圣让山
St. Helena	圣赫勒拿岛
Charles X	查理十世
Strasburg	斯特拉斯堡

法兰西大革命与法兰西第一帝国

Mont Cenis	塞尼山口
Great St. Bernard	大圣伯纳德山口
Louis-Gabriel Suchet	路易-加布里埃尔·叙谢
Alessandria	亚历山德里亚
Ticino	提契诺
Scrivia	斯克里维亚河
Marengo	马伦戈
Guillaume Brune	纪尧姆·布鲁尼
Archduke John	约翰大公
Iser	伊瑟尔
Inn	因河
Tory	保守党
Ceylon	锡兰
Trinidad	特立尼达岛
Legion of Honor	荣誉军团勋章
Aspasias	阿斯帕西娅
Phrynes	弗兰尼斯
Grand Duchy of Tuscany	托斯卡纳大公国
Baden	巴登
Würtemberg	符腾堡
Baltic	波罗的海
Antwerp	安特卫普
Dunkirk	敦刻尔克
Etaples	伊塔普雷斯
St. Louis	圣路易
Pius VII	庇护七世
Galician	加里西亚
Hanover	汉诺威
Maine	曼恩省
Karl Mack von Leiberich	卡尔·马克·冯·莱贝里希
Sedan	色当
Cadiz	加迪斯
Pierre Charles Villeneuve	皮埃尔·查尔斯·维尔纳夫
Ferrol	费罗尔
Trafalgar	特拉法加
Battle of Ulm	乌尔姆战役
Lucifer	路西法
Cid	西德
Congress of Vienna	维也纳会议
Grenoble	格勒诺布尔

专有名词中外对照

Kutusoff	库图佐夫
Moravia	摩拉维亚
Olmutz	斡勒木志
Brünn	布隆
Austerlitz	奥斯特里茨
Bohemia	波西米亚
Presburg	普雷斯堡
Confederation of the Rhine	莱茵邦联
Battle of Austerlitz	奥斯特里茨战役
Fox	福克斯
Leuthen	洛伊滕
Rosbach	罗斯巴赫
Elbe	易北河
Lower Saale	下萨勒河
Thuringian Forest	图林根森林
Upper Saale	上萨勒河
Battle of Jena	耶拿战役
Battle of Auerstadt	奥尔施塔特战役
Berlin	柏林
Oder	奥得河
Frederick the Great	腓特烈大帝
Vistula	维斯瓦河
Bug	布格河
Narew	纳雷夫河
Ukra	乌克拉河
Pultusk	普图斯克
Vistula	维斯杜拉河
Warsaw	华沙
Thorn	索恩
Dantzic	但泽
Levin August von Bennigsen	莱温·奥古斯特·冯·本宁森
Passarge	帕萨格
Eylau	埃劳
Tilsit	提尔西特
Kingdom of Westphalia	威斯特伐利亚王国
Grand Duchy of Warsaw	华沙大公国
Constantinople	君士坦丁堡
Pillars of Hercules	赫拉克勒斯之柱
Louis Bonaparte	路易·波拿巴
Elba	厄尔巴岛